Bàrdachd Raibeirt Burns ann an Gàidhlig

Eadar-theangachaidhean na 19mh is na 20mh linn

Akerbeltz

Chaidh an tionndadh seo fhoillseachadh ann an 2016 le Foillseachdh Akerbeltz

© Foillseachadh Akerbeltz, Glaschu

Dealbhadh a' chòmhdachaidh agus na dealbhan: Rob Wherrett
Dealbh a' chòmhdachaidh-aghaidh: *Seann-eaglais Allmhaigh*
Dealbh a' chòmhdachaidh-chùil: *Panail o Chuimhneachan Burns Inbhir Àir*

Gach còir glèidhte. Chan fhaodar lethbhreac de phàirt sam bith an fhoillseachaidh seo a dhèanamh, a chumail ann an siostam stòrais no a thar-chur air dòigh sam bith gun chead fhaighinn on fhoillsichear ro làimh.

ISBN 978-1-907165-14-6

Ro-ràdh

Bha àite sònraichte aig Raibeart Burns ann an Alba fiù 'na linn fhèin agus chan iongnadh e gun do nochd eadar-theangachaidhean dhen bhàrdachd is na luinneagan aige gu math luath. Chaochail Burns ann an 1796 agus bha Rob MacDhùghaill a dh'fhoillsich *Tòmas Seannsair maille ri naoi dàin eile* ann an 1840 am measg na ciad fheadhainn a chuir an cànan aca fhèin air obair a' bhàird.

Nochd eadar-theangachaidhean Gàidhlig eile on uairsin an-siud 's an-seo suas gu fìor-thoiseach na 20mh linn, a' gabhail a-steach leabhar MhicPheadair, *Dàin is Luinneagan Robert Burns*, a chuir Gàidhlig air cuid mhath dhen obair aig Burns.

Eadar seann-leabhraichean is irisean dustach is duilleagan robach, thog sinn na h-eadar-theangachaidhean uile a lorg sinn, rinn sinn digiteachadh orra is sgioblaich sinn an litreachadh cho fad 's a b' urrainn agus thug sinn cruinn còmhla gach pìos san aon leabhar a' chiad turas a-riamh.

Tha sinn làn dòchais gun còrd obair a' bhàird sa Ghàidhlig ribh.

Mìcheal Bauer

Glaschu 2016

Clàr-amais

Bàrdachd is luinneagan	8
Tùsan	329
Clàr-innse	331

Ò cuir do làimh 'am bhois
Fonn: The cordwainer's march
(O Lay Thy Loof In Mine, Lass)

Sèist
Ò cuir do làimh 'am bhois a ghaoil
an-seo 'ghaoil, an-seo 'ghaoil,
's mionnaich air d' làimh gheal, gaoil,
gum bi thu mo chèile.

'Am thràill do chùrsa gaoil bha mi,
as tric' a chuir e mi an dìth:
Mo nàmhaid marbhtach e mar bi
thu fhèin mo chèile ghaoil.

Mo fhois bha brist' le iomadh aon,
le priobadh sùl' a ghabh mo ghion:
Ach 'steach 'am chridhe 's tu m' bhan-righ'nn
gu bràth 's tu mo chèile.

Duan àlainn ùr
Fonn: By broom besoms
(The Trogger)

Cò cheannaicheas mo throggin, deagh-bhathar taghaidh,
spruilleach ealain Bhroughton, 's iad an deagh-òrdugh.

Sèist
Thig 's ceannaich troggin 'nuas o bhruachain Dè;
'n tì le 'n toigh deagh-throggin, 'm ionnsaidh thigeadh e.

'N-sin siud Iarl' inbheach, ainmeil 'tha an squad,
's airson seann-òran – dh'fhalbh gach nì mar ghoid.

Seo do fiù Bhroughton, an sùil snàthaid 'tha;
is seo d' a chliù-san, millt' le Balmaghie.

Seo do chogais mhaith, dh'fhaodte aig Prionns' a bhith;
o ionaltraidh Thinwald – nach do chleachdadh 'riamh.

Seo don chlò is chluthadh, 'tha 'n ceann Chardoness;
gast' airson saighdear targaid luaidh a bhios.

Seo don chòt' luideagach, mìr fhìrinn Bhuittle bhaoith,
chaidh iasaid an taigh-dighe, 'chasg pathadh mòr an t-saoidh.

Seo suaicheantas sìolam o Mhansa Urr a-mach;
b' e 'n sgiath seann-ubhal troigheag, lobh san taobh a-steach.

Seo do choltas 'Shàtan, bèist chlamh'nach uamhasach,
leum air Ruadh-chaisteal bochd 'bha mar losgann snàgadaich.

Seo don fhiù is ghliocais, nì Collieston uaill;
theab troimh mèirleach mhion-chuileag, 'n corr a dhol air chall.

Seo do fhuighleach Mhurray nan deich àithne dàimh,
gibhte le Tam Dubh 'lasachadh a làimh.

Am facas leithid a throggin? 'M bheil do cheannachas fann,
tha, Seann-adharc, tionndaicht' marsanta is togaidh e na th' ann.

Ò bha mi 'n gaol le nighneag ghrinn
Fonn: I am a man unmarried
(Handsome Nell)

Ò bha mi 'n gaol le nighneag ghrinn,
seadh fhathast tha mi 'n gaol,
'n tràth theòthas 'n deagh-bheus sin mo chridh'
biom thlachd do ghnàth am Nell.

Air òighean bòidheach sheall mi tric.
Bha gast' an cruth 's am fiamh,
ach aon cho màlda gleust' 'na dòigh,
chan fhaca mise riamh.

Tha nighneag bhòidheach na fèist don t-sùil,
sin aidichidh gach aon,
ach as eugmhais buaidhean as fhearr
cha leannan i dhomh fhèin.

Tha fiamhas Nell cho taitneach grian,
ach seo theirear oirre,
tha cliù na nighneig coimhlionta,
's a maiseachd tha gun choire.

Tha h-uidh'machd daonnan snasmhor glan.
Cho beusach lurach caist';
'S tha rud-eigin 'na modh is seòl
nì nì sam bith 'bhith gast'.

Faodaidh rìomhachd 's modh uasal mìn
mùthadh 'chur air a' chridh.
Cuiridh ionracas is beusalachd
'n deagh-lìomh air gath na strì.

'S e seo an Nell tha taitneach dhomh,
's tha 'cur air m' anam seun;
's 'am uchd tha ise 'riaghlachadh
gun bhacadh idir ann.

Bhruadair gu robh mi 'n lios
(I Dream'd I Lay)

Bhruadair gu robh mi 'n lios 'nam flùr
a-mach ri dearrsadh solus grian;
'g èisteachd ri ceileiridh na h-eòin,
làimh ri taomadh abhainn dian,
ghrad dh'fhàs na speur le gailleann dubh,
is ròic iom'-ghaoth troimh na coill;
bha geugan aois ri strì is spàirn
os cionn beucadh tonn is steall.

B' e sin staid mo mhadainn mhealltach,
bha mo thaitneas baoth 'ga shealbh;
ach mun dàinig nòin, reub ànradh crosta
ùr-bhlàth m' shonas uil' air falbh.
ged mhealladh mi le fortan carach,
le iom'-gheall, ach 's beag a rinn;
's chreach i mi o ioma' dùil is sòlas,
ach 's e m' chridh m' chùl-taic is dìon.

Montgomerie Peigi
Fonn: Galla Water
(Montgomerie's Peggy)

Ged bhiodh m' leabaidh air monadh shuas
measg an fhraoich le m' bhreacan plaide.
Cho sona bhith'nn nan robh i leam.
mo rùn fhèin Montgomerie Peigi.

Is nuair thar slèibh 'bhiodh gaoth cho crost',
is oidhchean geamhraidh tais is dubhaidh,
do fhasgadh fè d' am achlais blàth
bheirinn dìon do m' Mhontgomerie Peigi.

'N robh mi am 'bharan àrd an inbh',
le eich is gillean deas is tapaidh,
cho sòlasach bhith'nn-sa 'gan roinn,
le m' rùn fhèin Montgomerie Peigi.

Gursal a' chinn àird
Fonn: Invercauld's reel
Seumas Rothach
(O Tibbie, I Hae Seen The Day)

A Ghursal chunna mise là,
nach sealladh tu cho gnù;
ri m' ainnis dh'èirich dronnag ort,
ach 's coma leam co-dhiù.

An-dè gun choinnich mi thu 's t-sliabh,
nìor labhair ach thug às mar fhiadh;
Geoic-mhoit ort chionn gur bochd mo rian,
ach 's beag mo phian mun chùis!

Cha teagamh leam nach e do bheachd,
a bhuinneag, 's ainm gun d'fhuair thu toic,
gun tàlaidh thu, nuair 's àill, mo thlachd,
le priobadh raisg do shùl.

Ach doirbheas air an dìbleachan,
ged robh a phòca gun am plang,
a leanas duairceal uaibhreach ann,
a ghogas ceann mar thu.

Ged thigeadh fleasgach tapaidh beò,
ma bhios e 'chion an trustair òir,
's ann nì sibh car a chur 'nur sròin,
's a fhreagairt gnò, le mùig.

Ach, ò! Ma luaidhear saibhreas ris,
gun lean sibh ris cho teann ri dris,
ged 's gann a bhiodh e, 'n tur no 'm fios,
nas measaile na brùid.

Ach, seall tu, 'Ghursal, gabh-sa toirt:
's e stòras d' athar 'thog do mhoit;
's an rosad foighneachd a bhiodh ort,
cho bochd nam biodh tu rium-s'.

Tha caileag thall an Lios nan Learg,
's 'na lèine b' fhearr leam i, gu dearbh,
na thus', a sglèid, le d' mhìle marg;
gum b' fhearra dhut sealltainn sùmh'il.

Ò Thibi, chunnaic mis' an là
Fonn: Invercauld's Reel
(O Tibbie, I Hae Seen The Day)

Sèist
Ò Thibi chunnaic mis' an là
nach biodh tu fiadhta rium:
'Sgàth goinne stòir tha thu 'gogaideach,
ach 's beag a chùram leam.

Sa mhonadh thachair mi ort an-raoir,
balbh chaidh thu seachad orm mar stùr,
tha thu 'siadan uam sgàth bochdainn gheur
ach 's beag sin dhomh-s' co-dhiù.

Theagamh, a nic, gur e do smuain,
le uile ainm do bheartais fhaoin,
gun toilich thu mi le priobadh claon,
ge b' e uair as toigh leat fheuchainn.

Don mhallachd leis an dìmeasan,
ged 'bhiodh a phòca glan de chuinn,
a' leanadh bàn-ri'nn bheadaidh mhion,
cho stràiceil àrdanach.

Biodh giolla ann cho tapaidh deas,
gun aige aolach òr 'na bhois,
tionndaidh thu d' cheann taobh eile às,
'toirt freagairt thioram dhà.

Ach mas ainm dhà pailteas òir;
Leanaidh thu ris mar dhreas ri caor;
ged 'bhiodh a thuigs' is foghlam geur,
cho falamh ris a' bhuar.

A Thibi gabh mo chomhairl' 'nis,
's e òr do dhaid' th' a' cur ort meas,
'n diabhail aon dh'fheòraicheadh do phrìs,
'n robh thu cho bochd rium fhèin.

Tha òigh a' còmhnaidh sa phàirc ud thall,
cha suaipinn i 'na lèine gheal,
airson do mhìle mairg is sìol,
cha leig thu leas 'bhith spaglainneachd.

Cailean Thairbhealtain
(The Tarbolton Lasses)

Ma thèid thu suas a' chnoc ud thall
'n-sin chì thu Peigi bhòidheach;
's math 's aithne dhi gur laird a daid',
's gu bheil uasalachd an dòigh dhi.

'S òigh chridheil thaiceil tha 'n Sophia,
's leath' fortan gast' gu h-àraidh:

An tì nach buidhinn i 'n aon oidhch'
chan aithne dha-san suirgh'.

Chun Faile rach ann, is blais an leann,
is gabh-sa beachd air Meusaidh:
Tha i doirbh is glas, 's tha 'n Diabhail 'na bas,
theagamh gum freagair i d' annsa.

'S ma bhios i moit feuch a piuthar,
dh'fhaoidte gur fearr leat Sionn,
's ma bheir thu cùl air coslas ciall –
's fiosrach i air a gastachd fhèin.

'S ma thèid thu suas ri taobh a' chnuic,
feòraich son Beasaidh bhòidheach;
Iarraidh i thu a-steach le bèic,
's i 'còmhradh riut gu h-àigheach.

Chan eil cho gast' no aon cho math,
fad uachdranachd rìgh Dheòrsa:
'S ma 's teagmhach leat an fhìrinn ghlan –
tha Beasaidh fhèin den bheachd seo.

Pògaidh mi thu a-rìs
Fonn: The Braes of Balquhidder
(Bonny Peggy Alison)

Pògaidh mi thu a-rìs,
's pògaidh mi thu a-rìs,
seadh pògaidh mi thu a-rìs,
mo Pheigi bhòidheach Alison.

Bidh eagal 's dragh, air falbh mu seach,
bidh mis' an-seo 'toirt dùbhlan daibh!
Chan eil rìghrean òg 'nan ciad chathair rìgh
leth cho sona 's tha mis' le m' òigh.

Na geasaibh tha, 's 'nam ghlacaibh blàth,
's mi 'glasadh 'steach mo stòras mòr,

aon nì chan iarr o nèamh dhomh rian
ach tiota tlachd leat fhèin 'ga riar.

Nis bòideam air mo shùilean gorm,
is dìlseachd geallam dhut a luaidh.
Seulaicheam air do bhilean sin,
's cha bhris mi i, cha bhris gu bràth.

Slàinte dhut, mo chaileag bhòidheach
Fonn: Logan Burn
(Here's To Thy Health)

Slàinte dhut, mo chaileag bhòidheach,
oidhche mhath is aoibhneas dhut;
Cha dig mi tuillidh do d' sheòmar-sa
a chur an cèill 'bhith 'n gaol leat.
Mo phrabag bhras, na smuainich thus,
nach dig mi beò as d' eugmhais;
mo bhòid is mionnan dhomh-s' nach ionnan
cia fhad 'bhios thu san fhàsach.

Moch is tràth 's toigh leat 'bhith 'g ràdh
nach e do rùn a phòsadh;
'bhith dìleas dhut, tha mi' g ràdh riut
nach fhan mi 'seo 'gam cheusadh
tha d' chàirdean feuchainn gach cuilbheartachd
do rùn an-dràst' 'bhith 'stothadh,
an dùil inbheach mòr a theachd air bòrd –
ach faodaidh dàn do bhràthadh.

Tàid dìmeasach air m' inbhe bhochd,
ach cha chuir sin mìr dragh orm;
tha mi cho deas ri neach aig eas,
bheir meanbh-airgead fuasgladh dhomh,
's e m' shlàint' gach là an duais as mò,
fhad 's a bhiom 'ga mhealtainn sin;
cha bhiom an dìth 'chionn gheibh mi biadh,
's mi 'n obair 's deagh-ghealltanas.

Tha it' eòin 'n astar daonnan brèagh,
seadh gus am feuch thu 'm maise,
ged 's dòcha nuair 'gheibh thu sin a-mach
nach eil iad cho math 's 'tha mise,
aig meadhan-oidhch' le leus na gealaich,
thig mi 'ghaol 'gad fhaicinn;
an duin' tha 'n gaol le bhan-tighearna
cha chuir astar air-san bacain.

Air Bruachain Cessnock
Fonn: If he be a butcher neat and trim
(The Lass Of Cessnock Banks)

Mo bruachain Cessnock tha teach òigh;
b' mhaith leam aithris a cruth is tuar;
tha i cliùiteach os cionn a gnè,
's tha aic' dà mhìog-shùil bhòidheach gheur.

Nas taitnidh tha na briseadh là,
nuair dhearcas Phœbus 'nuas on speur,
no priobadh driùchd air faiche ghrinn;
's tha aic' dà mhìog-shùil bhòidheach gheur.

Cho greadhnach tha ri uinnsinn fàs
mu bhruachain bhròg na cuthaig ùr,
's i 'deothail sùgh an t-sruth le neart;
's tha aic' dà mhìog-shùil bhòidheach gheur.

Tha i gun smàl mar bhlàth an dris.
Cho geal is bòidheach 'tha a flùir,
na 'n driùchd 's gloinne sa mhocheirigh,
's tha aic' dà mhìog-shùil bhòidheach gheur.

Tha dreach mar shnuadh a' Chèitinn chaoin,
's Phœbus 'boillsgeadh san fheasgar fhuar,
's ceileir eòin tigh'nn o gach geug;
's tha aic' dà mhìog-shùil bhòidheach gheur.

Mar dhualach ceò air gualainn slèibh,
tha fillidh gruaig mu 'gruaidhean cèir,

'n dèidh uisg' ath-bheòthachaidh nan lus;
'S tha aic' dà mhìog-shùil bhòidheach gheur.

Tha clàr a h-aodainn mar bhogh'-frois',
is gathan grèin a' soills' d' a rèir,
tha 'dathadh dearg na mullaich shuas;
'S tha aic' dà mhìog-shùil bhòidheach gheur.

Tha 'gruaidhean mar an crò-dhearg blàth,
mòrchuis lus is preas is feur
tha 'fosgladh air geug stobach glas;
'S tha aic' dà mhìog-shùil bhòidheach gheur.

Tha 'fiacla geal mar shneachd na h-oidhch'
'n àm dùsgadh madainn bàn is fuar
no sruthain shèimh a' ruith fo iodh;
's tha aic' dà mhìog-shùil bhòidheach gheur.

Tha bilean mar shirist abaich gast',
am fasgadh stuaidh o thuath is ear;
'toirt taitneas sùil is dèidh don bhlas,
's tha aic' dà mhìog-shùil bhòidheach gheur.

Tha h-àile mar an osag thlàth
tha 'crathadh dias an fhoghair ùir,
's Phœbus tumadh cùl nan cuan;
's tha aic' dà mhìog-shùil bhòidheach gheur.

Tha guth mar cheileir 'n smeòraich 'seinn
air bruachain Cessnock ghlan nan smeur,
's a chèile 'suidh' air nid a h-àl;
's tha aic' dà mhìog-shùil bhòidheach gheur.

Chan e a dreach, a cruth no snuadh,
no àilleachd ghrinn na banrigh chòir,
tha h-inntinn 'foillseachadh a gràis
gu sònraicht' a mìog-shùil bhòidheach gheur.

Màiri Morison
Fonn: Fan-sa fhathast / Duncan Davidson
(Mary Morison)

Ò Mhàiri aig an uinneag bi,
's e seo àm coinn'idh mar bu nòs,
's faiceam d' aoibh 's dearcadh sùil tha 'cur
stòr an fhìneag an suarachas;
Cho sunndach dhùr'ginn sìd' is stùr,
'am bhràighde bhiom o ghrian gu grian,
nan coisninn an duais òirdheirc sin,
Màiri bhòidheach Morison.

Chaidh 'n dannsa 'n-raoir troimh thalla 'n soills',
iullagaich do shreang na trìobail,
mo dhèidh 'ad ionnsaidh chaidh air it' –
shuidh mi 'n-sin ach chan fhac' 's cha chual;
ged 'bha seo gast' is siud cho brèagh,
siud àilleag aig gach aon san dùn,
dh'osnaich mi, chan eil aon 'nur measg,
cosmhuil ri Màiri Morison.

Ò Mhàiri am mill thu sìth an tì,
dh'ìocadh a bheatha air do shon?
'S am brist thu cridh' an truaghain bhochd
'bhith 'n gaol leat 's e a uile chron?
Ma 's gaol son gaol nach doir thu seach,
nas lugha gabh-sa truas do m' leòn!
Cha smuain neo-uasal mi 'bhith 'n suim
le Màiri bhòidheach Morison.

Caileagan Thairbhealtain
(The Ronalds Of The Bennals)

Tha ann 'n Tairbhealtain òigridh cheart shònraicht',
's nighneagan eireachdail mar 's còir a dhuine;
'n aithne dhut clann Raghnaill tha chòmhnaidh sa Bhennal
tha gliong 'n stràic 'toirt barr thar chàch, a dhuine.

'S e laird an athair 's tha aige deagh-bhathar,
meall airgid son tochair gach tè a dhuine;
do gach brogach math deas, taomaidh 'na bhois
ceud no dhà ginidh bhuidhe, a dhuine.

'S aithne dhut aon, 's as ainm dhi Sionn,
rìbhinn bhòidheach tha innte-se, 'dhuine,
son tuaiream 's toineasg chan eil a leithid 'nam measg
's tha a caithe-beatha d' a rèir, a dhuine.

Tha buadhas a h-inntinn le aois 'dol am meud,
's lainnir a mòr-mheas a tàlaidh, a dhuine;
'n tràth tha peiteig is sirist, ròis agus lilidh,
seargadh 's a' crìonadh air falbh, a dhuine.

Ma tha thusa son Shionn, gabh rabhadh uam fhèin,
o cho-shuirgh'che aon no dhà, a dhuine;
rachadh laird a' Bhà'ich Dhuibh troimh 'n ùig agus teine,
nan tàlaidheadh e i air falbh, a dhuine.

Bha laird a' Bharr Bhruthaich làn cabhaig is cuthach
rè aimsir bliadhna no dhà, a dhuine;
agus laird na h-Aiseag, bidh e sìnte air cluasaig,
mar nach fhaigh e i idir, a dhuine.

Siud Anna tigh'nn 'steach, 's i mòrchuis a cinne,
spaglainne bhodaich neo-phòsta, a dhuine;
tha i ciatach, miadhtach, grinn agus coimhlionta,
's i 'siabadh ar n-aignean air falbh, a dhuine.

Nan innsinn gu pongail mu na caileagan gasta
tha chòmhnaidh 'n àird ar crìochan, a dhuine,
b' e m choire gu dearbh mar nach bitheadh am meas
an grinneas is urram thar càch, a dhuine.

Ò 's ise mo rùn, ged nach fhaod mi aithris,
tha m' ghoinne a' cur bacan orm-sa, 'dhuine,
chionn 'bhith 'g obair 's a' seinn 's ri bàrdachd rium fhèin
ò cha lìon sin mo sporan, a dhuine.

Ach cha chuir mi 'na comas mo dhiùltadh son lomas,
no sin 'bhith aice r' a ràdh, a dhuine,
ged 's ìosal mo staid, 's neo-ainmichte tàim,
tàim cho stàtail ris a chorr, a dhuine.

Ged nach marcaich mi às air lurgainn na h-àrdain,
thar na mullaich mar na feannaig, a dhuine,
togam mo cheann le mòrchuis 'nam meann,
's iad 'crochadh le rìomhadh 'nam bùth, a dhuine.

Tha m' chòta 's peiteag den as fhearr 's tha 'n Albainn
is deagh-phaidhir thriubhais tha agam, a dhuine,
's bròga dhamhsa is osan a chur air mo chosan,
's gun greim cearr ann 'n aon aca, 'dhuine.

Ged 's tearc mo lèintein, tha còig aca nuadh,
do anart cho geal ris an t-sneachd, a dhuine,
biorraid deich thastan is suaineach on Òlaind,
chan eil mòran bhàrd cho brèagh, a dhuine.

Cha robh agam càirdean làn airgid is stòrais
a dh'fhàgadh agam ceud no dhà, a dhuine,
no antaidhean beartach 'bhith 'feitheamh air an dranndain.
'S 'bhith 'gan guidhe 'n rinn ma-tà, a dhuine.

Cho robh mi riamh buailteach 'bhith 'tasgadh suas airgead.
'S 'ga chàrnadh r' a chèile 'na thorr, a dhuine:
th' agam beagan r' a chlaoidh, son iasachd chan eil.
No 'n diabhail tastan fo fhiachaibh aig duine.

Geamhradh – tuireadh
(Winter – a dirge)

Tha geamhradh iar a' teachd cho fuar,
's clacha'-meallain 's uisg' gu beachd;
tha 'n àirde tuath 'cur 'nuas gu luath
dalladh flichneadh agus sneachd;
sìos 'ga bonn tha 'n abhainn donn,
beucaich o bhruaich gu bruaich;

tha ainmhidh 's eun a-nis fo dhìon,
'cur seachad 'n là fadalach.

Tha plathadh gaoith 's na speur 'fàs dubh,
fad latha geamhrail daoidh;
do chàch tha cearr ach dhomh-s' nas fhearr
na uile òr-dheis' Mhàigh;
bheir 'n gailleann bhinn do m' anam suain,
's 'cur m' àmhghairean an greim;
tha craobhan lom 'toirt fois do m' chom,
tha 'n crìoch 's mo chrìoch-sa 'n tìm.

Ò neart nam buadh as àillidh snuadh
dèan leam-sa mar as àill,
'n-seo seasaidh mi, dhomh-s' fearr tha e,
a chionn gur e do thoil;
ò freagair mi 's thoir dhomh mo dhìth
m' uil aslachadh a-nis,
chionn r' a mhealtainn, tha thu diùltainn,
ò cuidich mi le d' ghràs.

Carson 'n Diabhail a bhiom fo bhròn
(I'll Go And Be A Sodger)

Carson 'n Diabhail a bhiom fo bhròn,
's a' dol mun cuairt am shloightear?
Tàim fichead 's trì 's còig troigh 's naoi –
thèid mi 'bhith 'am shaighdear.

Le spàirn thruis mi meall stòrais cruinn,
's thug sùil nach falbhadh idir:
ach ghabh sin sgiath agus a chorr –
thèid mi 'bhith 'am shaighdear.

Iain Eòrna
Uilleam MacDhuinnShlèibhe
(John Barleycorn)

Bha trì rìghrean anns an ear,
trì rìghrean mòrail àrd,
is thug iad mionnan gum bu chòir
Iain Eòrna 'chur gu bàs.

Ghabh iad crann is threabh iad sìos e,
fo na sgrìoban garbh,
is bhòidich iad le mionnan mòr
gun robh Iain Eòrna marbh.

Thàinig an t-earrach beò a-steach,
thuit frasan air on àird;
's ghabh iad iongantas gu mòr,
gun robh Iain Eòrn' a' fàs.

Thàinig grianaibh teth an t-samhraidh bhlàith,
is chinn e làidir garbh,
bha 'cheann fo arm le sleaghaibh geur,
's cò dh'fhaodadh beud dha thairgs'.

Thàinig am foghar àigh a-steach,
is chinn e torach glas;
thug altaibh seact' air giorra shaogh'l
is chaochail e gu grad.

Bha 'dhreach ro choltach ris an aog,
nuair thug an aois air searg;
a nàimhdean 'thòisich 'n-sin gu lèir
ri cur an cèill am fearg.

Ghabh iad arm bha fada geur
a ghearr mun ghlùn e sìos;
is cheangail iad e air feun gu dlùth,
mar shamhlair cùinneadh rìgh.

'Sin leag iad e air a dhruim gu luath,
is bhuail iad e gu goirt;

is croch iad e san doineann gharbh,
'ga thionndadh thall 's a-bhos.

An-sin lìon iad sloc 'bha òglaidh dorch
le h-uisg' gu ruig am beul;
's chuir iad Iain Eòrna sìos gun dàil,
's e shnàmh ann na dol eug.

Leag iad e air ùrlar cruaidh,
's b' e siud an truaigh bu mhò;
's luaisg iad e a-sìos 's a-suas,
oir b' fhuath leò e 'bhith beò.

Le laisir loisgich smior a chnàmh,
air uachdar àith gun d'loisg;
's bha muillear an-iochdmhor thar chàich,
Rinn smal dheth le dà chloich.

Fìor fhuil a chridhe ghabh na seòid,
'ga h-òl m' an cuairt 's m' an cuairt;
is mar bu mhò a rinn iad òl,
chaidh cainnt am beòil an cruadh's.

Iain Eòrna tha 'na laoch ro dhàn',
neo-sgàthach làn do dh'uails';
ma dh'fheuchas tu ach fhuil le d' bhlas,
cha ghealtair thu san uair.

Bheir e air duine truagh gun sgoinn
a bhith gu h-aoibhneach gast';
's bheir e air bantrach a' bhròin,
'bhith 'seinn gu ceòlmhor ait.

Bithidh sliochd an Alba shean gu buan,
aig Iain Eòrna nan cruaidh-ghleac;
is òlaidh sinn mun cuairt a shlàint'
is cuach an làimh gach neach.

Bàrdachd Raibeirt Burns

Ian Eòrna – luinneag
(John Barleycorn – a ballad)

Bha trì rìghrean san àirde 'n ear,
trì rìghrean mòr is uaibhreach,
is bhòidich iad gu sòlaimte
Ian Eòrna 'chur fo chuibhreach.

Ghabh iad beairt 'ga threabhadh sìos,
'cur sgrathan air a cheann.
'N-sin bhòidich iad gu sòlaimte
gun robh Ian Eòrna gon.

Thàinig earrach 'nìos le coibhnealas,
troimh ùrarachd nam fras;
is fhuair Ian Eòrna bith a-rìs,
's air càch bha iongantas.

Le bruthainn ghleust' an t-samhraidh theth,
dh'fhàs e gu làidir treun,
is air a cheann bha sleaghan calg,
'ga dhìon o lot is cron.

Thàinig foghar bàidheil 'steach gu ciùin,
dh'fhàs esan bàn-ghlas fann;
bha adhbrann lag is uilt gun lùth
nochdadh gu robh e tinn.

Bha 'dhath 'g innseadh gu robh easlaint mòr,
seadh, chrìon e sìos gu aois:
'n-sin dh'èirich a nàimhdean uile suas
nochdadh an nàimhdeas ris.

Ghabh iad inneal 'bha fad is geur,
is ghearr iad e mun ghlùn;
'n-sin thilg 's cheangail iad e air cairt
mar shloightear bha 'mealladh dhaoin'.

Leag iad sìos e air a dhruim,
is shlaic iad e gu goirt;

'n-sin chroch iad e fa chomhair na gaoith'
'ga thionndadh thart is thart.

Thilg iad sìos e ann an sloc,
na laigh' an uisge tàmh;

's thilg iad Ian Eòrna 'steach an-sin,
chum bàthadh no gu snàmh.

'N-sin sgaoil iad 'mach air ùrlar e,
'thoirt tuillidh dòrainn dha,
's mar thug e sanas deò 'bhith ann,
thilg iad e 'n-siud 's an-seo.

Thar teangaidh teine ròst iad donn,
a chnàmhan is a smior;
's e muillear bu mhiosa dh'iomchair e,
eadar chloich-phronn na smùr.

Tharraing is bhlais iad fuil a chridh',
is dh'òl iad e mun cuairt,
's mar 's mò a dh'òl is shrùb iad e
chaidh 'n toil-inntinneas an àird.

Bu treun am flath Ian Eòrna dàn',
àrd-mhòrair sonn nan cruas,
ma nì ach fhuil a bhlaiseachdainn
èiridh do mhisneach suas.

Cuiridh e cùram duin' air falbh,
's bheir sòlas do gach dùil;
bheir e air cridh' a' bhantrach seinn,
ged bhiodh na deòir 'na sùil.

Nis òl deoch-slàint' Ian Eòrna calm',
a shlige 'n làimh gach aon;
's na teirgeadh 'ghineal uaibhreach gleust'
gu brath o Albainn threun.

'S e tuath'nach 'bha 'am athair
Fonn: The weaver and his shuttle, O
(My Father Was A Farmer)

Bu tuath'nach 'bha 'am athair-sa, shìos mu chrìochan Charraig, ò,
is dh'oil e mi gu cùramach, an toineasg 's an deagh-òrdugh math.
Dh'earail e orm 'bhith duinealach, ged nach biodh agam feòirlinn dhonn,
chionn 's eugmhais cridhe dìleas ceart, chan airidh duine 'bhith an suim.

'N-sin a-mach san domhan mhòr, mo chùrsa ceart 'n-sin dheachdaich mi, mo
mhiann cha robh am beartas taisgt' ach uaibhreas grinn bu toigh leam i.
Suarach cha robh 'am thàlanta, is sgoileireachd cho math ri sin –
is rùnaicht' bha mi 'streap an àird os cionn na staid a bha mi 'n-sin.

Le ioma dòigh gach oidhirp chaidh a shuirgh' fàbhar fortain chiar;
ach daonnan dh'èirich bacadh suas, eadar mi is mo mhiann d' a rèir.
Corr' uair b' e mo nàmh 'thug buaidh, uair eile bha m' chàirdean gealtach claon;
's nuair 'dh'èirich dòchas 'ga mhullaichean, bu truaighe bha mo mhearachd fhèin.

'N-sin sàraichte mu dheireadh bha, le luasgadh fortain mhealltaich fhaoin;
thilg mi mo rùntain fhaoin a thaobh, is thàinig don cho-dhùnadh seo
bha 'n tìm a dh'fhalbh neo-thorrach dhomh; 's na bhitheas tha glaiste teann o m' sheall,
'S e 'nis a tha 'am chomas-sa, is bi mo mhealtainn dhi 'gam thoil.

Beachd, cobhair 's dòchas bha an dìth, no duine bheireadh furtachd dhomh,
feumar saothair goirt son lòn, 's mi sgìth is bruich le fallas teth.
Chionn dh'oilein m' athair mi glè thràth, an treabhadh, cur is buain fa leth,
ars' es', an t-aon nì saothair ceart, dùbhlanaidh e fortan 'na choimheasg dha.

Mar seo fo sgàil dubh-dhorchadais, bochd 's neo-aithnicht' 's dàn dhomh triall,
gus an leagam sìos mo chnàmhan sgìth, an cadal sìorraidh mar is dual.
Gun dragh, gun ghion ach seachnadh sin, a ghuireas cràdh, leòn, pian is claoidh,
mealam an-diugh mar 's fhearr as eadh, 's neo-choma tha mun mhàireach, Ò.

Ach cridheil tàim is fòs cho stuaim, ris 'n rìgh a tha san lùchairt bhrèagh;
ged bhiodh tubaist sgraing 'gam shealg gun taing, leis an gamhlas sin as aithne dhi;
mo lòn gach lath', tha 'teachd gach tràth, chuir rud ma seach chan aithne dhomh,
chionn gur e biadh prìomh-fheum mo bhith, chan eil mì-fhortan 'na chùram dhomh.

Corr' uair le strì seadh coisnidh mi beagan airgid blàth-bhrìgh mo sgìos,
'n-sin mì-fhortan searbh tha 'tigh'nn gu dearbh, o nèamh a-nuas 'gam phronnadh sìos.

Tha iomrall, mearachd no mì-dhàn, 'teachd troimh m' aimhleas aineolach;
thigeadh na thig, mo bhòid 'gun ag, gu bràth cha bhi mi muladach.

Ò sibhs' tha leantainn stòr 's uachdranachd, le dùrachd tha neo-sgìtheil, cas,
mar 's mò air seo ur n-aigne tha, mar 's fhaid' air falbh a thèid iad às.
'N robh agad saibhreas Photosi thall, no cinneachan ri adhradh dhut;
an luirist ionraic cridheil blàth, roghnaicheam esan ann 'ad àit'.

Am botal mòr builg
Fonn: Prepare, my dear brethren. To the tavern let's fly
(No Churchman Am I)

Chan fhear-eaglais mi 'bhith 'sgrìobhadh no rallsachd,
no saighdear no fear-stàta chum cogadh no fallsachd,
no fear-gnothaich carach làn ribe is seòlt',
ach botal mòr builg m' uile chùram is geilt.

Chan eil tnùth agam don mhorair, gheibh e mo bhèic;
cha dìmeas mi saothraiche, biodh e suarach no lag;
ach gadan deagh-chompanaich, mar tha an-seo cruinn,
is botal mòr builg o 's e 's àrd-shonas dhuinn.

Dol seachad tha 'n ridir air a bhràthair – an t-each;
'n-siud ceudam an ocair le a sporan làn luach,
seall air a' mhullaich, mar tha e tulganaich trìd!
'S e botal mòr builg bheir athais do m' staid.

Mo chreach! shiubhail mo chèile, b' i gràdh mo chridh';
son furtachd is coibhneas don eaglais chaidh mi;
dh'aithris mi sin gun robh seann-Sholamh ceart,
gur e botal mòr builg 's àill gach iomagain thig thart.

Dh'fheuch mi aon uair oidhirp shònraichte dhèanamh;
's fhuair litir 'g ràdh gu robh gach nì 'na ànradh;
tùrsach chaidh 'n t-uachd'ran suas staidhir à turraman,
le botal mòr builg 'chuir crìoch air gach cùram.

Tha 'n gnàth-fhacal 'g ràdh, gur dragh sòlas ar beatha
thubhairt 'm bàrd, es' sgeadaicht' leis a' ghùn dubh datha;

còrdam leis an t-seann-bheadaidh gus an ròineag,
gur e botal mòr builg flaitheas a chùram.

Rann air a chur ris ann an taigh sònraichte chlachairean:
Nis lìonaibh-sa cuach gus am bi i dol thairis,
is òirdhearcas na clachaireachd bithibh-sa 'g aithris;
's aig gach bràthair dìleas ceithir-cheàrnag 'n gobhal-roinn
biodh botal mòr builg is sinn le cùram fàs tinn.

Leag gailleann sheargach fortan sìos
(Raging Fortune)

Ò leag gailleann sheargach fortan sìos
mo dhuilleag anns an làrach!
Ò leag gailleann sheargach fortan sìos
mo dhuilleag anns an làrach.
Mo stoc bha glan 's mo ghucag glas,
is m' ùr-bhlàth bha cho bòidheach,
thug taiseachd driùchd is coibhneas grèin,
air m' mheangain fàs gu loinneach.
Ach leag ànradh stoirm mì-fhortan fuar
m' uil ùr-bhlàth anns an làrach.
Ach leag ànradh stoirm mì-fhortan fuar
m' uil ùr-bhlàth anns an làrach.

Teachd troimh 'n t-seagal
Fonn: Miller's Wedding
(Comin Thro' The Rye)

Ma thig aon dlùth do aon eile,
's iad troimh 'n t-seagal 'teachd
's ma phògas neach aon eile ceart
an còir 'bhith babaireachd!

Tha aig gach tè a leannan fhèin,
's mis' tha 'd 'g ràdh, gun aon,
ach tha na dùil a' toirt orm sùil
san t-seagal 's mi leam fhèin.

Ma thig aon dlùth do aon eile
on bhaile 'teachd 'na àm,

's ma thig aon dlùth do aon eile
'n còir 'bhith dèanamh gruaim?

Tha aig gach tè a leannan fhèin,
's mis' tha 'd 'g ràdh, gun aon,
ach tha na dùil a' toirt orra sùil
san t-seagal 's mi leam fhèin.

Am measg a' chorr, Ò tha aon fhear
cho prìseil tha dhomh fhèin;
ach càit tha theach no ainm an neach,
cha toigh leam innseadh sin.

Tha aig gach tè a leannan fhèin,
's mis' tha 'd 'g ràdh, gun aon,
ach tha na dùil a' toirt orm sùil
's am miste mise sin.

An Luachair, ò
(Green Grow The Rashes)

Sèist
Cia glas a dh'fhàsas luachair, ò,
cia glas tha e 's a bhileagan;
na h-uaire 's mìlse chaith mi riamh,
ò 's ann am measg na caileagan.

Chan eil ach dragh 'nis air gach làimh,
is anns gach uair aig aon againn;
cha bhiodh sòlas ann do dhuine beò,
mar biodh airson na caileagan.

Tha 'n lònach glacainn beartas baoth,
's tha beartas tric 'toirt 'n car às sin;
's ged gheibh iad greim air dòrlach dheth,
chan urrainn iad a mhealtainn sin.

Thoir dhomh-sa uair san anmoch chiùin,
mo làmhan glaist' mu m' chaileag ghrinn,

rachadh daoine 's nithe saogh'lta faoin
air falbh 'nan car a' mhuiltein uainn.

O sibhs' cho stuaim, na cuir oirbh gruaim,
chan eil annaibh-se ach asalan;
an duine 's glice a bha ann 'riamh,
bha e dèidheil air na caileagan.

Tha nàdar 'g ràdh, o 's iad ma-tà,
do m' obair-sa na fìneagan;
an duine dàimh, thug e an làimh,
'n-sin rinn e ceart na caileagan.

M' Anna Ò
Fonn: My Nonie, O
(My Nanie, O)

Air cùl nan cnoc tha 'n Lugair ruith,
troimh fhàsaich 's mòintein iomadh dhiubh,
tha 'n ghrian gheamhrail an dèidh dol fodh',
's thèid mise dh'ionnsaidh Anna, ò.

Tha 'n ghaoth iarail ri sgairt is sgread;
tha 'n oidhche tais is dorcha dubh,
ach gheibh mi m' bhreacan, 'siabaidh 'mach,
'n-sin thar na cnoic chun Anna, ò.

Tha m' Anna àlainn, grinn is òg,
gun mhiodal cealg 'ga toirt a thaoibh;
tubaist thigeadh don teanga chlì
chum cron a mhealladh Anna, ò.

Tha h-aodann brèagh, tha 'cridhe fìor,
cho coimhlionta 's cho bòidheach tha;
chan eil neòinein fliuch le driùchd nan speur
nas fìorghlaine na Anna, ò.

'S e giolla tuath'nach 's car dhomh fhèin,
's is ainneamh iad da 'n aithne mi;

ach ciod e dhomh-s' cia tearc tha iad,
gheibh mi furan o m' Anna, ò.

Mo stòras tha rèir m' eàrlais dhomh,
's fheudar stiùradh cho caomhanta';
chan eil beartas saoghail 'cur dragh orm fhèin,
tha m' aigne 'ghnàth air Anna, ò.

'S toigh le ar sean-duin' sealltainn air
a bhuar 's a chaor' 'bhith 'cinntinn math;
tha mis' cho sona aig a' bheairt,
gun chùram orm ach Anna, ò.

Thigeadh maith no olc, chan eagal leam
gabhaidh na dheòineas flathais dhomh;
gun chùram talmhaidh 'laigh orm fhèin,
ach gaol is mealtainn m' Anna, ò.

Tha gaothan iar
Fonn: I had a horse, I had nae mair
(Song Composed In August)

Tha gaothan iar mar ghunnain mòr
'toirt sìde chiùin an fhoghair 'steach;
tha 'n coileach-ruadh air sgiath fharamach
no 'crùbadh sìos 'n dìon an fhraoich;
thar raon tha 'n luasgadh seilleanach,
'toirt faiteas don tuath'nach sgìth;
tha 'ghealaich 'toirt soills' do m' iomrallachd
's mi 'smuaineach' air mo bhean-shìth.

'S toigh le 'n chearc-thomain 'n srath torrach glas,
's an fheadag na slèibh mar thaisg:
an coileach-coill', na doire aonranach,
's an corra-ghritheach na tobair uisg';
èiridh an smùdan gu àird nam frìth,

a sheachnadh slòigh 's a' phreasag;
os cionn an smeòrach tha 'n calltainn 'fàs,
's tha 'n droigheann thar an uiseag.

Mar seo tha gach gnè 'faotainn sòlas,
am borb 's am maoth mar as fheudar;
tha cuid 'n caidreamh, 's cuid co-aontachadh;
's cuid eile tha ri faondrainn;
gabh luach, gluais às; 'n dòigh aingidh sin,
ò àrd-cheannas borb nan daoin';
's e spòrs an t-sealgair, sgread mort eun,
an sgiath bhrist, 's am breabadh dian.

A Pheigi ghaol tha 'n oidhche soilleir,
's tric siabadh an gobhlan-gaoith';
's gorm seall nan speur 's na h-achain gast'
an crìonadh glas is buidhe;
a-mach thèid sinn air sràideamachd,
a ghabhail beachd air nàdar;
'n coirc starbhanach 's an droigheann measach,
's uil' shòlasan gach creutair.

Air sgrìob thèid sinn, 's bidh 'r còmhradh grinn,
's fo dhearrs' na gealaich bi 'd;
's mo làmh mar chrios, mu d' mheadhon shìos,
's bòideam gur mòr mo ghaol dhut;
cha robh riamh fras air blàitheag flùir,
no foghar ciùin don tuath'nach,
cho gasta rùn 's a tha thu fhèin,
mo ghràidheag chaomh, mo rùnag.

Iomairean Eòrna
Fonn: Corn rigs are bonnie
(Corn Rigs O' Barley / The Rigs O' Barley)

Ò b' ann air oidhche Lùnast ghrinn,
's iom'rean coirc cho bòidheach,
fo sholas glan na gealaich bhàn
ghabh mise sgrìob chun Anna.
Chaidh 'n ùine seach gun aire oirr'.

mun dubh 's an tràth 'teachd oirnne,
le iompaidh chòir thriall ise leam
troimh na h-iomairean eòrna.

Bha na speuran gorm, bha 'ghaoth cho ciùin,
's las a' ghealaich gach ceàrna;
le a làn cead, leag mis' i sìos,
am measg na h-iomairean eòrna;
's math b' aithne dhomh gum b' leam a cridh'
bha m' annsa rith' cho treibhdhire';
's phòg mi i a-rìs is a-rìs
am measg na h-iomairean eòrna.

Ghlais mi i 'am uchd cho teann;
's ghluais a cridh' cho maothrana';
mo bheannachd air 'n àite sona sin
am measg na h-iomairean eòrna;
nis leis a' ghealaich 's na reulta glan,
dhealraich an uair sin oirnne;
's molaidh i 'm feast 'n oidhche shona sin
am measg na h-iomairean eòrna.

'S tric bha mi ait le 'm chomp'naich chaoin';
's cridheil bha a' pòitearachd;
's a' trusadh stòr deagh-shuaimhneas fhuair;
is sona bha a breithneachadh:
ach thar gach solas fhuair mi riamh.
Trì uairean dùbailt' tharraing e,
b' fhearr sonas 'n oidhche sin gu lèir,
am measg na h-iomaran eòrna.

Sèist
Iomairean coirc', 's iomairean eòrna,
's iom'rean coirc cho bòidheach tha;
'n oidhch' shona sin cha dìochuirnhn' mi,
anns na h-iomairean le Anna.

Cò tha aig doras mo sgàil-thaigh?
Fonn: I had a horse
(Wha Is That At My Bower-Door)

Cò tha aig doras mo sgàil-thaigh?
Ò cò tha sin ach Fionnlagh?

Gabh romhad, cha chòir dhut 'bhi an-seo: –
gu dearbh as còir, ars' Fionnlagh.

Carson tha thu 'teachd mar ghadaiche?
Ò thig is faic' ars' Fionnlagh;
chionn nì thu cron mun dig an lath' –
nì mise sin, ars' Fionnlagh.

'S nan èirinn 's gu leiginn thusa 'steach –
ò leig mi 'steach ars' Fionnlagh?
Chan fhaigh mi clos le 'd stararaich –
chan fhaigh gu dearbh ars' Fionnlagh.

'Am sgàil-thaigh 'steach ma nì thu tàmh –
ò leig dhomh tàmh ars' Fionnlagh?
Theagamh gum fan thu gu briseadh lath' –
fanaidh gu dearbh ars' Fionnlagh.

An-seo ma dh'fhanas tu a-nochd –
fanaidh mi ars' Fionnlagh?
'S eagal leam gun dig thu 'rìs –
thig gu dearbh ars' Fionnlagh.

Na thachaireas san sgàil-thaigh seo –
tachairidh e, ars' Fionnlagh?
Feumaidh thu 'chleith gus 'm priob do dheireadh
ceilidh gu dearbh ars' Fionnlagh.

Nuair 'sheas Guildford fial
Fonn: Killiecrankie
(Ballad On The American War)

Nuair sheas Guildford fial ar deagh fhear-iùil
chuir car 'nar stiùir, a dhuine,
thog cùis bidh, aon oidhch' aig tì,
taobh 'steach America, a dhuine:
thog iad làn tnùth, a phoite sùgh,
san fhairge thilg iad i, a dhuine;
's le guth is glaodhar, sa choinneamh mhòr,
dhiùlt iad ar corr 's ar lagh, a dhuine.
'N-sin troimh nan loch ghabh Montgomery 'mach,
's dearbh nach robh e mall, a dhuine;
sìos bùrna Labhraidh ghabh e sgrìob,
is phut e Carelton 'null, a dhuine:
ach aig Quebec rug lèir-sgrios air,
is thuit e mar bu dual, a dhuine,
an ceann a dhaoin' le lann 'na dhòrn,
dh'eug e measg nàimhdean 's fhuil, a dhuine.

Bha Tomas Gage, am prìosan glèidht',
an daingneach Bhoston bha, a dhuine;
ach thàinig Uilleam Howe thar bruaich co-dhiù,
sìos thun Philadelphia, a dhuine;
le lann is gunn' b' e peacadh 'sin
fuil Chrìostain 'bhith 'ga steall' a dhuine;
ach aig New York, le gobhlag 's corc,
ghearr e Sir Loin 'na spealg, a dhuine.

Chaidh Burgoyne an luib, le spur is cuip,
gus 'n deachaidh Fraser treun fodh', a dhuine;
là ceò'il tais, chaidh e ma chois,
am fàsach Sharatoga, dhuine.
fhad 's a b' urrainn 'chuir Cornwallis dòrainn,
air luchd na briogais leathraidh, 'dhuine;
ach lann Chlinton gharg, chumail o mheirg
chroch 's e ris an stuaidh, a dhuine.

'N-sin bha Montague 's Guildford dubh,
'n eagal tuiteam on inbhe, a dhuine;

is Sackville doirbh, chuir bacadh garbh,
air 'n àrd-Ghearmailteach, a dhuine;
chionn Paddy Burke, mar fhearg an Tuirc,
bha e neo-thròcaireach, a dhuine;
'n-sin thilg Teàrlach Fox uaith a bhocs',
's fhosgail e 'ghob peasanach, a dhuine.

Thog Rockingham suas a chluich an-dràs',
gus 's dàinig eug fa chomhair, a dhuine;
'n-sin thog Shelburne mìn suas a cheann,
co-chòrdachadh soisgeul treòir, a dhuine;
bha laoich St Stephen sìor-chlamhagain,
's mùchadh a chuimsean uile, 'dhuine,
'n-sin North, Fox, 's corr, thàth iad am pòr
's theannadh e don bhalla, 'dhuine.

Cairt-chluich Theàrlaidh b' iad cridhe 's crasg,
le 'n d' sguab e 'n geall air falbh, a dhuine;
ach 'n daoimean sònraicht', don ghnè Innseanach,
Dh'aom e e 'ga chall a dhuine;
bha laoich Shasannaich, le 'n clàraibh aithris,
'cur fleasgaich Chatham 'n cùl a dhuine;
'n-sin sgairt Albainn air a' pìob-mhòr,
Uilleam! "Suas 's ruaig iad uile," 'dhuine.

Chaidh Granville còir air cùl 'chathair mhòir,
a ràdh facal ma noig, a dhuine;
's dhùisg Dundas slìogach 'n dream 'bha mùgach
taobh tuath a' bhalla Ròmanaich, a dhuine;
taibhse Chatham, le loinn 'n ath-tìm
(chunnacas leis na bàird, a dhuine)
le 'shùil air ghleus, ghlaodh, èirich Uilleam!
Cha b' eagal leam-s' iad uile, 'dhuine!

Le deachd is stràc, bha North, Fox, le 'n achd,
'g iomain Uilleam mar bhall, a dhuine;
chlisg luchd an deas, 's thilg dhiù an dèis
is sheas 'nan sreath r' a chùl, a dhuine;
a tormain a thaoibh thilg Caledon,
's tharraing i sgian chun dragh, a dhuine;

's mhionnaich gu borb, troimb pholl is fuil,
gun cuireadh i ceart an lagh, a dhuine.

Bha 'n duine air dhealbh gu bròn
Teàrlach Stiùbhairt
(Man Was Made To Mourn)

Air turas dhomh sa gheamhradh fhuar
aon fheasgar bruachaibh Àir,
gach achadh 's doire 'n-sin mun cuairt
air lomadh suas gu 'm barr,
chunnaic mi duine 's bu liath a ghruag
le coslas truagh 'am làthair;
a ghnùis air caitheadh leis an aois,
's na claisean aodann fàs.

Cia às tha 'choiseachd choigrich òig?
Thubhairt 'n t-urramach còir le cèille;
air aighear na h-òig' 'm bheil thu 'n tòir
no cruinneach' òir ri chèile?
No theagamh iomagain agus bròn,
ged tharach tuille 's luath
gu siubhal maille rium-sa 'n tràth-s'
'chaoin duine air fàs chum truaigh.

A' ghrian 'tha 'n crochadh thairis thall,
'mach sgaoilte 'm fad 's an leud,
far 'm bheil na ceudan 'cumail suas
uaill uachdarain le 'm feum;
'ghrian gheamhrail sgìth ud chunnaic mi,
ceith'r fichead uair na cuairt;
's gach uair dhiubh sinn 'toirt tuille dearbh
duine air dhealbh chum truaigh.

Ò dhuine! Ann am bliadhnaibh d' òig',
cia gòrach caithidh tìm!
Mì-chaith' nan uairibh prìseil ud,
glòr-bhuaidhean d' òig' gu cinnt!
No 'n do mhùth amaideachd 'n riaghailt;
le miannaibh fuasgailte teth,

'bheir spionnadh cruaidh thaobh nàdair luaidh.
Gu truaigh chaith' duine bhreith.

Na seall air leth air blàth na h-òig',
no daonnachd 's beothail neart;
tha 'n duine feumail 'n-sin d' a sheòrsa,
a chumail còir is ceart:
ach faic 'n duine aig bile a shaoghail,
le iomagain 's mulad caithte,
san àm sin 's faoin mac-samhail aois,
ri aodann truaigh is laigse.

Saoilear cuid aig dàn fo dheagh-ghean,
aig taitneas tàlaidhte cuin;
gidheadh na saoil luchd toic is maoin,
fìor-shonadh anns gach cùis.
Ach ò! Cia lìonmhor iad 's gach tìr,
tha trèigte agus truagh,
le 'n caith' beath' a theagaisgeas
duine air a bhreith chum truaigh.

Nach mòr 's nach lìonmhor iad na h-uilc
'nur n-uchd 'tha 'gabhail tàmh!
'S mò no sin rinn sinn sinn fhèin,
'nur n-adhbhar nàir' is cràdh;
Thusa 'dhuine le d' aghaidh suas
nach sgeadaich gràdh le d' dheòin,
ach gu neo-iochdmhor agus cruaidh
'cur mhìltibh sluaigh gu bròn.

Faic thar a chomas 'n t-oibrich' truagh,
gu dìblidh suarach sgìth,
a' guidhe obair air a bhràthair
chum saoithreach dha le sìth;
'Chomh-chnuimheig thruagh an t-uachd'ran
'cur iarrtas uaith fon bhòrd,
neo-chuimhneachail air mnaoi tha 'gul,
's clann ri tuire is bròn.

Ma tha mi sònraichte gu bhith 'm thràill,
thaobh nàdair air mo dhealbh,

carson 'tha 'n t-iarrtas sir 'bhith saor
air m' inntinn 'gabhail sealbh?
Mur eil, carson a tha mi umhal
do dh'an-iochdmhoir' 's do 'thàir?
Carson 'tha neart is toil aig duine
duine 'chur fo bhròn gach là?

Gidheadh na leig le seo mo mhac,
'bhith 'buaireadh d' inntinn òig:
an sealladh claoin seo 'n chinneadh daoine
gu cinnt chan e bu chòir!
An duine còir 'tha sàraichte,
cha deach a bhreith gu leòn,
gun dìoladh 'dhèanamh air a shon
is comhfhurtachd fo bhròn.

Ò bhàis! 'S tu caraid 's coibhneil 's fìor,
ann 'n-dràs' don duine bhochd!
'S e beatha na h-uair mo bhallaibh aost'
'bhith leat san uaigh aig fois!
'S tu 'reubas suas o ghreadhnachas,
an t-iomlan do gach seòrsa;
ach lasach bheannaicht' do gach neach
trom-luchdaichte le bròn!

Clann daoin' gu bhith ri bròn
Asgall MacAsgaill
(Man Was Made To Mourn)

Nuair 'bha osag fhuar a' gheamhraidh
air iomadh coille 's blàr,
aon fheasgar is mi 'siubhal sìos
cois bruachan abhainn Àir,
choinnich mi duine 's shaoil mi e
le iomagan sgìth is fann;
'na ghnùis bha claisean aois is liath,
bha 'm falt a bh' air a cheann.

Air sheabhaid càit am bheil thu 'dol?
'N t-aost' urramach thuirt rium;

'n e tart gu maoin no boil na h-òig
mar seo tha 'gluas'd do cheum?
No theagamh trioblaid gheur 'ga d' chràdh?
Och! 'S luath dhut-s' òige chaoin
'bhith 'tòiseachadh air cumha leam-s'
meud truaighean clann nan daoin'.

A' ghrian ud 'tha os cionn nan sliabh,
'tha mòr a feadh 's an leud,
's an cumar sràic nan ua'rach suas
le saothair ghoirt nan ceud;
air a cuairt gheamhraidh chunnaic mi
ceith'r fichead uair ochòin;
's gach uair 'toirt dearbh' gun 'chruthaicheadh
clann daoin' gu bhith ri bròn.

Cia stròdhail a bha thus' air tìm,
ò dhuine, 'n tùs do linn!
'Cur d' uairean prìseil gu droch-bhuil,
prìomh glòrmhor d' òige ghrinn!
Dha do chailean ghràineil tric
de d' chorp a dèanamh lòn;
'toirt do lagh nàdair neart deich fillt'.
A chum do thoirt gu bròn.

Na seall a-mhàin air prìomh na h-òig',
no duine 'n treun a neirt;
nì 'n duine 'n uair sin feum dha sheòrsa,
's cumar suas a cheart:
ach amhairc air aig bruach na h-uaigh,
le iomadh cràdh 'ga leòn,
is aois is easbhaidh 'nochdadh dhuinn
gun d'rugadh e chum bròn.

Tha cuid ann mar gum an dàn
dhaibh soirbheachadh gu 'm miann;
na saoil, gidheadh, gach aon dhiubh siud
làn bheannaicht' air gach rian.
Ach ò! Cia lìonmhor anns gach tìr,
an dòrainn daoine saoidh,

tha fad am beatha 'faireachadh,
gum bheil e 'n dàn dhaibh caoidh.

'S lìonmhor geur na h-àmhghairean
's 'chrè a ghineadh leinn!
's nas goirt' na sin gach nàire 's cràdh,
is ànradh thig uainn fhèin,
's ged eil a ghnùis 'tha suas ri nèamh
làn loinn le aoibhean gràidh,
tha cruaidh-chridheachd an duine 'toirt
na milleanan chum cràidh!

Faic an gineil sàraicht' bochd,
cho iriosal 's a tha
e 'guidh air bràthair dhe an dus'
cead saothaireachaidh 'thoirt dha;
is faic a cho-chnuimh thriathail
a' cur iarrtas a neo-bhrìgh,
gun smaoineachadh air bean is clann
'bhith bròn le easbhaidh bìdh.

Ma rinneadh mis' chum 'bhith 'nam thràill,
d' an triathan ud gu tur,
carson 'chaidh smaoin neo-eis'meileach
'nam inntinn 'riamh a chur?
Mar d'rinneadh, cuime tàim fo smachd
do fhòirneart airson lòn?
No th' aige comas agus toil
air mise 'thoirt gu bròn?

Gidheadh, a mhic, na cuireadh seo,
d' uchd òigeil cus de dhòigh:
oir chan i bheachd seo den a' chùis
gu dearbh an aon fa dheòidh!
Am bochd foireignicht' onorach
cha d'rugadh riamh le mnaoi,
mar biodh nì ann gu comhfhurtachd
a thoirt do luchd na caoidh!

Ò Bhàis! 'Fhìor-charaide nam bochd,

's ro choibhneil maith do làmh!
Gun dhi nuair 'bhios mo chnàmhan aost'
'nan laighe leat-s' aig tàmh!
Fo gheilt do bhuille bidh an dream
'tha sòghail àrd is daoidh;
ach 's saorsa bheannaicht' dhaibh-s' thu
'tha trom-uallaichte ri caoidh.

Rinneadh an duine gu bhith ri bhròn
Rob MacDhùghaill
(Man Was Made To Mourn)

Nuair thug an t-Samhain fhuar le cruadhas a' seinn,
lom-sguabadh geur air cluain is cathair,
aon fheasgar nuair a ghabh mi cuairt leam fhèin,
ri bruachaibh rèidhleanach na h-Àir,
mhothaich mi do dhuin' aost' le slaod-cheum mall,
cosmhail ri bhith claoidhte fann le cràdh,
a ghnùis air preasadh fiar le ioma bliadhn';
's 'nan dualaibh liatha chiabhan tlàth.

"Ògain ghaoil càit tha thu faondradh 'n-seo leat fhèin?"
deir an t-aosta cèillidh còir,
"'Bheil miann air maoin 'cur saod fo d' cheum,
no buaireas eud-mhiannach na h-òig',
na theagamh ciurrt' le cùram 's truaigh;
is tuille is luath dhut fòs san t-saoghal,
'bhith dol man cuairt mar mis' ri bròn,
airson truaighean mòr a' chinne-dhaonna.

A' ghrian 'tha 'dealradh air an t-sliabh,
'tha 'sgaoileadh cian an iar 's an ear,
far 'bheil iomadh ceud ri saothair dhian,
'riarachadh miann an-riaghlair mear,
chunnaic mi grian mhall ud a' gheamhraidh fhuair,
a' pilleadh ceithir fichead uair is corr,
is thug gach uair dhiubh siud dhomh dearbhadh buan,
gun d'rinneadh 'n duine truagh gu bhith ri bròn.

Ò 'n duine 'm feadh an lathaibh òig';
cia stròdhasach air ùin',
mì-bhuileachadh nan ialan òir,
aimsir ghlòrmhor, prìomh a lùith,
tha faoineachd mu 'n seach a' tabhairt buaidh,
an-togradh bhuaireasach na feòla,
'toirt neart deich-fillte do no smuain';
gun d'rinneadh 'n duine truagh gu bhith ri bròn.

Na seall a-mhàin air blàth na h-òig';
na air deas-threòir na fearachd chruaidh,
tha 'n duine feumail 'n-sin da sheòrs',
is thèid a chòir a chumail suas;
ach faic e air iomall crìch' a chuairt,
le doilgheas 's truaigh' air call a threòir,
'n-sin aois is aire – ò charaid thu'al! –
'dearbhadh gun d'rinneadh 'n duine truagh gu bhith ri bròn.

Tha cuid cosmhail ri bhith 'nan àilleagan nan dàn,
an uchd toil-inntinn 'ghnàth 'nan suidhe sìos
gidheadh na saoil gu bheil luchd-maoin gu lèir,
mar an ceudna fo bheannachd fhìor,
ach ò! Cia lìonmhor iad an sluagh,
's gach tìr tha na truaghain dhìblidh bhreòit',
foghlam an nì seo rè fad do chuairt,
gun d'rinneadh 'n duine truagh gu bhith ri bròn.

Is lìonmhor agus geur gach truaighe 's pèin,
'tha fuaight' ri 'r creubh agus ri 'r càil,
gu mòr nas beurr' 'rinn sinn sinn fhèin,
le cnàmhan èitigh is le nàir',
agus duine do bheil a ghnùis ri iùil nan nèamh,
le fèith-ghàire ciùin ghràidh na glòir,
tha an-iochd duine ri duine sèamh,
'toirt air mìltean do-àireamh 'bhith ri bròn.

Faic an-siud an truaghan sàraicht' brùit',
cho tràilleil diùid agus fo smàl,
a' guidhe air a bhràthair den ùir,
cead 'thoirt dha car ùin' a h-àr,
agus faic a cho-chnuimh an-iochdmhor bhaoth,

a' diùltadh athchuinge fhaoin gu gnòdh'
gun umhail ged dh'fhàg e bean a ghaoil
's a leanabain mhaoth a' cur ri bròn.

Mu chaidh mis' 'am thràill don ain-tighearn' fhiat
shònrachadh le nàdar o chian nan linn,
ciod uim' chaidh togradh saorsa riamh?
Shuidheachadh cho fial 'nam chridh'.
Mur deach ciod uime tha mi 'm ìochd'ran truagh,
de dh'an-iochd cruaidh 's de tharcais ghnòdh,
no cuim' tha toil is cumhachd aig duine 'n àl
'thoirt air a bhràthair a bhith ri bròn?

Gidheadh na leig leis an smaoin seo a mhacain ghaoil;
do chridhe maoth a chur a dhòigh,
chan e 'n sealladh claon seo 'n chinne-dhaonn',
gu cinnteach an t-aon fa dheòidh,
cha deach an duine tràilleil sàraicht' ceart,
gu beachdaidh bhreith riamh san fheòil,
mur biodh co-dhìoladh-eigin gu thoirt seach',
a cho-fhurtachadh gach neach a tha ri bròn.

Ò bhàis, caraid caomh an duine bhochd,
's tha tairis toirteil agus buan,
deagh-bheatha na h-uaire 'bhitheas mo chnàmhan goirt,
air an sìneadh leat-s' ag fois san uaigh,
th 'm mòr 's an saibhir air oillteachadh ro d' bhuaidh,
'sgaras on aoibhneas is on uaill iad d' an ain-deòin,
ach o fuasgladh beannaicht' don t-sluagh
'tha fo throm-uallach 'ghnàth ri bròn.

Tha 'n duine dèant son caoidh
(Man Was Made To Mourn)

Nuair 'tha sìde fhuar Nobhember
'dèanamh achadh 's coille lom,
aon oidhche chaidh mi 'mach air sgrìob
mu bhruachan Ara donn,
chunna mi seann-duin' tigh'nn fa m' chomhair
le cùram 's dragh 'na ghnùis;

mall bha 'cheum is crùbt' bha 'chom,
's bha 'choslas cairt' le aois.

A choigrich òig', càit 'm bheil thu dol?
Thubhairt an gliocach rium;
'n e togradh òir 'tha ann 'ad bheachd,
no cuthach cluich 'n òg-mhiann?
No, theagamh, le cudthrom iomagain 's dragh,
gur tu an t-ainnis bochd
'tha faondradh 'mach mar mis' a ghul
na truaighean 'tha 'nan lochd.

A' ghrian os cionn na mòintich ud,
le dearrs an astar mhòr,
'toirt soills' do cheudan sàrachadh
a sorchan triath na stràic;
chunna mis' a' ghrian gheamhrail ud
ceithir fichead uair dol claoidh;
's gach uair i 'dearbhadh dhomh gu bheil
an duine 'n-seo 'bhith 'caoidh.

O dhuin'! 'Nad bhliadhnan òig,
cho struidheil 'tha de thìm!
Mì-chaitheamh an t-àm as prìseile,
air faoinealas gun suim!
Tha reasgan baoth mu seach 'gan ruaig:
'n uile mhì-bheus nan daoi;
tha deich uairean dearbhadh 'n lagh gu bheil
an duine dèant' son caoidh.

Na seall gu h-àraidh air snuadh na h-òig',
no air a lùth is neart;
'n-sin tha e tarbhach do a ghnè,
's cùl-taic aig' ri a cheart;
ach faic thus' e air roinn na bith,
le iomagain 's bròn 'ga ruith;
tha paidhir 'n-sin, aois is goinn',
'dearbhadh ar dàn 'bhith caoidh.

Tha dàn a' siùdadh cuid air ghlùn,
le toil-inntinn fàbharach;

ach na smuainich gu bheil na mòr
co-rèir cho athaiseach,
ach, ò! 'S gach tìr tha dòmhlachd slòigh
do ghnàth air bruaich na truaigh';
an leasan 'tha iad 'foghlam, 's e
gun d'rugadh iad a chaoidh.

'Nar dealbh 'tha fighte 'steach gu teann
uilc dualach do ar cor;
's gu h-àraidh 'toirt oirnn fhèin gu pailt,
agartas cogais agus tàir!
An duine, le deachd nèimh 'na ghnùis,
is fiamh-ghàir' gaoil 'na ghruaidh,
tha an-iochdmhorachd nan daoin' r' a cheil'
'cur do-àireamh slòigh ri caoidh.

Seall air an t-saothraich' deacrach truagh,
a' dol chun bràthair crè,
e 'sireadh cead 'bhith 'cosnadh lòin
do thalmhaidh mar e fhèin;
's faic a' bhiastag stràiceil sin
cho tàireil 'diùltadh dòigh,
gun suim air bith do bhean is clann
son biadh 'tha 'gul is 'caoidh.

Ma 's dàn dhomh dha-san 'bhith 'nam thràill,
roimh-òrdaichte le dàn,
carson 'bha smuain neo-eisimeileach
riamh planntaicht' ann 'am chom?
Mur h-e, carson 'tha mi fo smachd
d' a uallach aingidh baoth?
'S carson 'tha cumhachd aige-san
a bhith 'toirt orm-sa caoidh?

Gidheadh, na leig le seo, a mhic,
'chur buaireas ort mar-aon;
cuimhnich nach e a' chlaon-bhreith seo
ceart staid a' chinne-daonn';
an t-ainnis ionraic fo fhòirneart gheur
cha d'rugadh e son truaigh,

tha ath-dhìoladh agus sòlas ann
don dream a tha ri caoidh.

Ò 'Bhàis! 'S tu caraid an duine bhochd,
's tu 's caomhala 's is fhearr!
Toilichte biom nuair 'bhitheas mi
'nam shìneadh leat san ùir!
Tha 'n inbheach 's beartach 'n eagal 'bhith
'cur cùl ri tlachd is bàidh;
ach, ò! 'S e 'm fuasgladh sòlasach
dhaibh-san a tha ri caoidh!

Fàgaibh ur n-uirsgeulan
Fonn: Dòmhnall Blue
(O Leave Novels / Rob Mossgiel)

Fàgaibh ur n-uirsgeulan rìbh'nnean Mhagh-linn,
b' fhearr dhuibh 'bhith 'snìomh aig ur cuidhlein;
tha ur n-uirsg'lan mar bhiadh air dubhain
son 'n rantair rògach Roban Mhossgiel.

Tha 'r Tòmaisean 's Eòghnaisean 's Granndaichean,
'cur ur n-inntinnean òg thar chèil',
tha 'd 'lasadh ur ceann 's ur cuislean cho teann,
's tha sibh mar creach do Roban Mhossgiel.

Thugaibh an aire do theanganna slìom,
's do chridhe tha 'g agairt 'bhith 'n gaol;
's cleas blàths 'tha 'n-sin, o chridhe làn gion,
ràcaireachd faoin Roban Mhossgiel.

A chòmhradh deas 's a chniadachas,
nas marbhaidh 'tha na 'n stàilinn chaol,
an modhalachd 's an caomhalachd,
's iad sin seòltachd Roban Mhossgiel.

Rìbhinnean Mhagh-linne
Fonn: Dùn Dè Bhòidheach
(The Belles Of Mauchline)

Chan eil rìbh'nnean as grinne na muinntir Mhagh-linne,
mòrchuis an àit' 's a' choimhearsnachd mun cuairt,
le 'n gluasad is uidheam bheireadh coigreach deagh-thuaiream
gur ann an Lunnainn is Paras a fhuair iad gach brat.
Tha NicMhuilleir fìnealta 's NicMharcland cinealta,
tha Nic a' Ghobhainn geur-ghobach is Beiteag cho brèagh,
tha maise is fortan r' a fhaotainn le Nic a' Mhorton,
ach 's i Nic an Armour as neamhnaid dhomh fhèin.

Nuair 'thàinig mi do Stiùbhard Chaol
Fonn: I had a horse, and I had nae mair
(The Mauchline Lady – a fragment)

Nuair thàinig mi do Stiùbhard Chaol,
gun inntinn sheasmhach agam,
ge b' àit' a chaidh, air tìr no tràigh,
bha leannan daonnan agam.

Ach do Mhagh-linn nuair 'thàinig mi,
gun eagal ro aon air bith,
mar b' aithne leam, bha m' chridh an greim,
aig suairceag Mhagh-linn tapaidh.

Bruthaichean a' Bhealaich Mhaoil
Fonn: The Braes o' Ballochmyle
(Farewell to Ballochmyle)

Bha coilltean Chait'rein buidhe bàn,
's na lusan a' crìonadh sìos gu bàs,
cha robh riabhag 'seinn air tulach uain',
's dh'fhàs nàdar tinn an sùil a blàiths.
Troimh dhoire seargt' bha Maria 'seinn,
's i fhèin a bha cho àlainn geal,
's bha mac-talla fuaimeach 'measg nan crann,
soraidh le bruthaichean a' Bhealaich Mhaoil.

A-nìos o 'r leapaichean fuara 'nis,
gu ùrail togaidh sibh ur cinn:
's a eòin cho balbh air tomaibh lom',
togaidh sibh a-rìs ur guth gu binn.
Ach dhomh-s', mo chreach, chan eil a-nis
tlachd ann an lus no eun ri ceòl:
ò beannachd leibh, a bhruachan Àir
soraidh le bruthaichean a' Bhealaich Mhaoil.

Mìreag – A ciabhag fhitheach
(Her Flowing Locks)

A ciabhag fhitheach 'crochadh sìos,
mu 'muineal 's broilleach bha mar chrios;
r' a h-uchd bu ghasta 'bhith an sàs,
's am muineal ud 'bhith 'cniadachadh!

'S e ròis a bilean le driùchd 'tha fliuch,
cuirm dheagh-bhlasta a beul fa seach!
A gruaidhean bòidheach so-nèamhaidh dreach,
le deirgeid àlainn 'gan sgeadachadh!

Inntinn mhnathan
Fonn: Airson sin
(For A' That / Tho' Women's Minds)

Ged tha inntinn mhnàith a' dol mar ghaoith,
sa gheamhradh fhuar, airson sin,
an tì as trèin' 's toigh leis na gaoil,
is mar bu chòir airson sin.

Airson sin, 's airson sin,
's dà uair nas mò na tha sin,
an nighneag ghrinn as toigh leam fhèin
m' aon mholta bidh, airson sinn.

Le gach tè fhial tha mi an gaol,
an tràill as mi airson sin;
ach dèan neo-'r-thaing, 's an slaod gun taing,

's peacadh 'cur nan aghaidh sin.

Ach aig tè ac' tha fad thar chàch
deagh-thuigse, ciall 's gach nì sin;
tha i bòidheach grinn, as toigh leam fhèin,
is cò a their gur lochd sin.

Làn dèidh is èibhneas tachraidh sinn,
an co-ghaol blàth, 's e 'r toil sin;

cia fhad an ùin' dè sin do aon,
's e 'r togradh ar lagh airson sin.

Le 'n seòltachd 's cleas bog faoin tha mis',
's mheall iad mi le 'n carachdan,
biodh sin mar tha, seo suas d' an gnè –
's toigh leam na gaoil airson sin.

Rugadh giolla anns a' Chaol
Fonn: Daintie Davie
(Rantin' Rovin' Robin)

Ò, rugadh giolla anns a' Chaol,
ach air dè 'n là, a mhodh no seòl,
's e m' bheachd nach bi e fiach mo shaogh'l,
a bhith cho gast' le Robin.

Sèist
Ò 's giolla ait 'bha 'n Robin còir,
rantair aoibhinn, rantair aoibhinn.
Ò 's giolla ait 'bha 'n Robin còir,
's e rantair a bha 'n Robin.

Bha bliadhn' mu dheireadh ar rìgh ach aon
còig latha fichead air dol dhinn,
thàinig plàigh de ghaoth ànrach theann,
na sainnseal 'steach air Robin.

Ò sheall an goistidh 'steach 'na bhois,
cò bhios beò bidh e dearbht' ars' is',
cha suarach seo ach duineil deas –
's bheir sinn mar ainm air Robin.

Bidh tubaist aige beag is mòr,
ach cridhe thart làn neart is treòir;
bidh e 'na chreideas do ar tìr –
's bidh sinn uile mòr à Robin.

'S gu fìor 's e trì uair thrì nì naoi,
tàim 'faicinn le gach sreath is aoibh,
bi a chionn air àr gnè is dàimh,
's mo bheannachd leat-sa Robin.

Oidhche DhiSathairn' a' choiteir
(The Cotter's Saturday Night)

Mo charaid òirdheirc, gleusta, onarach!
chan e bàrd sanntach 'tha 'toirt ùmhlachd deas;
dhìmeasainn 'bhith fèineil, le mòrchuis fhreagarrach;
chionn 's e mo dhèidh gean math mo charaid 's a mheas.
Canam dhut-sa a laoich na Sgòit dhàin.
An cur thuige cumanta an tìr nam beò;
na h-aignidhean làidir, 's na dòighean simplidh buan;
gu dè bhiodh Aicean ann am bothan ceò;
neo-ainmeil ged a bhiodh, nas sona bhiodh e mar seo.

Tha Noibheambair 'sèideadh anail feargach fuar;
is tha 'n là geur geamhrail a-nis 'dol dhìth;
tha na h-ainmhidhean bochd on bheairt ma rèir
's dòmhlaich feannagan tilleadh air ais d' an tàimh;
tha 'n coiteir cràdhte 'tilleadh o obair là,
a-nochd tha sàrachadh an t-seachdain rèidh,
air trusadh chaib', 'phiocaid 's a sgrioban dha,
an dòchas 'n là 'màireach foisneach gum bi e.
Trom sgìth tha 'g aomadh chùrs' thar monadh d' dhachaidh fhèin.

Mu dheireadh tha 'bhothan aonarach a' teachd 'na sheall.
Fo fhasgadh craoibh aoiseil bharr a ghrunnd;

tha 'chlann dùileasach tulgainn teachd le chèil'
dh'ionnsaidh 'n daide gaol le glaoidh'r is sunnd.
Tha 'n grìosach priobach 'toirt teas is sòlas grinn.
'S leac an teinntein glan, 's a bhean làn aoibh,
tha 'm pàiste liotach prabach air a ghlùn.
'Toirt aire o a chùraman a thaoibh.
'S tha e dìochuimhneachadh a shaothair, sgìos is saoibh.

An-dràst' tha 'chlann as sine 'teachd a-steach,
tha cosnadh 'measg nan tuathanach tiomall;
tha cuid 'treabhadh, 'buachailleachd no r' thosgair
chun coimhearsnaich airson nì feumail;
tha Sionn dòchas 'n cridh gu dàimhe ban air fàs,
gu sultmhor òigeil, 's gaol 'dearrsadh 'mach a sùil,
thàinig i 'nochdadh gùn ùr mar chùis,
no dh'fhàgail 'n tuarastal 'choisinn an dùil,
aig a pàrantan gràdhach ma tha 'd an cruaidh-chàs.

Le aoibhneas gun chealg tha bràthair 's piuthar 'teachd,
's feòraich gu bàidheil mu shlàint' is staid a chèil';
tha na h-uaire càirdeil rosgaich air sgiath 'na tlachd;
's iad 'g innis d' a chèil' gach naidheachd ùr th' air buil;
tha 'n pàrantan 'gabhail sanas dòchasach;
's le roimh-bheachd geur tha 'd 'faicinn an t-àm nach eil,
le snàthad 'siosar tha 'mhàthair gu seòlta 'toirt
air plaidean sean 'bhith bheag cho math as ùr;
's tha 'n t-athair cho ciallach 'toirt comhairl' dhligheach chòir.

'Thoirt freagairt mhaith do 'r maighstir 's ban-mhaighstir,
is gèilleadh dhaibh le ùmhlachd onarach;
's an aire 'bhith air 'n saothair cho sùileach geur,
's nuair às sealladh gun iad 'bhith 'caoinearach;
is cuimhnichibh an Tighearna do ghnàth,
is lùbaibh ann an ùrnaigh, madainn 's oidhch';
Eagal am buaireadh gun dèid sibh a thaoibh,
siribh a chomhairl' is a chumhachd ghràidh,
'n dìomh'nas cha dh'iarr, a dh'iarr furtachd air rìgh nam buadh.

Ach cluinn an cnap modhail aig 'n dorus dùint';
aig Sionn tha fios gu dè is ciall de seo –
giolla coimhearsnach' ars' ise air ghnothach cinnt.

Thàinig thar mhonadh 'gam fhaicinn dhachaidh
tha 'mhàthair eòlach 'tuigsinn an aigne gaoil
tha 'lasadh suas an gruaidh, is sùilean Shionn;
's le iom'gain cridh' tha i 'feòraich ainm an dùil –
làn athadh 's eagal 's beag a labhras Sionn;
deagh thoilicht' tha 'mhàthair, nach trustair fiadhaich th' ann.

Le furan blàth tha Sionn 'ga thoirt a-steach;
òigear foghainteach; taitneach do shùil a màthar;
tha Sionn a' comharrachadh nach eil e as àit';
tha 'h-athair 'bruidhinn mu eich, beartain, 's buair,
tha cridh an laoich air ghleus le sòlas mòr,
cho athach chan fhios dha gluasad mar 's còir;
le seòltachd banail tha 'mhàthair 'tuigsinn ceart –
ciod 's ciall don òigear 'bhith cho cudromach.
Toilicht' gun robh a clann cho measail 's a bha aig càch.

Ò ghaoil àghmhoir! Far 'm bheil gaol mar seo r' a luaidh!
Ò sholais chridh! Àrd-shonas flathail neo-choimeasail!
Cheumnaich mi mòran do m' thuras talmhaidh cruaidh.
'S le eòlais aoiseil cuiream seo an cèill –
ma dheònas nèamh srùbag de shonas fhlaitheas.
Do aon digh' bhlast' 's an iarmailt mhuladaich
's ann nuair tha dà chridh' òg gaolach stuama
an glaic' a chèil', 'g aithris an seann-sgeul ùr.
Fon droigheann 'tha 'cur àile 'mach air sgiath 'n fheasgair ghrinn.

A bheil 'n cuma daonnachd, dearbh chridhe beò –
trustair bhèist tha caillt' do ghaol 's earbsa fìor!
As urrainn le cnuasachd seòlta, carach,
'bhrathas òigeachd fìor-ghlan Shionn neo-amh'rasach?
Mallachd air innleachd breugach, sleamhain cearr!
'M bheil onoir 's cogais 's geamnaidheachd air fògairt as?
Nach maothaich bàidh 's truacantas an togradh beur
's a' toirt 'nan cuimhne 'n gaol pàrantail d' an àl?
Tha 'n smuain air an òigh chreachta, is air an imcheist chruaidh!

Ach 'nis tha 'n suipeir simplidh air a' bhòrd,
am brochan slàinteil, prìomh lòn Albann trèine;
's an t-sùgag gheal tha 'bhò a' deònaich dhaibh,
tha cnàmh a cìr cho clùmhor anns a bhòch';

tha bean an taighe 'toirt 'nìos cho càirdeil grinn
am mulachan càis' airson deagh ghean an laoich.
'S 'ga thairgse tric 's cho tric tha es' 'ga mholadh;
's cho cùramach tha i sàr innis dha
gu bheil e bliadhn' a dh'aois on bha 'n lìon fo blàth.

An suipeir thairis le aogais tiamhaidh ciùin,
tha iad a' cruinneachadh mun ghealbhonn bhlàth;
cho gràsmhor flathail, tha fear an taighe 'n-sin.
'Fosgladh 'm Bìoball mòr, bha prìseil d' athair caomh;
cho modhail tha bhoineid air a cur a thaoibh,
tha 'chiabhag 'fàs badagach liath is gann;
o laoidhean chaidh 'sheinn an Sion gu fonnmhor binn,
tha e 'taghadh aon gu ciallach cùramach
'nis "Molamaid Dia," tha e 'g ràdh cho sòlaimte.

Le fonn aon-fhillt' tha 'd 'togail suas an guth;
tha 'n cridh air ghleus le dùrachd fhlathail bhinn;
theagamh gur e fonn àillidh Dhùn Dè tha 'd 'togail suas,
no tomhais tiamhaidh mhartaraich 'n deagh-ainm,
no Eilginn uasal tha 'g èiridh suas gu nèamh,
's e 's gasta de naomh-fhonnaibh Albann caoimh';
coimeas riu' sin tha 'n crith-cheòil Eadailteach gun bhrìgh;
chan eil a chlaisteach 'faotainn aoibhneas ast';
no aonachd annta-san 'chum moladh cliù ar Cruitheir.

Gu sagairteil tha 'n t-athair 'leughadh na duilleig naoimh –
gum b' e Abram caraid an Dia as àird';
no Maois 'toirt òrdugh cogadh 'bhith gun ag
'n aghaidh gineil mì-thaingeil Amaleic bhuirb;
no mar bha 'm bàrd rìoghail ri osnaich gheur
fo bhuillean geur' ceart-dhìoghaltas corrach nèimh
no tuireadh drùidhteach Iob is 'osnaich mhòir;
no toirm-sheinn àrd Isaiah gu flaitheis snàmh;
no taibhsear eile 'dheachdaich fonn air a' chlàrsaich naoimh.

Theagamh gur e 'n leabhar Crìostaidh fhèin 's cùis,
son ciontaich gun robh fuil neo-chiontach r 'a dhìol;
is aige-san 's leis 'n dara ainm air Nèamh,
nach robh àit' air thalamh leagadh e a cheann:
's mar a ghluais a luchd-leanmhainn 's a sheirbhisich;

sgrìobh is sgaoil iad àitheanta gu fuinn fad as;
's mar chunnaic esan 'm fògairt Phatmos dhìomhairich,
aingeal 'na seasamh anns a' ghrian fad shuas.
'S chual' binn Bhabilon air cur a-mach le òrdugh Nèamh.

'N sia lùbadh a ghlùin do rìgh sìorraidh nèimh,
tha 'n naomh, 'n t-athair 's an cèile ri aslaich gheur;
tha dòchas 'g èiridh air sgiath aoibhneis mhòir
gun comh'laich iad uile 'm bith-bhuantachd d' à rèir
an-sin am blàth-dearrsaidh glan neo-chruthaichte,
gu sìorraidh gum bi iad gun osnaich is gun deur,
le chèil' 'seinn cliù a' Chruitheir cho toilichte;
's an naomh-chomannachd 's e 's prìseile gu lèir;
is tìm a' cuartlan bith-bhuantachd fad iomall speur.

Coimeas ri seo, cia suarach cràbhadh moit
le uile ealain aidmheil shaoidh gun bhrìgh,
Nuair dh'fhoillsicheas daoin' do choithionalan
gach cuspair gràis, gidheadh as eugmhais cridh';
trèigidh cumhachd air chorraich 'n greadhnachas,
an seòladh greannmhor, 's an còta sagartach;
ach faodaidh e 'bhith am bothan fad air falbh,
cluinnear taitneas cruaidh-spàirn na h-anam adhartaich;
's an leabhair na beath' gun sgrìobh e ainm na h-ainnis bochd.

'N-sin dhachaidh tha gach aon 'dol a rathad fhèin;
tha òigridh bhothan 'taobhadh 'null d' an clos;
'n uaigneas tha 'm pàrantan 'toirt ùmhlachd deòin,
do nèamh tha 'd 'g ìobradh guth achanaich suas,
gun dèanadh esan 'chluinneas na fithich òg'.
'S tha 'toirt dath is dreach do na lili tlàth,
gun dèanadh e 'na dhòigh 's 'na ghliocas fhèin,
ullachadh 'na fhreastail son am pàistean maoth;
's gun riaghladh e gach cridh' le a ghràs nèamhaidh caomh.

'S ann o ghnàth-chleachdainnean seo tha glòir Albann 'teachd,
sìor-ghràdhaicht' tha, is am mòr-mheas an cèin:
's e Prionnsain 's tighearnan blàth anail rìgh,
ach 's e duin' ionraic prìomh-obair a' chruitheir fhèin,
's gu cinnteach siubhail slighe mathais nèimh,
tha 'm bothan 'fàgail na lùchairt fad air chùl;

dè mòrchuis triath? Ach uallach sàrachail
tha falach an trustair dhaonnachd car seal.
'S le innleachd ifhrinneach 'cur snas air aingidheachd!

Ò Albainn! M' ùir fhineachail, mo ghaoil!
air d' shon-sa tha m' iarrtas 'dol suas do nèamh!
Guma fad bhios d' mhic ghaisgeil lùthmhor treun
beannaicht' le slàinte, sìth is sonas caomh!
'S gu saoradh flaitheas am beatha simplidh còir
o anabarr sòigh, cho brosgail galarach!
'S ged thilgear crùintean triath is rìghrean sìos,
gun èirich sluagh subhailceach an àm is àit',
'sheasas 'nam balla teine timcheall ar n-Innis Gaoil.

Ò thusa a thaom an sruth gràidh-tìreachail
chuislich troimh chridhe Uallais neo-ghealtach treun;
cho flathail dhùbhlain stad 'chur air ainneartas,
no caochladh 's an strì 'n dara glòir dha fhèin,
ò 's tu gu sònraicht' Dia 'n trèin thìreachail,
'charaid, dìon 's fear-deachdaidh 's a luach saothrachail,
Ò na fàg-sa talamh Albann gu bràth,
gach linn 'n gaisgeach 's an seanachaidh tog suas,
'nan àm a bhitheas d' i buill maise agus dìon.

An Fhèill Naomh
(The Holy Fair)

Bha fallainn cosmhail ri fìrinn 's earbs',
a' falach geur-bheachd feallsach;
is crocht 'n cleith, am puinsein tumt',
bha biodag gheur a' chùl-chàinidh;
cidhis cho geal ri gòrsaid bhrèagh,
's mar iom-dhath it' a' chalmain,
's an àite trusgain fharsainn mhòir,
shuath is phaisg e 'n creideamh e.
Cealgaireachd mar a tha.

Air madainn Dòmhnaich samhraidh chiùin,
is nàdar sùghmhor ciatach,
chaidh mi air sgrìob mu oir a' choirc,

'n fhàile mhoich 'bhith sròineisich.
Thar mòintean Ghalston, bha dearrs' na grèin,
le gathan glòrmhor 'boillsgeadh;
bha n' maighich srothan 'nuas nan clais,
's bha 'n uiseag 'cur seirm dhòigheach
le sunnd an là sin.

Cho toil-inntinneach sheall mi mun cuairt,
air 'n taisbein dùthchail bòidheach,
trì ruagaich air an turas tràth,
faisge rium-sa dhlùthaich,
bha cleòc dubh chionnabharr air dithist dhiubh,
is aon dhiubh lìnig liathart:
bha 'n treas tè crùbach 's tulgan cùl,
's i 'n àirde fasan sgeadaicht'
cho rìomhach 'n là sin.

Bha 'n dithist mar gum b' lethbhreacan
'n coslas cruth is plaideagan;
bha 'n aodainn seargta fada caol,
cho tè 'bha ri àirneagan:
le leum ceum sùrdag 'n treas tè thàin',
'm ionnsaidh cho breab ri uanag,
stad is rinn i beice rium,
nuair 'thog an diul' a sùil orm,
cho còir 'n là sin.

Bheic mi m' bhonaid 's thubhairt rithe,
mo chaileag mhilis bhòidheach;
's dearbh leam gum fac' mi thu roimh seo,
do shloinneadh leam cha chuimhneach.
Ars' ise, le aoibh ghàir' 'na gnùis,
's a' beirtinn air mo làimh,
gidheadh, airson mo sgàth-sa 'laoich
thilg thu na deich àithn' a thaobh
le ruith chàineadh aon là.

'S e 's ainm dhomh Spòrs is Fealla-dhà,
's mi 's dlùithe tha 'n dàimhe dhut;
's Saobh-chràbhadh ainm an tè tha 'n-seo,
's Cealgaireachd 'n tè ud eile.

Chun Fhèill Naomh Mhagh-linn tha sinn a' dol,
car tacan 'bhith suigeartaich:
on dà sheargach ud, gheibh sinn gun dud,
ar làn de mhire 's aighearachd.
Gu dearbh an-diugh.

Le m' uile chridhe, thèid, ars' mis';
's cuiream m' lèine Dhòmhnaich orm,
tachaiream oirbh aig 'n àite naomh;
's mion-sgrùdaibh nì sinn orra!
Chaidh mi air m' ais aig àm a' bhrothais,
's glè sgibidh bha mi deas;
bha 'n t-slighe tiugh, o thaobh gu taobh,
le truaghain 'bha cràdht' le teas.
'Nan dròbh an là sin.

'N-seo tuath'naich cho marcach acainneach,
bogadan seach, an coitearan;
's tha lasgaran òg, an cùrainn ùr,
cho beòthail leum 'nan guitearan.
Tha cailean sgiobalt' casruisgt' deas,
'dearrsadh le sìoda 's sgàrlaid;
le slisean righinn slaodach cais,
's aran-coirc' le ìm bha deasaicht',
cho briosg 'n là sin.

'S nuair chaidh ar sròin seach air a' mhias,
bha càrnaicht' le buinn-a-sè,
thug ada dhubh seall' lonach oirnn,
's dà sgillinn phàigh sinn ma-tà.
'N-sin chaidh sinn 'steach don seall' mo chreach,
bha cruinneachadh às gach àird,
giùlan cathrai'n, stòla 's dèilean leò,
's cuid eile 'bruidhinn baothlais
gu h-àrd 'n là sin.

'N-seo bha dìonach o ghaoth is fras,
's a chleith ar n-uaisle graoineach;
's Jess steudach 's dà no trì cosmhail rith',
a' priobadh anns an inntreadh.
Tha sreath chlàgaidean 'nan suidh' 'n-seo,

cho cìochach plosgach faic'each,
'n-sin, dròbh fhighead'ran à Cill' Mheàrnaig,
ri mì-bheus agus gòraiche
airson spòrs 'n là sin.

Tha cuid tha 'smuaineach' air an lochd,
cuid eile air an rìomhadh;
no damnadh chròig tha salachadh bhròig,
's cuid ri achanaich is ùrnaigh;
tha samhlain coisrigt' 'nan suidh' 'n-seo,
le aghaidhean uaibhreach leòmach;
'n-siud, lasgair laoich, 'cur orra braoisg,
is ris na cailean caogadh
'bhith 'n suidh' 'n là sin.

Ò sona 's beannaicht' 'tha an tì!
'S is' ceart dha 'bhith làn mòrchuis!
Nuair thig an tè is toigh leis fhèin
's a shuidheas sìos cho dlùth ris!
Tha làmh sìnt' air cùl a cathair,
cho laghach socrach tha e;
'n-sin uidh air n-uidh mu muineal cruinn,
's a bhois plumb air a cìochag tha
gun fhios 'n là sin.

A-nis tha 'n coithional gu lèir
sàmhach agus dùileasach;
chionn tha Moodie 'streap 'n doras naomh,
le naidheachdan na sìorraidheachd.
'N robh Seann-chròc mar b' àbhaist dha,
tigh'nn 'nìos am measg mhic Dhè,
chuireadh aon seall do ghnùis Mhoodie
chun àit' fhèin air theicheadh e
le clisg 'n là sin.

Cluinn e 'còrdadh puingean creideimh
le gleadhair 's slacain dhòrnaich!
Nis tha e ciùin, nis feargach crost',
's e 'stampadh agus leumnaich!
A smiogaid fhada 's beic a shròin,
a sgiamhail is a bhraoisgean,

tha iad 'cur teas 'n cridhean cràbhach
mar phlàstan righinn chuileagan
air leithid a là.

Ach cuist! Dh'atharraich 'm bùth a ghuth,
tha sìth is fois air falbh às;
chionn dh'èirich 'n deagh luchd-bharail suas,
bha 'n corraich air dol tharta,
thòisich Mac a' Ghobhainn a sheanachais
mu deagh-bheus agus gluasad;
'n-sin dh'fhalbh na naoimh a-mach 'nan dròbh,
'dhèanamh phigein agus bharailean
eutrom 'n là sin.

Dè 'n stà a tha an coslais bhrèagh
'n deagh-ghiùlan agus reuson?
Tha 'dhòigh Sasannach 's a mhodh gnùgach
gu tur às àm is fasan.
Mar Shocrates no Antonine,
no sean Gheint'leach pàganach,
asn duine stuama mìnichidh,
gun driot 'bhith de chreideamh ann
a b' fhiach 'n là sin.

Fhuair iad ur-chasg an ùine mhath
a leigheis nimh a phuinsein;
chionn tha Peebles à Bun Abhainn
'n dèidh streap a-steach don chùbain;
seall fhuair e greim air facal Dhè,
soitheamh ciùin tha 'n roimh-ràdh,
ach theich ciall cumanta air falbh,
suas is 'mach troimh gheat' 'nam bà
luath, luath, 'n là sin.

B' e Miller beag 'n ath-mhùth' freiceadain
's e rallsachd teagasg fallain,
gidheadh 'na chridh' 's e beachd an tì,
gur iad sgeulachdan shean-bhean:
ach tha mansa 'dhìth air 'n naomh nì,
's cho seòlta tha e crònain:
gidheadh tha ghliocas collaidh 'toirt

a thoinisg chun na leanmhainn
corr' uair 'n là sin.

Tha 'n taigh-òst' 'lìonadh sìos is suas,
le breitheamhnan na balgaich:
tha 'd 'glaodhaich son gill 's fuineagan,
's na stòpain tha a' straighlich:
a-muigh 's a-steach, tha 'n t-aramach,
de mhìneachadh is rèite,
tha iad cho dian, mo chiall is rian,

tha 'd 'n tì a dhol ri streupa
le fearg 'n là sin.

Mo ghaol air dibh! 'S e tha 'toirt dhuinn
barr air gach Oilthigh saoileam:
lasadh tuigse 's a' dùsgadh eòl,
's gar lìonadh suas le foghlam.
Biodh e steall uisge-bheath' no drùdhag sgillinn,
no deoch 's dèine blas do neach,
gabh thus' gu leòir, 's chan fhàillnich treòir
'gad dhèanamh sùrdail inntinneach
a dh'oidhch' 's là.

Tha gillean 's cailean le claon toil
anam 's corp 'bhith cuimhneachadh,
'nan suidh' mun bhòrd cho toilichte,
a' glideachadh an teò-dibh
air dèis an tè seo 's dreach 'n tè eile,
tha 'n ràdh a' dol cho soganach;
's cuid eil' cho còsach shìos an cùl,
ri rèiteach 's co-leannanachd
'tachairt là eile.

Tha trompaid Dhè le fuaimnich àrd,
'toirt mac-talla às na cnoicean,
's tha gach ath-ghairm a' cur an cèill;
gum bheil Russell Dubh sna puistean;
tha 'bhriathra geur, mar chlaidhmhean mòr,
uilt is smior a' sgaradh;
's le ifrinn, àit' còmhnaidh Dhiabhail

Bàrdachd Raibeirt Burns

'cur crithean 'steach 'nar n-anma
le sgèin 'n là sin.

Sloc anab'rrach gun ìochdar, làn
de phronnasg 's e air theine,
le lasair mhòr is teas gu leòir,
leaghadh 'n ailbhinn as cruaidhe!
Tha luchd na suain a' clisgeadh suas,
'creidsinn gun cual iad 'n toirm aig',
an ceartair tha 'd a' toirt fa-near

gur e duin' 'n glaic na srannaich
tur-chadal 'n là sin.

Bhiodh e tuillidh 's fad 'dh'aithris ceart
na naidheachdan 'chaidh innseadh,
's mar thruis iad teann, a dh'ionnsaidh 'n leann,
nuair 'bha iad uile sgaoilte.
Chaidh dibh mun cuairt, an cup' is cuach,
am measg nam fuirm is beingean;
's bha aran 's càis o ghlùin nam mnàith,
riaraichte mar dhìol tràth-nòin,
'nan gadain 'n là sin.

Tha bean chùramach 'tighinn a-steach,
's gurradan mun ghrìosaich bhlàth,
'toirt 'mach a càis 's 'ga shliseadh sìos;
tha n' cailean òg nas nòsaiche.
Do na seann-daoine tha 'n t-altachadh,
'na dhragh, cò nì? 'S e 's fiughair,
tha aon a' cur a bhonaid dheth.
'S 'ga thoirt cho fhad ri teadhair
dhaibh an là sin.

Mo thruaigh 'n tì aig nach eil leannan,
no 'n truaghan is' gun chòir!
'S beag feum 'tha aig' thoirt buidheachas,
no shalachadh eudach ùr!
Ò mhnàith, cuimhnichibh, gum b' mhaith leibh fhèin
aon uair na gillean gasta,
's o 'r nighnean air tàille rumpa càis',

na doir an nàire asta
air leithid a là.

Tha 'n clagadair le ròp diorgadaich,
siùdadh fhuaim a-nunn 's a-nall;
's tha cuid spaglainn dhachaidh, mar as fhearr,
's cuid 'fantainn 'n dèidh mheadhain-là.
Aig bèirn, tha na balaich car tacain 'stad,
's na cailean cuir dhiubh am bròig:
le creideamh, dòchas, gaol is deoch,

tha 'd uile an seis na h-òig
'bhith 'bruidhinn 'n là sin.

Cia iomadh cridh' bha iompaicht' 'n-diugh,
de pheacaich agus òighean!
Tha 'n cridh'chan cloich, a' fàs ri oidhch',
cho maoth, tha ri feòil naoidhein.
Do ghaol nèamh tha cuid dhiubh làn,
's cuid eile làn de bhranndaidh;
's tha iomadh nì san inntreadh 'n-diugh,
d' an deireadh, "Thug mi m' dhàn dhi"
là sònraichte.

Na ceàrdan aighearach – Duan nan car canntaireachd
(The Jolly Beggars, or Love And Liberty – a cantata)

Canntaireachd
(Recitativo)

Nuair luaisgeas duilleach liathart mu làr,
no mar dhialtag siabadh gun sgur,
le sgairt on àirde tuath;
tha clach-meallain tùirlinn 'nuas le tnùth,
's nuadh-eigh 'bioradh ball is lùth,
's i deist' an crìon-reoth' tràth;
aon oidhch' 's an t-anmoch bha cuideachd mhòr
do cheàrdan, mireach, cleiteach,
'n òst' Phoosie Nansaidh ghlèidh iad spleadhair,
's iad 'g òl an trusgain luideach;

le pòit is lachanaich,
àrd-sgread is rantaireachd;
le leumnaich 's bomalarachd,
bha a' ghreideal fhèin a' gliongarsaich.

An clùdan càrnaid dlùth don teine,
shuidh aon, bha 'dheis' do shaca mine,
's deagh-mhàileid bh' aig an tùisear;
aomt' 'na ghlaic' a leannan bha,
bha dibh 's a plaid' 'ga cumail blàth,
's i 'priobadh suas r' a saighdear;
's cho duinealach phlub e 'n ath-phòg
air craos a pheallag robagach,
's chum i suas a gob glàmhach lonach
mar chogan deas na dèirc';
gach pòg bha mar sgleog mhath,
mar chuip cairteir ma craos,
le tuainealachd, is bomastrachd,
bheuc e 'n duan seo suas:

Luinneag
Fonn: Soldier's joy
(Air)

O 's mise mac do Mhàrs a bha an iomadh blàr,
mo leòntain is comharran tha leam 's gach àit' an dèid;
seo bha son nighean chòir, siud ann an clais cath fhuar,
's mi 'fàilteachadh na Frangaich le toirm 'n druma agus toit.
Lal de daudle, etc.

Sguir mi foghlam mo chèird an nuair fhuair mo cheannard bàs,
nuair sheulaicheadh 'n còir fhuileachdach shuas air bràighean Abram; bha m'
cheàird air teachd gu crìoch nuair stad an aramach,
's bha dùn Moro spiolte sìos le fuaim 'n druma 's gunna,

'S le Curtis bha mo dheireadh measg 'n gunnain mòr air flod,
luirg is làmh mar fhianais, dh'fhàg mise sin a' grod;
's biodh 'n tìr san fheumalais, gluaiseam-sa air stump',
le Elliot 'mach 'gar stiùr, sinn caismeachd do fhuaim 'n druma,

'Nis 's fheudar dhomh-sa bleid, air trostan is làmh-mhaide,
ò 's iomadh stràc is stròic 'tha 'crochadh thar mo rumpa,
tàim cho sona le mo mhàileid, le mo bhotal dibh is càrnaid,
's nuair bha mi deist' an callaid agus 'leantainn an druma,

Ach 'nis le m' chiabhag liath, 's fheudar sìd' gheamhrail seas',
fo fhasgadh craobh no creag, glè bhitheant' 'bhios mo theach
nuair reiceam an ath-phòg, 's an ath-bhotal 'labhairt glug,
dhùbhlanainn trup ifrinneach a' freagairt fuaim an druma,

Canntaireachd
(Recitativo)

Nuair sguir e 'chrath taobhan 's tarsnain
thar ràn 'nan luinneagach;
chlisg 's thill radain le 'n uile luaths
d' an tuill a b' fhaide 'steach.
Ghlaodh fìdhlear sìogach 'nìos on chùil,
a-rithist feuch e 'Sheon!
'N-sin leum leannan an t-saighdeir suas
is sheinn i dhaibh a dàn.

Luinneag
Fonn: Sodger Laddie
(Air)

San àm a dh'fhalbh bha mi 'm òigh ach cuin 's coma bhuam e,
is daonnan bha m' thoil-inntinn an gillean òg stuama;
bhuineadh mo dhaide gaol do aon trup eachraidheachd,
's chan ioghnadh mi bhi 'n gaol le sonn na saighdearachd,
Lal de lal, etc.

A' chiad leannan 'bh' agam b' e brogach spaglainneach,
b' e 'chèird 'bhith 'toirt gliong às an druma bhraoileach;
bha 'chalpa cho deas 's a ghruaidh cho deirgeadach,
bha mi thar chluais 'n gaol le m' ghiollan saighdearach.

Ach thug am ministear dha-san an car ma thom,
is dh'fhàg mi an lann son eaglais agus guthan;

dhùraig es' anam 's mo phearsa fhuair an slaoightear,
mar seo bha mi mì-dhìleas do mo ghiollan saighdeir

Glè luath dh'fhàs mi searbh den mhisgear choisrigt' bhaoth,
'n-sin 'n rèiseamaid uile airson fear-pòsta fhuair mi;
an còirneal 's an fheadag b' e 'm beannachd leam-sa 'bhith,
toilicht' nam buineadh e do arm na saighdearachd,

Ach thug sìth mi 'nuas a shireadh dèirc 'am èiginn,
aig faidhir Chunningham thachair mi air m' sheann-leannan;
bha luideagan a rèiseamaid 'am shùilibh-sa cho lurach,
chaidh mo chridhe an saod le m' sheann-ghille saighdeir,
Is 'nis fad mo bheò chan aithne dhomh an ùin',
's fhathast gabham pàirt an gloine dibh is dàn
ach fhad 's le mo dhà làmh gun cum mi 'n cuach socrach,
cluinn! Siud dhut mo shonn agus mo ghiolla saighdeir!

Canntaireachd
(Recitativo)

Bha Aindrea mireach shìos an cùil,
cumail geòc is pòg ri caileag cheàrd;
cha chual' iad an seinn, bha iad cho dian,
eadar iad fhèin le gabhail is toirt.
Mu dheireadh, le dibh is spiorad suirgh',
dh'èirich crith-shiùbhlach 's rinn 'gnùis shùgach
air tionndadh, sgairt e pòg air Grizzy
's chuir gleus air phìob le rèiteach amhaich.

Luinneag
Fonn: Auld Sir Symon
(Air)

'S amadan gliocas san daorach air,
agus Sir Slaightear san t-seisean;
is foghlamaich e 'n-sin gu dearbh,
ach 's e 's cèird dhomh fhèin 'n amadanachd.

Cheannaich mo shean-mhàthair leabhair dhomh,
's don sgoil chaidh mi air falbh an-sin;

's dearbh gun d' mhì-thuig mi m' thàlanta,
ach dè do dhùil a burraidh faoin.

Dhùraiginn m' amhach airson deoch;
son caileag bheirinn leth mo chèird;
ach ciod a bhios do dhùil o aon,
tha 'dearbhadh dhut nach eil e ceart?

Ceangailt' mar ghamhainn bha aon uair,
son ruit' is pòitearachd gun chiall;
san eaglais chàin iad mi airson,
a bhith 'cur saod air òigh le toil.
Air Aindrea spìodach bochd 'na spòrs,
na dèanadh duine fochaid air;
tha 'd 'g ràdh gu bheil shuas sa chùirt,
dibh chòirnear an t-àrd mhinistear.

Am faca sibh an naomh ghioll' ud
tha 'dèanamh braoisgean ris a' ghràisg;
sìor-chàineadh ar buidhinn amhairc –
's e eud an nì 'tha 'steach 'na phlaosg.

'S 'nis innseam mo cho-dhùnadh dhiubh,
chionn tha mi diachdaidh pàit' co-dhiù
an tì 'tha 'na amadan dha fhèin,
as faoine e gu mòr na mi.

Canntaireachd
(Recitativo)

'S e cailleach mhòr reamhair 'n-sin 'thog a duain,
's math b' aithne dhi 'n t-airgead 'ghlèidheadh cruinn.
'S ioma sporan a spiol an t-sùgrag,
's bha tumt' am fuaran ioma uair;
calman a gaoil b' e giollan Gàidhealach,
a dhìol a lochdan air a chroich!
Le osann 's acain thòisich i air seinn
tuireadh do a h-Iain Gàidhealach treun.

Luinneag

Fonn: O an ye were dead, Guidman
(Air)

'S e giollan Gàidhealach bha 'am shonn,
do laghan Gallda ghabh e gràin;
ach do a chinneach bha e fìor,
mo lasgair dàna Gàidhealach treun.

Sèist
Seinn, hè, mo bhalach Gàidhealach treun;
seinn, hò, mo bhalach Gàidhealach treun;
ò cha robh neach am fad ar fuinn
bu choimeasg do m' Iain Gàidhealach treun.

Le 'bhreacan suainicht' 's 'fhèileadh-beag,
's a dheagh-chlaidh'-mòr crocht' sìos mu thaobh,
cridh' nan òighean shiabadh gonne,
le m' lasgair gaisgeil Gàidhealach treun.

Shiubhail sinn 'n tìr o Thuaidh gu Spè,
is chaidh mun cuairt mar uaislean brèagh';
is geilt ro aghaidh Ghallda dhàn',
cha robh aig m' lasgair Gàidhealach treun.

Dh'fhuadaich iad e thar an stuadh,
's mun robh na gucaig 'mach air craoibh,
sìos mo ghruaidhean shil deòire teann,
's mi 'n glaic' soraidh m' Iain Gàidhealach treun.

Ach ò mu dheireadh rug iad air,
shìos san toll-bùth air rinn iad tàir,
mo mhallachd orr' gach uile h-aon,
chionn chroch iad mo Iain Gàidhealach treun.

Is nis 'nam bhaintreach tha mi 'caoidh
na toil-inntinnean nach till a chaoidh;
gun sòlas ach deoch-slàint' mo shonn
's mi smuaineach' air m' Iain Gàidhealach treun.

Canntaireachd
(Recitativo)

Bha troigheag fidhlear 'n-sin le fhìdheall,
aig tryst 's faidhir b' àbhaist driodail,
màsan mòr is cneas an eudail
(ruig e g' a meadhon)
tholl sin a chridhe 'steach mar ruideal,
'ga chur air theine.

Chuir làmh air mhàs 's a rosg thog e,
is reum e 'ghamut, aon, dà, trì,
an-sin air ùrlar arioso
thog 'n fhìneag Apollo
's air allegretto dh'iath an dùil,
caol cheòl is clì.

Luinneag
Fonn: Whistle owre the lave o't
(Air)

Ò leig dhomh tiormachadh do shùil,
is thig-sa leam is bi mo ghaol
'n-sin faodaidh cùram 's geilt le chèil'
falbh thar fhead le càch dheth.

Sèist
'S fidhlear mise an cèird is dòigh,
is measg nam port a chluich mi riamh,
an t-aon is fhearr le bean is òigh,
's e dèan-sa fead air càch deth.

Aig caillich' 's bainnsean bidh sinn seinn,
is gibeach bhitheas ar tàrladh lòn,
sòghach bi gus 'n glaodh daide suim
dèanaibh fead air càch dheth.

Spiolaidh sinn 'nan cnàimh 'nar rian,
is laighidh sin mu chlais ri grian,

is aig ar toil, le srian no dian,
nì sinn fead do chàch deth.

'S beannaich mi le d' sheun flathanach,
's mise 'giogailt sreang chaolanach,
faodaidh fuachd, cion 's cùis amh'rasach,
dèanamh fead do chàch deth.

Canntaireachd
(Recitativo)

Bha ceàrd air ghleus le seun a gastachd,
cho math ri fleasg na striobhagach;
rug e air chiabh an fhìdhleir bhig,
's tharraing bhiorag mheirgeagach –
lùgh air gach nì b' fhiach mionnachadh,
siud 'chur troimh' mar throimh' feadag,
ma nach gealladh on àm seo suas
'chur cùl ri gaol na dèideig.
Sgeun-shùileach chaidh an t-ainnis bochd
'na lùb 's a ghràs bha 'g iasaid,
's a' creanadh, gheall e 'dhèanamh sin,
's mar seo stad an tuasaid.
Is ged bha 'chridhe beag 'ga chràdh
nuair 'bha an ceàrd 'ga phlùchadh,
bha braoisg-mhagaidh air fear na fonn,
nuair sheinn an ceàrd 'n duan seo dhi.

Luinneag
Fonn: Clout the cauldron
(Air)

Mo chaileag bhrèagh 's ceàrd umha mi,
m' inbhe 's e is ealanachd;
's choisrig mi a Chrìostaidheachd
'chàradh phoit' 's 'bhith spàinealachd;
ghabh mi am bonn is chaidh am bann,
'n urramachd na cabhlaichean:
bha 'n tòir gun bhrìgh an uair theich mi,
air falbh a chàradh phoiteachan.
Ghabh mi am bonn, etc.

Thig 's fàg an troigheag sheargta sin,
le chleas 's a ghliongarsainn,
's gabh leò-san pàirt 'tha dol mun cuairt
le 'n solair builg 's apraichean;
's le 'n stòpa sin, m' earb 's mo chion,
's Kilbaigie nì deagh-mhùirnein,
ma bhios thu 'n dìth no gann de nì,
na fliuchadh dhìot mo sgòrnan.

Canntaireachd
(Recitativo)

Bhuadhaich an ceàrd – 's a mhnaoi gun nàir
dh'aom ri fear na spleadhraich,
an cuid le gaol 's an cuid bha 'n dùil,
trì cheathramh air an daoraidh,
dh'èirich sonn an fhìdhill an-sin,
's cho modhail 'chur orra cainnt.
Guma fad 'bhios aonachd eadaraibh,
siud dhuibh ur deoch-slàint'
on bhotal 'n oidhche seo.

Thilg gaol mì-fhoighdneach gath an-shocrach
mì-shona bha don t-seircein,
ralls' an fhìdhleir i 'null 's a-nall
'n cùl spàrdan nan cearcan,
bha triath, do luchd nan òranaich
's e crùbach leis na leòntain,
bhreab is leum e mar neach 'bha faoin
's Daibhidh ciatach dhaimh's e dhaibh
le bonn bhròig 'n oidhche sin.

Bu lasgair dragh neo-choma e
as riamh a bha aig Bacchus,
's ged 'bha fortan trom air an t-sonn,
'na chridh'-san fhuair i amas,
cha robh aige dèidh – ach 'bhith ait,
no dìth ach nuair bha 'n ìot air;
bu ghràin d' a chom 'bhith tùrsach trom,

's bha a smuain a-steach san duan
sheinn e 'n oidhche sin.

Luinneag
Fonn: For a' that, an' a' that
(Air)

Is bàrd mi fhèin gun mhòran suim
le farastaidh is e sin,
mar Homer tàirngear an caornag leam,
o bhail' gu bail' airson sin.

Sèist
Airson sinn 's airson sin,
's dà uair nas mò na tha sin;
aon bhean chaill 's tha dithist 'nam chùl,
tàim sàthach gu leòir san nì sin.

Cha d'òl mi drip 'nam filidh slub,
a bùrn Chastalia a's e sin;
's e 'buinneach sìos, cho buinnsealach,
mo Helicon deiream ri sin.

'S mòr m' annsa do na rìbhinnean,
an tràill as mi airson sin;
deòin inbheach, cumam sin gu dian,
's e peacadh mòr 'bhi 'bacadh sin.

Làn aoibhneas grinn, a-nis bidh sinn,
le 'r coingheall gaol as e sin;
cia fhad a bhios an gath gur leòn,
bi 'r togradh 'na lagh air sin.

An cleasan claon a rinn mi faoin,
is mheall iad mi airson sin;
leig leò co-dhiù, seo suas d' an gnè,
's toigh leam na gaoil ged e sin.

Airson sin 's airson sin,
dà uair nas mò na tha sin;

gach driod do m' fhuil, airson nan dùil,
's e am beatha 'mhealtainn sin.

Canntaireachd
(Recitativo)

Siud sheinn am bàrd – 's chrath stuaidhean Nansaidh
le àrd-fharam cliù nan gliong'saich,
tigh'nn 'mach o gach fead;
thaomadh gach poc',
's gach clùd bha 'n geallas,
's gann dh'fhàg 'na chùirnicheadh am màs,
nach deachaidh chasg an ìot.

A-rithist, ghlaodh a' chuideachd mhòr,
's on bhàrd dh'iarr aon sir
e 'dh'fhuasgladh acfhainn 's 'thoirt dhaibh dàn,
na bh' aige an t-aon a b' fhearr:
cho sùgach fhreagair e an gairm,
eadar dhà Deborah ghleust';

sheall mu leas 's fhuair iad deas
làn iomagain son na sèist.

Luinneag
Fonn: Jolly Mortals, fill your Glasses
(Air)

Tha nis fa 'r comhair cuach na smùid,
's comharraichibh ar companas cruinn;
togaibh suas an t-sèist mun cuairt,
's le faiteas bitheamaid a seinn:

Sèist
Chan fhiach iad fìge d' an tèarmann lagh?
'S e fèist "Saor-chead" do labhairt;
seadh, thogadh cùirt son gealtairean.
Is eaglaisean son sagairt.

Ciod e tiodal? Is dè tha 'n stòras?

Is ciod e cùram 's cliù?
Ma chaitheas sinn ar beatha 'n sògh,
ciod e 'n dragh co-dhiù?

Le ar caran, cleas is uirsgeul,
tha sinn 'faondrainn fad ar làith',
'n-sin 's an oidhch' 'n sabhal is stàball,
cniadaich ar coimhleab' air an t-saoidhe.

Am bheil sa charbad fhleasgasach
tha sgiath'laich thar an dùthaich?
No 'n aithne don leabaidh stuama pòst'
taisbeinean dèidh cho gaolach?

Na 'r deò tha ioma caochlaidhean,
gun chùram mu thig 's mu dhol;
bruidhneadh iad mo chuibheachd
cò aig 'tha cliù r' a chall?

Seo d' ar màileid, pasgain 's pocain;
's don bhuidheann 'tha ri allaban;
's do 'r brèide luideach 's callaidean;
'n-sin ghlaodh iad uile, amen!

Ged dh'fhògradh dàn
Fonn: The northern lass
(Tho' Cruel Fate Should Bid Us Part)

Ged dh'fhògradh dàn sinn fad o chèil'
o mhull'-chè sìos gu sreath;
tha a' suaicheantas mu m' chridhe 'nis
caiste cho coibhneil blàth.

Ged dhùisgeadh slèibh 's fàsaich donnalaich
's cuan beucaich eadarainn;
nas prìseile na neo-bhàsmhorachd,
biom ghaol do ghnàth aig Sionn.

Do luch
Air tionndadh a nid suas leis a' bheairt, Nobh. 1785
(To A Mouse)

A bheathach bìdeach athach clisgeach,
dè 'n t-uabhas 'tha 'nad bhroilleach maoimeach!
Cha leig thu leas a bhith cho deifireach,
'nad thuras goirt!
duilich 'bhith 'na ruith 'gad ruagadh,
le cuail a' bheairt.

'S mis' 'tha cràdht' gu bheil ar n-uachdranachd
a' briseadh buinn gnè chomannachd,
daingneachadh am beachd suarach bochd,
'tha 'cur eagal ort
romham-sa do cho-chomannaich,
's coimpir talmhaidh.

Chan eil teagamh nach dèan thu goid;
ciod sin? 'S e d' cheart 'dh'fhaotainn do chuid!
Sop à adag dhàimheach 'shiabadh leat,
fhreagairt do phaidir,
beannachd air a chorr gheibheam gun dud,
's cha'n ionndrainn idir.

Creachte nis tha do bhothan baoth,
tha d' stuaidh sguabte leis a' ghaoth!
Gun nì sam bith 'bhith mar a bha,
de chrìonach bruaich!
Is mìos' December 'tighinn tràth,
le a nimh fhuachd.

Chunnaic thu faichean rùisgte lom,
's fuachd a' gheamhraidh 'tuiteam trom,
is soimeach sìos o sgal na stoirm,
b' e d' bheachd 'bhith samh,
le stàirn chaidh 'n coltar troimh stuaidh 's bonn
do bhothan tàimh.

'N cruach thruis thu de bhunach bileach
chum thu 'cagnadh mar an dunach!

Le d' uile dhragh, tha taomt' a-mach,
san droch-uair,
a dh'fhuiling nimh nam frasan sneachd
is crann-reòth'dh fuar.

'S lìonmhor iad, a luchag fhaoin,
tha a' toirt fa-near 'dol pràmh is claon;
's tric thèid rùntain luchaidh 's daoin'
'm mì-dhàn a thaoibh,
gun againn sian ach dragh is pian
an àite aoibh.

'N coimheart rium-sa, cia beannaicht' thu!
'S e a-nis an t-àm dhut-sa 's fiù;
ach och! Air ais nuair 'sheallas mi
air 'n dug mi làimh!
'S air thoiseach ged nach fhaic ro mhath,
tàim làn geilt is fiamh.

Peigi Òg
Fonn: Leigearam cùis / Loch Errochside
(Young Peggy Blooms)

Tha Peigi òg cho gleusta 'fàs,
mar dhùsgadh là a gnùis-dhath,
's aoibh na madainn air glasachd feur,
is lusan leug nan ùr-bhlàth
tha 'dearrs' a sùil nas soilleire
na boillsg air siubhal fras,
no lannaireachd air uchd nan sruth,
'toirt ùrachd do gach lus.

Tha 'bil' nas àillidh na 'n t-sirist ghlan,
nas deirge dath 'ga maiseachdainn;
tha iad 'cur seun air leus nan laoch,
's 'gam buaireadh am blaiseachdainn;
tha 'h-aoibh mar shnuadh an fheasgair chiùin,
no sìol nan it' ri suirgh'
no uanagan cho eutrom breab,
a' leum 's a' ruith thar àirigh.

'S ged bhiodh fortan 'n aghaidh Pheigi chòir,
a grinneas bhiodh 'ga mhaothadh.
Mar 'bheir earrach bàidheil le 'bhlàths
air gruaim a' gheamhraidh traoghadh.
Cha lùghdaich spìd sùil carach cam
inbheachd a feartan gràsmhor:
's bidh tnùth a cnuasaich an dìomhanas
'bhith 'sàthadh fhiacla bàsmhor.

O fheartaibh onoir, fìrinn 's gaoil,
o uile dhòrainn glèidh i
is deachdaich sibhs' an t-òg'nach treun
le 'r fàbhar-sa tha 'n dàn di;
's cum lasag thlàth na cèile beò
'nan uchd cho dligheil dòigheil;
's beannaichibh an t-ainm pàrantail
le ioma ùr-bhlàth dèidheil.

Sanas chuir air clach-cheann bàird
(A Bard's Epitaph)

'M bheil burraidh ann gun bheachd, gun treòir,
gun toirt fa-near, ro dhian gu stiùir,
ro mhòr a shir, 'dhol crùb ro dhùr,
teann a-nìos;
thig agus driog an-seo do dheòir,
air a' chàrn seo sìos.

'M bheil filidh ann a chanas duan,
neo-ainmeil ghluaiseas 'n aiteam dhian,
gach seachdain 'ghabhas sgrìob mu chluain,
stad, 's thoir fa-near;
's le spiorad bràithreil coibhneil dèan,
'n-seo osann gheur.

No duine còir nach doir breith chlaon
'nochdas do chàch an cùrsa glan,
's air slighe cuthach thèid e fhèin,
mar thonn air uidh?

Fuir' – agus troimh do bhoinnean bròn
seall-s' air an uaigh.

Bha 'n truaghan 'g aideachadh mu làr
luath gu foghlam 's deagh-thoirt fa-near,
's dh'fhairich e lannair choibhneil chòir
's an lasair suaim;
ach leag na gòrachd e fon stùr
's chuir lì air ainm.

Leughadair – 'n dèid d' anam suas mar cheò
air sgiath na tlachd seach bràigh na cè,
no shìos san dus' mar chnuimheag bhaoth
an tòir do mhiann;
aithnich gur e fhèin chìosachaidh
freumh gliocas dhaoin'.

Òraid do Dhùn Èideann
(Address To Edinburgh)

Edina! Prìomh-chathair Albann!
Fàilte do d' thuraid 's lùchairtean,
fo sgàil stòil-chois' n' rìgh-chathrach sin
shuidh cùis-reachdaidh 's àrd-uachdranachd!
O 'bhith beachdachadh air lus nan raon,
mu bhruachain Ara spaistearachd,
tàim 'seinn rè 'n ùine mheasanach,
fo dhìon do d' fhasgadh taitneachail.

Tha beartas snàmh mar eal' air tonn,
tha srann nan ealain 'cur greas air cèird
chìtear an-seo snas-chlachaireachd
'na rìomhachd glòrmhor 'g èirigh suas,
o speura dualach tha ceartas fìor,
'cur cothrom cudromach a-mach;
's tha foghlum le sùil bhiorach gheur,
'sireadh eòl 'na chùiltean saidealach.

Tha d' mhic, Edina, làn comannachd,
fàilteach' a' choigrich 'n cuairt 'nar tìr;

le inntinnean uasal dòigheil,
os cionn an iomchar 'nan srath-fheòir;
furachail d' aid air luchd na bròin,
is còir nam fiùghach modhail sàmh;
's a chaoidh 'na traoghadh an gean-math,
sna dubhadh tnùth an ainm gu bràth.

Do nighnean fìnealt' mar ghlòr nan speur,
'cur mais' 's sgèimh air sràid is slighe,
grinn bòidheach mar an droigheann geal,
's cho mealbhach ri gaoir sonais mhòir,
tha Burnet fionn 'toirt suas ar n-aire,
mar òr-dheis' nèamh tha 'n ainnir ghrinn;
's na h-àirde chì mi ùghdar gaoil,
's aidicheam obair diadhair foirfe.

Air àirde sgorr tha 'n daingneach mòr,
mar fhreiceadan faire cath is buaidh;
's mar shaighdear aosta liath fo airm,
le lorg a leòin mu chreag is stuaidh:
a bhallaibh làidir 's urs'nnean brèagh,
tha 'g èiridh suas à stùc is creag,
's tric a mhothaich e cruaidh-ghleac blàir,
's air ionnsaidh nàimhdean 's tric 'chur casg.

Le smuaintein trom' is deòire goirt,
sheall mi air lùchairt 's turaide,
o shean b' e lùchairt 's turaide,
ainmeil a bha an cath is sìth:
mo chreach, tha 'n t-atharrachadh mòr!
Le 'n ainm am mì-mheas anns gach àird!
Air fuadan nis tha 'n ginealach
is cruas aig èighich "tha sin ceart!"

Tiom-chridheach tàim 's mo smuainte 'ruith
'n lorg nan laoch 'bha ann o shean,
thog leòmhann Albann troimh iom-bheàrn blàr
le sgathadh uabhasach nan treun:
eadhon mis' tha 'seinn 'n dàn cumanta,
tha 'm shinnsearan a-nis fon fhòid,
sheas iad ri dòrainn ladarnach,

fo stiùir do rìghrean iomraideach!

Edina! Prìomh-chathair Albann!
Fàilte do d' thuraid' 's lùchairtean,
fo sgàil stòil-chois' n' rìgh-chathrach sin.
shuidh cùis-reachdaidh 's àrd-uachdranachd!
o bhith beachdachadh air lus nan raon,
mu bhruachain Ara spaistearachd,
tàim 'seinn rè 'n ùine mheasanach,
fo dhìon do d' fhasgadh taitneachail.

Òraid don dèideadh
(Address To The Toothache)

Bha na leanas air a sgrìobhadh leis an ùghdar 's e air a ghonadh leis a ghalar seo.

Mo mhallachd air do shaighdean guin
tha 'bioradh troimh mo chàireinean,
is troimh gach cluais tha thu 'gam leòn,
le biorg is gaoir;
's 'toirt bhuam mo mhothachadh le gon,
do lotan geur.

O fhiabhras dearg no fiabhras critheach,
tinneas dealg no leòin nan crùbach;
o 'r nàbaidh gheibh sinn truas diuthach,
le osnaich throm;
nì thus' – o ghalar ifrinneach,
culaidh-mhagaidh dhinn.

Tha m' fheusag fliuch le sileadh geur,
tha na stòla beag leum thar na mòr;
mun cuairt an teine tha siobhais ghair,
's mi leum le pian;
'am chuthach ghuidh mi gu robh cìr
'nam mhàs 'gan leòn.

Am measg gach galar agus breothag,
tubaist, foghar fliuch no sraigheag,
no càirdean ithte suas le cnuimheag,

ò seall na truaigh,
thar cleas burraidh 's feall nan cluainteach,
thug thusa buaidh.

'N t-ionad ri 'n abrar 'n t-àite dona,
làn èighich ghoirt on dream 'gan gonadh,
's plàighean breun nam bèistean lonach
sìnt' nan sreath,
ò dhèideadh 'measg uil' phiantain leòntach,
barr orr' thug thu.

Ò ghioball gruamach aimhleasach,
le 'n gaol 'bhith gur an aramach,
gus 'n dèan thu 'n daonnachd faoineiseach
'bhith bròig thiugh fuilteach,
do nàimhdean Albainn thoir ma seach
dà mhios dheug den dèideadh.

'S am feum mo smuain air Menie 'bhith
Fonn: Jockey's grey breeks
(Composed In Spring / Again Rejoicing Nature)

Tha nàdar aoibhneach chionn gu bheil
i ris le aogais earraich criost'!
Tha 'ghaoth 'bogadh 'n dosraich duilleach,
an driùchd na maidne a bha faisgt'.

Sèist
'S am feum mo smuain air Menie 'bhith,
's 'bhith fulang an tàir a tha 'na sùil?
'M ball sin fìor-dhubh, cho fitheach dubh,
's a leanas thu a-nall 's a-null.

'S dìomhain don t-sòbhrach fosgladh suas,
's an liathag on ùir a thogail ceann;
no machair 's gleann 'bhith 'g èisteachd tràth,
ri 'n smeòrach is an uiseag seinn.

Tha 'n treabhadair 'cur gleus air ghreigh,
's am frasadair 'cur sìol fo bhonn.

Tha m' dheò-sa dhomh na aisling trom,
aisling do nach eil dùsgadh ann.

Tha 'n gobhlan siabadh aodann uisg',
san chuilc tha ràc nan tunnagan,
tha 'n eala snàmh cho mòrchuiseach,
's tha gach nì sona ach mi fhèin.

Tha 'n cìobair 'dùnadh a' bhealaich teann,
is thar na mòintein feadalaich,

coinnicheam 'mach air leathad e,
's mo cheum-sa trom neo-chothromach.

'S nuair tha 'n riabhag, mo dhubh is leus,
'g èiridh suas on neòinein ghrinn,
's i 'sùgradh suas chun speur air it',
is mis' mar thaibhs' dol dhachaidh fann.

Thig Ò gheamhradh le d' dhonnalaich,
a' lùbadh sìos na craobhan lom,
ciùinichidh 'n duibhre m' anam cràit'
nuair tha nàdar mar mise trom.

Litir do charaid òg
(Epistle To A Young Friend)

Mo charaid òig, 'bha fad 'am bheachd,
nì-eigin 'chur 'ad ionnsaidh,
gun cumainn thu an cuimhne air
mo dheagh-ghean agus m' annsa;
ach ciod is crìoch a bhios don chùis,
òran an e no searmoin?
chan fhios dhomh ro mhath an-dràst',
fàgam do thìm is dàn sin.

Glè luath, Aindrea, feumaidh thu,
an saoghal mòr 'bhith 'feuchainn,
gheibh thu an cinne-daonna meadhanach
is carach riut, a laochain;

cum d' aire chaoidh air cùram 's dragh,
'n dèidh ruigsinn crìoch do dheòin air;
faodaidh do bheachdan uil' 'dhol pràmh,
le spàirn na h-oidhirp uabharra.

Chan e gu bheil na h-uile dhaoin'
'nan slaight'rean ladarn' aingidh,
's tearc iadsan dh'fheumas smachd an stàid,
'bhith 'n gèill do lagh is riaghailtean:
's e spreòchain faoin an cinne-daoin',
tha 'd gealtach is neo-earbsach;
's ma 's fhèin 'tha 'feuchainn aom a mheidh
bidh 'n rèite fhèineil cearbach!

Cha chòir dhuinn 'bhith teann orra-san,
a bhuail fortan sìos gu làr,
co-fhreagraidh iadsan crìoch ar beath'
le tuiteam gleac sa bhlàr;
cridh' fiùghach faodaidh 'bhith aig aon,
is gainne ghnàth 'ga ruagadh;
is 'ghabhail pàirt ar nàbaidh, ged
nach urrainn dhuinn 'thoirt iasachd.

Innis do sgeul gu treibhdhireach
nuair le do charaid rùnaicht';
ach daonnan glèidh rud beag dhut fhèin
nach aithris thu do dhuine.
cum thu fhèin cho math 's as urrainn
o ghobaireachd is sgainneal:
ach seall air càch le ro-bheachd gheur
cho seòltach gliceach pongail.

Lasair dhiadhaidh gaoil gun ghò,
meal sin gu coibhneil bàidheil;
ach diùlt neo-mheasarrachd gu grad,
ged nach digeadh sin an uachdar:
cuiream an lochd gu buil a thaoibh,
is cunnartas na ceiltinn;
ach och! Cruadhaichidh e do chom,
's mar ailbhinn tionndaidh d' aignean!

Bàrdachd Raibeirt Burns

Air snodh'-gàir' fortain feith furachail,
a chum gu faigh na dheòin'ear;
's bi trusadh stòr de airgead 's òr
nas urrainn thu le onoir;
chan ann 'ga fhalach anns a' phreas,
no fòs ri ruidht' is rìomhadh;
ach airson na sochair' bheannaicht' sin
thu 'bhith saor neo-eisimeileach.

'S e eagal ifrinn cuip chrochadair
'chumail na bèist an òrdugh;
ach nuair a bhios do chliù an greim,
biodh sin iomall do chor-sa;
aig am maothadh as lugha, stad –
o bhlas is brìgh na leanmhainneachd;
cum urram daonnan fa d' chomhair?
Neo-ar-thaing nì sa Chrìostachd.

'S don Chruithear mhòr mar bu chòir,
thoir ùmhlachd deòin 's adhradh dha;
gidheadh chan urra 'n oid'-ionnsaiche
'bhith saor on aogas fhorganta;
's na doir do ghibhtean do mhì-bheus,
no mòrchuis le a gastachd;
's i a' mhalairt bhochd 'bhith 'g àicheadh Dhia
airson tàmailt agus draostachd.

Faodaidh corr' uair 'n àm mire 's cluich,
gun dig air d' chreideamh fàillinn;
thig lot a ghath 'n àm cothrom 's fàth
's 'n ath-mhionaid 'dol an dìochuimhn'
's a-mach an gailleann cuan nam beò,
ar coimhseas mall is meirgte;
biodh againn co-chomannachd ri nèamh,
'n cala 's fhearr 'bhith acraichte.

Slàn leat a-nis, 'laoich ghràdhaichte!
'N dìth, cha bhi do ghaol is gean;
's biodh fìrinn, gliocas 's ionracas,
a' dìreachadh do bhathais glan!
'N cainnt treabhaiche, "Dia d' shoirbheachadh,"

's bi daonnan 'fàs nas glice;
's gun cuir thu comhairl' mhath gu buil
nas fhearr na rinn 'n seòlaiche!

Tha 'n oidhche ghruamach
Soraidh an t-ùghdar d' a dhùthaich
Fonn: Roslin Castle
(Farewell Song To The Banks Of Ayr)

Tha 'n oidhche ghruamach 'trusadh cas,
's àrd-sgreadalaich an doininn bras;
tha 'n dubhar tiugh ud 'bagradh uisg',
thar an rèidh tha na stealldainn pluisg;
tha 'n sealgair 'teachd a-nuas on t-sliabh,
's na guirean sealg 'dol crùb fo chliabh,
's mis' trom-lùbt' le cùram 's coire,
cho aonranaich mu bhruachain Ara.

Tha 'm foghar 'caoidh an coirc tha caist',
le casadh neo-aims'reil geamhrail rùisgt',
trast speuran sìothchail 's uaine cruth,
chìtear an doineann garbh a' ruith;
tha m' fhuil a' fuarachdainn 'nam chuisle;
smuaineach' air beucaich tonn is breisle',
chionn 's ioma dòrainn thig 'nan charaibh.

Am fad o bhruachain bòidheach Ara
ach chan e luasgadh àrd nan tuinn,
no dòrainn mharbhtach tràigh is luinn;
ged thigeadh bàs na uile chruth,
chan eagal sin don truagh co-dhiù:
tha m' chridhe ceangailt' le ioma bann,
's tha 'n cridh' sin leònt' le ioma lann;
seadh! leònt' as ùr 's mo chom 'ga sgaradh,
fàgail bruachain bhòidheach Ara.

Soraidh le raoin is cnoicean Chaol,
a mòintein, fraoich is glinn is dail;
na h-àitean sin 'am aire bi.
's gaol mì-shona 'toirt fois o m' chlèith,

soraidh, chàirde! is nàmh faraon!
Mo shìth leo seo, mo ghaol dhaibh sin –
tha m' dheòire taisbein m' annsa oirre,
soraidh le bruachain bhòidheach Ara.

Soraidh do Eliza
Fonn: Gilderoy
(Farewell To Eliza)

Uat-sa Eliza 's fheudar triall,
am fad o m' cheàrnaibh fhèin;
tha fortan ciar 'cur eadarainn
beucaich iomallach cuain;
ged tha cuantain mhòr' le beucaich bhuirb.
'Gar sgarachdainn a rùn,
cha chum iad sin gu sìorraidh bràth
mo chridh' 's m' anam uat fhèin.

Ò soraidh leat Eliza ghràidh,
o 's tu mo mhùirnein gaoil;
tha manadh 'g innseadh dhomh gu beachd,
nach tachair sinn fad saoghail;
an och! mo dheireadh thig o m' chridh',
is bàs a' feitheamh buaidh,
mo phlosgairt deireadh, sin do phàirt,
tha m' eug osnaich ort-sa luaidh!

A mhacaibh seann chille
Fonn: Shawnboy
(Masonic Song)

A mhacaibh seann Chille co-chruinnicht' le Uilleam,
tha 'leantainn ar cèird dhìomhair uasail;
aig ar sean-mhàthair sùrdail chan eil ceart a leithid
a bhios 'na cheann-suidhe cho measail.
Chan eil mòran r' a ràdh ach 'bhith 'guidhe do ghnàth,
chionn 's e guidhe as brìgh do ur guth,
gabhaibh-sa lethsgeul àrd-ghuidhe na bàrdachd –
chionn chan e seo as gnè dhìth co-dhiù.

Ò fheartan 'tha 'g òrdachadh sìd' agus làn,
's 'cur comharra air iomall nan dùil;
's a chruthaich an cè seo rùnach cuimseach,
's tha d' reachdan rìoghail daonnan dòigheil;
don fhàrdach seo nar digeadh connspaid chabhagach
no àit' do fharmad, breug no tnùth;
's ruigeadh uile dhìomhaireachd gu h-oir is meud,
's biodh gràdh bràithreil an teis-mheadhan do ghnàth.

A' chaileag Gàidhealach
Fonn: The deuks dang o'er my daddy
(My Highland Lassie, O)

Sèist
'Steach sa ghleann ghlas phreasach, ò,
os cionn an raon gorm lusach, ò.
Suidhidh mi sìos le sunnd an-seo
a sheinn mu m' chaileag Ghàidh'lach, ò.

Mnathan uasal, biodh iad cho mìn,
cha doir aon smuain do m' bhàrdachd fhèin;
an tiodail tha gun mhath gun stà
thoir dhomh-s' mo chaileag Ghàidh'lach, ò.

O 'm b' leam na cnoic 's na gleanntain ud,
an lùchairt bhrèagh 's na liosan ud;
b' aithne do 'n t-saoghal am buaidh tha fodh'
mo ghaol do m' chaileag Ghàidh'lach, ò.

ged tha fortan faoin 'gam àicheadh fhèin,
's gum feum mi trast cuan cànran cèin;
's tràth 'ruitheas fuil an cuisl' 'nan deò
caidream mo chaileag Ghàidh'lach, ò.

An dùthaichean cèin ged bhiom air chuairt
dhomh-sa bithidh a cridhe ceart:
tha 'h-uchd air ghleus le onair bhlàth,
mo chaileag dhìleas Ghàidh'lach, ò.

Air a son-sa dhùr'ginn tonn is oil,
is siùbhlainn ioma' tràigh fad thall,
's bidh beartas Inns' cur snàs is sgleò
timcheall mo chaileag Ghàidh'lach, ò.

Tha aic' mo làmh 's mo chridh am bann,
an dìomh'reachd fìrinn 's onair teann!
Gus an sgarar mi à tìr nam beò,
biom sealbh mo chaileag Ghàidh'lach, ò.

Soraidh don ghleann ghlas phreasach, ò,
soraidh don raon ghorm lusach, ò,
chun àitean cèin 's e m' dhàn 'nis triall
a sheinn mo chaileag Ghàidh'lach, ò.

Air mothachalachd
Don Bhan-uasail òirdheirc urramach mo charaid dìleas – Mrs Dunlop
Fonn: Cornwallis' lament for Colonel Moorehouse
(On Sensibility)

Mothachalachd, 's tu cho àlainn,
mo chàraid 's math 's aithne dhut:
cruaidh-chàs is gamhlas uabhasach.
'Gan giùlan tric b' e sin do staid!

A lus as grinne, seall an lili
'cinntinn suas le teas na grèin:
ach sguabadh nimh-ghaoth thart gu searbh.
Crìonaidh i gun lùth 's a chrè.

Cluinn an riabhag 'cur seun air frìth,
'g aithris a sòlasan cho còir;
'ga dèanamh fhèin 'na comharr' cinnteach
do uile spùinneadair nan speur.

'S cruaidh an spàirn le 'n coisnear ionmhas
d' ar faireachdainn r' a luaidh:
trì-bhualadh teudan as grinne sòlas,
sin pong-chiùil as doimhne truaigh.

An Laogh
(The Calf)

A Mhaighstir, dearbham do cheann-teagaisg dhut.
Neo-thraing gàir' chràbhaich sòigh;
's mar shamhladh, tha thu fhèin an-sin,
aig Dia tha fios, 'n dearbh laogh!

'S nam biodh fear-taic cho coibhneil 'thoirt,
dhut-sa eaglais chliamhainn,
'n dèidh d' cheasnachadh gu faigheadh sinn
cho pongail thu ri gamhainn.

'S mus dàn dhut mealtainn uair air bith
brìgh gaol do leannain shèimh,
gun òrdaicheadh nam feartan shuas,
nach bi thu 'm feast 'nad dhamh.

'S nuair bheannaicheas mnaoi aoibhiseach,
do bhothan seòmarach,
faodaidh e 'bhith gun cuir i ort
ceann sònraicht' adharcach.

Is ann 'ad chluais, a Sheumais chòir
's tu 'glaodhaich 's rèibheachdainn, tràth,
cha bhi teagamh aig tuairmich
do choimeas ri nam bà.

'S nuair 'bhios tu marbh is sìnt' san uaigh,
fo thulaich measg nam marbh,
le ceartas faodaidh iad a ràdh –
tha 'na laigh' 'n-seo 'n deagh-tharbh!

An laogh
Rob MacDhùghaill
(The Calf)

Do mhinistear òg, air a stèidh-theagaisg Malachaidh Caib. IV, Rann 2, "agus thèid sibh a-mach agus fàsaidh sibh suas mar laoigh bhiadhta."

A dhiùn-laoich! Dhearbhainn do theagasg fìor nas leòir,
ged 'nì luchd do-bheairt gàire bhaoth;
mar shùileachan 'tha 'n-sin thu fhèin a dhuine chòir,
don fhreastal 's eòl gur mòr an laogh.

Agus nam builicheadh uachd'ran-eigin suairc,
ort clachan le deagh-dhuais o Shamhain;
chan eil agadh an-sin a Shàir nam buadh,
nach fhaict' thu air fàs suas 'nad ghamhainn.

Ach mus i uair aoibhinn an leannain-ghaoil,
do chrannchur a chaoidh san fheòil,
nìor leigeadh uile-chumhachdan an t-saoghail,
thu 'bhith 'd ath-tarbh maol gun treòir.

Gidheadh nuair a bhitheas cèile pòst',
le cèill a steòrn' do theaghlaich,
cha b' ioghnadh leam thu dhèanamh gnòst,
fo cheanna-bheairt chorr de dh'adhaircean.

Agus ri do dheud a Sheumais chliùtaich,
le 'bhith 'cluinntinn bùir' do nuallain,
cha bhiodh teagamh aig duine tùrail,
nach freagraidh tu sa bhuaile.

'S nuair 'dh'fhàsas tu 'nad chrèadha fhuair
fo tholmain uain' 'na chreamh;
deir iad "Na laighe 'n-seo 'na shuain
tha esan nach bu shuail an damh."

An t-soraidh
Do bhràithre taigh-tàimh Seumas an Diadhair, Tarbhaltainn.
Fonn: Guidnight, and hoy be wi' you a'
(The Farewell To The Brethren of St James' Lodge, Tarbolton)

Mo shoraidh leibh, le m' uile chridh';
bhràithre gaol a cheangail dìomhairich!
A bhuidhinn òirdheirc, làn spèis is soills',
mo chomp'naich ann am shòlasaibh!
Do dhùth'chean cèin 'nis 's feum dhomh triall,
'g iomain ball sleamhain stòras baoth,
le sileadh sùil, tiom-chridheach tha,
's cuimhnicheam oirbh thar sèideadh gaoth.

'S tric choinnich sinn an companachd,
oidhch' fhleadhach, subhach, suilbhir ait;
's tric deachdte san àrd-uachdranachd,
'am cheann-suidhe bha thar mic na soills',
is leis an comharra glòrmhor sin,
nach fhac' ach luchd-ealain 'riamh;
tha iad clò-bhuailt' air clàr mo chridh'
's mi 'm fad o na taisbein shona sin.

'S biodh saorsa, co-chòrdadh agus gràdh,
'gur tàthadh teann san rùn dealbhaidh,
fo sgàil an uile-lèirsinnich,
an t-àrd-chlachair, glòrmhor, diadhaidh!
'S leanaibh an sreath neo-mhearachdach,
's èiribh troimh lagh na sreing dìrichidh,
's biodh òrdugh foirfe rìoghachadh,
rè m' uile chuairt, seo m' ùrnaigh bidh.

Slàn leat, Ò thusa d' am bu dual,
'n suaicheantas òirdheirc sin a mheal!
'S beannaicheadh nèamh t-ainm urramach,
do chlachaireachd is Albainn gaoil;
aon achanaich 'nis iarram oirbh,
nuair thàirngeas sibh gach bliadhn' le chèil,
deoch-slàinte òl mar chuimhneachan
don bhàrd a tha 'nis fad air falbh.

Òigh a' Bhealaich Mhaoil
Fonn: Ettrick banks
(The Lass Of Ballochmyle)

B' e feasgar – bha na h-achain glas,
is ris an fheur an driùchd lean teann:
bha fàil' a' phònair ùrair glas.
'Dol bharr na gaoith' ro chùbhraidh ghrinn;
shìos anns gach gleann bha 'n smeòrach seinn
bha nàdar 'far-chluais guth gach gaoil.
Gach nì 'toirt aire, ach 'm mac-talla fhèin
fad bhruthaichean a' Bhealaich Mhaoil.

A-measg nan tom sìos ghabh mi cuairt,
mo chridh' le suaimhneas las gu lèir,
nuair bha mi 'smuaineach 'n lèanag bhrèagh
nighean àlainn chunnaic mi fa 'm chomhair.
bha dreach mar shùil na maidne moich',
a snuadh, mar aoibh a' Chèitein fhial,
ars' diongmhaltas, an cagarsaich,
seall, siud i òigh a' Bhealaich Mhaoil!

'S gleust' madainn mìos lusach Mhàigh;
's 's gast' an oidhch' san fhoghar chiùin,
nuair 'bhios sinn triall sa ghàrradh bhrèagh
no 'r cuairt am fad san fhàsaich fhaoin;
ach ise pàiste nàdair fhèin!
Tha aice feartan 's mo san t-saoghail,
àrd àirde oibre a' chruitheir thrèin
's i òigh bhòidheach ghrinn a' Bhealaich Mhaoil.

Ò 'n robh i ach 'na cailin thuath,
is mis' 'am fhleasgach sona dàin,
ged 'bhiodh sinn 'm fasgadh bothain 's truaigh',
a dh'èirich 'riamh air Albainn chaoin;
troimh ghaoth is dhoininn gheamhrail fhuar,
le aoibhneas dhèanainn strì gun dàil;
's gach oidhch' ri m' bhroilleach 'cniadachadh
òigh bhòidheach ghrinn a' Bhealaich Mhaoil.

'N-sin dh'fhaodadh bòst 'streap àirde sliabh,
le glòir 's onoir mar bhoillsgeadh grèin;
no shìos an doimhne mèinn an cliabh'
tha anns na h-Innsean trast nan cuan
thoir dhomh-s' an taigh fo fhasgadh craoibh,
a' faire trèid no 'g àiteach dàil,
's mi 'faotainn suaimhneis fhlathail chaomh
le òigh bhòidheach ghrinn a' Bhealaich Mhaoil.

An Dà Mhadadh
(The Twa Dogs)

'S ann anns an àit do Albainn gaoil –
tha ainmicht' airson rìgh bha 'n caoil,
san dara mìos den t-samhradh bhlàth,
's e fada leis 's an dèidh mheadhan-là,
dà mhadadh beadrach cleasach còir,
thachair air a chèil' aon uair.

An ciad aon dhiubh 's e b' ainm dha Caesar,
bha glèidht' airson toil a mhaighstir;
bha mheud, a bheul, a chluas 's a dhlùth,
ag ràdh nach b' ann do Albainn bha 'n cù,
ach air a bhreith 'n taobh thall den stuadh,
san àit' tha 'd 'g iasgaich bhodach-ruadh.

Bha 'n suacan litricht' glaist' ma mhuineal –
'ga chomharrachadh son foghlam 's ceanail;
an àirde inbhe ged a bha.
An robh e stràiceil? Ò cha robh.
'S ioma uair chaith e le sùrd!
a' sodan ri cù peasan ceàird.
Aig ceàrdaich, eaglais, muileann 's mart
gach madadh cèasach thigeadh 'n àird,
sheasadh leis, toilicht' 'ga fhaicinn,
's ri clach is tom bhiodh sgiortadh leis-san.

Bu mhadadh treabhaich 'n dara aon,
ranntair luaineach, deas air dàn,
b' e 'n cù a chompanach 's caraid fìor,

'na chleasan thug Luath mar ainm air,
ainm cù an òrain Ghàidh'laich aost'
ach cuin? Aig Dia tha fios cia fhad.

Glic 's dìleas bha son tuigsinn còmhradh,
cho breab 's a-riamh leum dìg no gàrradh.
Bha cinnteas 'g amharc 'mach à 'aodann
's càirdean bha aig' suas sna ceudan,
bha bhroilleach geal 'ga chur an suim,
is cota fitheach air a dhruim;
bha earball cèasach beò le dreach,
'na chamag tilgte thar a chruach.

Gun achd sam bith b' e 'n dèidh 's an còir,
a bhith le chèil', bha 'n càirdeas mòr;
bhiodh 'n sròin le chèil' ri fàile laghach,
's le 'n spàgan luchaidh 's famh a' cladhach:
no falbh air chuairt gu àitean eile –
's a' tarraing conas às a chèile;
gus an robh iad le mire trom.
'N-sin shuidh iad sìos le chèil' air tom
is thog iad suas mar seo an sgeul
timcheall tighearnan an t-saoghail.

Caesar
A Luath! Tha e 'cur orm-s' ìoghnadh mòr
mar tha coin bhochd a' faotainn 'n treòir;
's mi 'faicinn beatha uasal sgleò.
Ciamar tha nam bochd 'tighinn beò.

Tha 'n laird a' faotainn mhàiltean 'steach,
tha gual, cearcan 's cìs aig' o gach neach;
èiridh e mar tha togradh aig';
tha 'fhleasgaich 'freagairt fuaim a chluig;
òrdaichidh e 'charbad agus each;
's tarraingidh e sporan sìoda 'mach
cho fhad ri m' earball, 's troimh shreathan chìt',
buinn bhuidhe Dheòrsa dearrsadh trìd.

O mhoch gu feasgar chan eil ach tràilleachd
le ròstadh, taoisneadh, bruich 's brùilleachd;

tha 'r n-uaisle lìonadh suas 'n steachain,
's luchd 'n talla 'sàthadh am pìochan,
le sùgaig thana 's treamsgail breothadh
a tha 'cur biadh math am mùgha.
Siud 'n seumarlan beag gun seall guin air.
An suaran bochd ithidh e dìnnear,
nas fhearr na aontaire le sunnd
'tha aig an urramach 'na ghrunnd;
ciamar tha 'n coitir 'faotainn 'n cinnte,
tha sin 'dol fad thar mo smuainte.

Luath
A Chaesair, 's tric tha bheòshlaint bheag;
aig coitear bochd a' glanadh dìg,
's togail stuaidh le clachan salach,
a' bearradh tochailt, no 'lìonadh aolach;
r' a bhean 's e fhèin tha 'cumail plaosg,
is biadh is eudach ri gach pàist,
gun duine beò; ach a dhà làmh treun
a chumail dìonachd orra fhèin.

No ma thachaireas tubaist orra,
cion obair, euslaint, no sgiorradh;
shaoileadh tu le cudrom, 's cìocras,
gun siùbhladh iad le fuachd no acras;
cha do thuig mi riamh, ri àm no àit,
cho sìochail toilicht' 's tha 'd le 'n staid;
's mar seo tha balaich mhòr' a sheasas cruas,
's cailean tapaidh air 'n àraich suas.

Caesar
Ach ged nach eil sibh 'faotainn ceanail,
ach tarcais stùcaireachd gun chiall!
Tha smuaint ar n-uaisle a dhuine chòir
nas lugha oirbh, na air am buair,
gabhaidh iad seachad am bochd mar seo
cho stàthach 's thèid mi seach broc lobh'.

'S tric 'chunnaic mi air làithean màil
nuair bhiodh an cunntais ac' air dàil.
Na tuath'naich bhochd le 'n airgead gann,

's am bàillidh 'bagairt dìoghaltas air an ceann:
'gan damnadh sìos 's 'gan toirt gu lagh
no prìosan fhèin airson a dhragh.
Feumaidh iad èisteachd gu h-umhal sèimh,
's a' crìochnachadh fa chomhair an nàmh!
Aig beartaich tha bheòshlaint chinnt le stòras,
ach 'm bochd 'nan dìth, is truagh an cor-san!

Luath
Chan eil an staid cho truagh ris sin;
ged 's tric tha iad air bruaich na gainn':
tha sin cho cumanta 'nan treòir,
gun seall iad air gun fhiamh gu còir.
A-rìs tha cùrsa fortain caoin,
'gam beannachadh an-dràst' le maoin;
's ged 'tha iad sgìth le obair ghoirt,
tha cadal milis 'g ùrachadh an neart,
an clann cho pluiceach slàinteil bras.
'S am mnathan dìleas làn de ghràs;
'bhith feasgair timcheall an teine leò,
's e toil-inntinn as mò an tìr nam beò,
nì fiach tastain de uisge beath' –
na laochain aighearach sona blàth;
tilgidh iad a thaoibh an iomagain fhèin –
'chur stàit is eaglais ceart le sgeinn;
's bruidhnidh iad mu shagairt 's "patronaid"
le colg ag èiridh suas 'nan uchd.
'S mu chìsean ùir' 'dol air an Comann –
's a' mallachadh 'n luchd-lagh an Lunnainn
's nuair thig fuarachd Samhain mun cuairt.
Is Oidhche Challainn a' fuadach gort
tha 'n luchd-dùthchais de gach inbhe ghleust'.
'Dol ri cùl-shùgraidh cluich is fèist;
tha 'n gaol air ghleus 's tha 'd spòrsail ealamh
dìochuimhneachadh gu bheil dragh air thalamh.
'N là cridheil sin, ciad là bliadhn' ùir',
dùinear na dorsan air gailleann geur;
tha 'n digh'-bhlàth 'cur smùid de cheò,
's toirt comas cridhealais is sgleò;
tha pìob na toit 's cuach-snaoisein donn,
dol tiomall measg aighear agus fonn;

na seann-daoine làn sgeul is bàidh,
's na h-òigridh 'gleadhraich feadh an taigh –
's mi 'bha toilicht' iad 'bhith cho beò,
le sòlas leum, 's bha tabhann leò.
Gidheadh mar thubhairt, tha tuillidh 's fìor,
tha sin air fheuchainn tric is daor.
'S iomadh teaghlach 's ceann fine slòigh,
thàinig o dhaoine stuam' 'nan dòigh,
tha air 'n spìonadh às o gheug is freumh,
son sannt is mòrchuis an dearg nàimh,
tha 'feuchainn mar seo 'bhith 'cumail 'steach
le maighstir uasal cho sotalach,
tha shuas am Pàrlamaid car glacainn,
'g urras anam airson math Bhreatainn.

Caesar
A ghille chòir 's beag 's aithne dhut;
airson math Bhreatainn! Tha mi 'n teagamh.
Ma dh'iarras an àrd-chomhairliche fàth,
feumaidh iad *chan e* no *'s e* a ràdh:
aig taighean-seinn 's fearas-chuideachd,
tha 'd call an seilbh, 's a 'cidhis-fhearachd;
no le teum faoineis de chuthach faoin,
don Hague no Calais, gun gabh iad sgrìob,
no falbh air turas sgleò is ceòl,
airson deagh-ainm, 'dh'fhaicinn 'n t-saoghail.
'N-sin aig Vienna, 's Versailles gun cuir suas,
reubadh oighreachd athar le a chruas;
no trast Mhadrid gun gabh e làimh,
a chluich 'n giotàr, 's 'cur cath ri daimh;
no shìos san Eadailt nan seall brèagh,
am bruachan miortail le strìopaich tha;
's òlaidh e uisg'-leighis sa Ghearmailt thall,
son aogais mhaith 's a bhuidhinn feòl',
's a chur air falbh na thoill de sgiorras,
fhuair e le na bèist signoras.
Son math Bhreatainn! Chan ann ach sgrios!
Le aimhreit, 's bèistealachd gun fhois.

Luath
Hoch-he! A dhuin' an ann mar sin
tha iomadh oighreachd bhrèagh 'ga spùinn?
'M bheil sinn air ar sàrachadh mar seo
son airgead 'cheannach spòrs cho ibheach?
Ò nach fannadh iad o lùchairt chèin,
sa chluich an sàith 'nan dùthaich fhèin.
Bhiodh e na b' fhearr don aois 's òigear,
an Laird, an tuathanach 's coitear:
chionn daoine aoibheach, ràntach, ruaimeach,
tha 'n cridhe blàth ged tha iad teumach:
mar bhiodh iad teann mu thional connadh,
's cur spìd air am mnathan guanach,
no marbhadh gearraidh 's coillich-dhubh'
chan eil iad teann air 'm bochd co-dhiù.
A Chaesair, 'inbheil beath' nam mòr le 'n uile àigh,
làn toileachas inntinn agus sòigh;
gun fuachd no acras teachd 'nan cuairt,
no iomagain geur cha dig e thart.

Caesar
Dhia 'n robh thu 'm àite-sa corr' uair,
cha bhiodh tu 'nan geall a dhuine còir.
Ged tha iad fad o ghort is fallas,
o nimh geamhrail, no teas an t-samhraidh;
gun teanntachd orra strì le sgairt,
'lìonas seann aois le greimeannan goirt;
tha 'n cinne-daoin' cho gealtach dannarra,
a dheòin nan oilthigh 's an sgoiltean.
Gun diod san t-saoghal 'chur dragh orra,
tha 'd dèanadh dragh gu leòr am buaireadh.
'S mar 's faoine, an nì bheir adhbhar bròin
co-ionnan sin nì nì beag an leòn,
ach giolla tuath'nach an dèidh na beairt,
le acair treabht', tha e glè cheart:
no caileag-thuath' 'cur srann air cuidheall,
a dusain rèidh, nì sin i cridheil:
ach daoin' 's mnathan uasail uimicht';
cion obair tha 'm beatha mallaicht'.
Tha 'd lag le lunndaireachd is leisg:
gun sian 'bhith cearr, chan fhaigh iad casg':

tha 'n làithean trom gun lùth, gun bhlas;
san oidhchean trom gun sìth, gun chlos:
'nan coimhliong, spòrs is dannsa daonnan,
's an cruinnleumnaich troimh àitean comann,
tha 'd bhòst is spaistearachd san t-slighe,
's nach faigh srad shonas 'steach 'nan cridhe,
tha 'm fir a' trod aig co-chruinnchidh gòrach,
's còrdaidh iad le smùid don daorach.
San oidhch' tha 'd mear le digh' 'siùrsachd bhreun,
'n là 'màireach tha 'n cogais 'gam bioradh teann.
Na mnathan uasal 'nan gadan cruinn,
cho gràdhach tha ri peathraichean caoin'
ach cluinn an smuain air cùl a chèil';
tha 'n diabhal 'n taobh 'steach gach crupag caol.
Aig uairean thar an greim san deoch,
tha sgeul is sgannail 'dol mu seach;
Fad oidhchean tha 'd cho sùileach gruamach,
a' beachdachadh air donas teumach.
Geall-spùinnidh iad 'n iodhlainn 's fochadh.
Cho cam ri bèist chaidh 'riamh a chrochadh.
Tha taghadh ann measg mnathan 's daoin';
ach 's e seo beath' luchd uasail faoin.

Le seo bha 'ghrian 'dol foidhe sìos,
's an glòmainn 'toirt an oidhche 'nìos;
bha 'm beachan mòr 'cur suas a dhrann.
bha 'm buar a' bùirich anns an lòn;
dh'èirich 's chrath an cluas is èideadh,
toilicht' nach robh iad daoin' ach madaidh!
'N-sin ghabh gach aon a rathad fhèin,
'gealltainn tachairt là eil', an cèin.

An dà chù – An tul-fhìrinn
Rob MacDhùghaill
(The Twa Dogs)

'S ann san roinn de dh'Ì na h-Alba,
ri 'n canar leinn "Tìr nan Garbh-chrìoch,"
ar latha brèagha 'm mìos na ciùine,
nuair shuidhich a' ghrian tro an iar a' cùrsa,

chòmhlaich dà mhadadh chiallach 'bha dìomhain ag an tùrlaich,
le eagal a bhith cianail thoirt iall air lùth-chleas.

'S e Ceusar b' ainm don chiad fhear a gheibh 'nam sheanchas àite,
b' ann airson toil a mhòrachd o òig' 'chaidh àrach;
bha a cholg, a ghruamaich, a chluasan 's earball,
'dearbhadh gu riochdail nach robh e shliochd chon Alba,
ach air sìolach' on iarmad thoirteil,
'tha far 'm bi luchd-iasgaich 'dol dh'iarraidh throsgaibh!

Bha 'bhann-mhuineil phrais a bha glaist' ro ghuaillean,
'feuchainn e 'bhith na sgoileir gasta 's na bhrod duin-uasail,
ach ged 'rinn e sìolach' de fhìor-fhuil bhuadhmhor;
cha robh e fiata no iargalt' uaibhreach,
ach chaitheadh uair ann an cluaineis ghòraich:
ri gàrlach suarach de chuain an òtraich.
Aig fèill, aig clachan, muileann no ceàrdach,
cha robh miosan peallach cia cho drabast' ceàrdail,
leis nach seasadh 'n lasgair gu h-ait a' sùgradh,
's bheireadh greis air macnas feadh ghlac is chùiltean.

'S e 'bha san fhear eile madadh tuath'naich,
cuilean acainneach sgairteil fuasgailt',
's airson a thapadh 's a ghaisg' an cruadal:
is ro-mheud astair chainte Luath ris,
'n dèidh gadhar àraidh mu bheil luaidh an seann-òran,
rinneadh o chian nan tràthan cia fad uaith chan eòl dhomh.
Bha e 'na mhadadh dealbhach cho earbsach dìleas,
'S a' ruith ro earball tro gharbhlach frìthe,
ghlèidh a ghiùlain caoimhneil is aoibh a ghnùise,
a ghnàth dha càirdean 's gach ceàrn den dùthaich,
bha a mhuineal fionn 's a dhruim rèidh dhìreach,
còmhdaicht' le fionnadh tiugh 's e dubh da-rìreabh,
bha earball uallach suas 'na chuairteig,
's 'na chuachan cruinn gu teann ri chruachainn.

Chan eil agadh nach robh iad caidreach, cùirteil,
gu greadhnach tairis ri èalaidh mhùirnich,
le co-fharpais laghach a' faoghaid a chèile,
's 'toirt ruaig nan tadhal air cladhach bhèistean,
an ceann gach tamaill, ruitheadh deannal èibhinn,

gus am biodh an sgamhain san anail 'gèilleadh,
's nuair 'bha sgìos gan dìocladh 's bu mhiann leo faochadh:
shuidh iad gu ciallach air tolman fraoiche,
is theann san uair sin air luaidh gu sìobhailt',
mu chor nan uachd'ran is tuath na tìre.

Ceusar
Is minig a bha orm ioghnadh fuath'sach a Luath mo ghaoil,
Ciod a ghnè bheatha 'th' aig madadh bhochd, gun toic gun mhaoin,
is nuair 'fhuair mi làn eòlas air sògh nan àrd-dhaoine,
cionnas nì tuath-cheathairn bhreòit' a bhith beò san t-saoghal.

Gheibh ar baran fhèin a mhàl gu lèir bho mhithibh,
a' mhòine 's eòin d' a rèir 's gach uile sheud do dhlighibh,
èiridh e gu dalma nuair 'mheasar leis iomchaidh an tràth
freagraidh a sheirbheisich air seirm a chluig gun dàil,
gairmidh e a steud-eich, gairmidh 'charbad,
tàirngidh a sporan seudach cho fad ri m' earball,
is tro gach còs o ghlas-bheòil gu ùrlar,
chìtear airgead gu leòir is òr a brùchdach.

On chamhanaich fhial gu ciaradh anmoich,
chan eil ach uallacha dian air gach biadh is ainmeil,
's ged ' gheibh na mathaibh 'n toiseach fosadh an càileachd,
gheibh an dearbh luchd-cosnaidh brodan àilgheis
de shiùcar ruadh-dhuill' is uachdar sòghmhor,
a mheasadh tuath-cheathairn nach bu suail an strodhas,
tha ar fear coimhead fhèin na bèistein spìocach
's an garrach èitigh 'g itheadh gleus nas miadhail,
na tha 'n tuathanach còir is treòirich dìcheall,
tha aig a mhòrachd air còrs' na tìre,
ach ciod an lòn 'th' aig daoine bochda moch na anmoch,
a dh'aindeoin m' fhoghlaim chan eòl do m' eanchainn.

Luath
Air m' fhallain 'Cheusair tha iad air uairibh an èiginn ghàbhaidh,
faicibh fhèin coitear bochd air croit 'ga h-àiteach,
le clachan salach a' togail balla gàraidh,
a' càradh stacan le gèimhleig 'na ghlacan cràcach,
dha fhèin 's d' a chèile gaolach mar seo a' faotainn beòshlaint,
's do bhruana-sgaoth baoghail de mhaoth'rain òga,

gun dadam ach fheairt-se 's neart a ghàirdean,
'gan cumail ceart ann am beairt san aodach.

'S nuair thàrlas na truaghain bhochda ri dosgainn chailltich,
mar tha tinneis chorporra 's easbhaidh mhaighstribh,
bidh sibh ullamh gu co-dhùnadh gun coisgeadh an ùine ealamh,
fuachd is cìocras am pian air thalamh,
ach 's e an tòimhseachan mìorbhaileach bha orm riamh an duibhre,
cionnas 'tha iad co-riaraicht' gach ial le 'n cuibhrinn?
'S tha laochraidh chròdha is òighean ionmhainn,
'gan àrach on òige san dòigh 'chaidh iomradh.

Ceusar
Ach 's e 'bhith faicinn mar 'tha sa ghnàth 'toirt fuath dhuibh,
'gar leagadh 'gar breabadh is 'gar cur cho suarach,
a dhuine rùnaich, cha mhò 'tha 'chùram aig na h-uaislean,
do thuath na dùthcha na do na brùidean truaillidh,
gabhaidh iad an triall cho fiata seachad air na daoine bochd,
's a chaidh mise riamh air fuaradh air garaidh-dhìon nam broc.

Mhothaich mi tric nas leòir air là mòid a' bharain,
's chuireadh e orm dòlas bròn is farran,
tuathanaich chalma chion airgid air an cùbadh,
fo riaghlair dalma feargach diùmbach;
e 'bagradh sa tailmrich le an-ghlòir iarghalt',
gun cuireadh e iad sa ghainntir gun taing da fiacail,
b' èiginn dhaibh strìochdadh gu h-ìog'rrach balbh dha,
is èisdeachd ri bhriathran le fiamh is balla-chrith.
Is lèir dhomh mar 'tha na h-uachd'rain a' caitheadh 'n cuairt san t-saoghal,
ach 's fheudar gu bheil an tuath-chea'irn 'nan truaghain daonnan.

Luath
Chan eil iad buileach 'nan truaghain mar 'tha sibh 'saoilsinn,
ged tha bochdainn fhuaraidh gach uair ri 'n aodainn
tha iad cho cleachdte ri 'bhith 'gan sèisteadh,
's nach doir an sealladh orr' feachda na bheag do dhèisinn.

'S chaidh tuiteamas is freastal cho cheart a shònrach'
's gu bheil beag no mòr a sholar orra an-còmhnaidh,
is ged 'tha claidreadh buan orr' le cruas an saoithreach,
tha fois car uair dhaibh 'na shuaimhneas gaolach.

'S e rogha 'n toil-inntinn le cinnt nach dìbir,
an leanabain laghach is am mnathan dìleas,
's e na bròin bheag ghràdhach cion-fàth an uaille,
'tha 'fàgail an teallach gu caidreach suaimhneach.

'S air uairean nì luach an tastain de Mhac an Tòisich
na daoine tlachdmhor gu h-ait làn sòlais,
leigidh iad air an cùlaibh gach cùram dìomhair,
's tionnsgnaidh air gnothachaibh eaglais is leas na rìoghachd
labhraidh iad mu chòir-thagraidh clèire 's mu dhreuchd nan sagart
le lasan èibhinn de dh'eud nan aigneadh.
No ma na cìsean ùra 'tha 'n dùthaich a' fulang,
's gach flath is fiùghail 'tha 'n cùirtean Lunnainn.

Nuair 'thig an t-Samhainn fhuaraidh le cuairt na bliadhna,
's a thèid gach sguabag an cruaich fo shiaman,
's a nì beatha dhùthchail do gach dùil is seòrsa,
aonadh am fleadh, ath-ùraichidh lùiths is deòthais,
bidh gràdh a' sùgradh biodh iùil ri èalaidh,
's dìochuimhnichidh mùirn gu bheil cùram air an talamh.

Nuair 'thig latha an corr t-sollain an Nollaig mhiadhail,
's a thèid a' chòmhladh 'ghlasadh air fras nan siantan,
bithidh an t-searrag smùidreach, le driùchd na h-ìocshlaint,
'sgaoileas boltrach chùbhraidh feadh ar rùintean dìomhair,
bidh a' phìob-thombaca san adhrac-shnaoisein,
'gan aiseag le h-aiteas am measg nan daoine;
biodh an seann-sluagh cuanta gu suairc a seanchas,
's na leanabain ghuamach a' ruaig mun ghealbhan,
bhiodh mo chridhe gu sgiolcadh a chochall le sodan aoibhinn,
's air ghaol a bhith 'na fochair gun coisichinn oidhche.

Ach tha ur briathraibh-sa tuilleas fìor da-rìreabh,
gu bheil gach ana-ghnàth dìorrais 'gan cur an gnìomh san tìr seo,
Tha iomadaidh teaghlach 's b' e 'n t-adhbhar bròin e,
a thàinig do dhaoine 'bha faoilidh còire,
air an sgathadh às gu h-aingealt' eadar mheanglain 's fhreumhan,
chuir cosg air gamhlais amhlair-eigin,
tha 'n dùil e fhèin a dhaingeach', le tionnsgainn chealgach;
an deagh-ghean maighstir màld' neo-fheargach,

tha theagamh 'gur riochdach' sa phàrlamaid mar bhall 'ga thairgse,
airson buannachd Bhreatainn a' freiteach anma.

Ceusar
Hò, hòth! A sheòid chan eòl dhut dheth ach beagan,
airson buannachd Bhreatainn air m' fhacal gu bheil mi 'n teagamh:
Abair mar 'tha na prìomh-fhir gach ial 'ga threòrach';
ag ràdh seadh no ni h-eadh, mur a thèid a sheòladh,
an taighean-chleas a' toirt greis air lùth-chleas,
ri gill is cairtean 's gach beairt mhì-chliùiteach,
no ma dh'fhaoidte am breathas macnais,
gu Hague na Caolas a' gabhail taisteil,
a dh'fhaotainn eòlais air gach seòrsa dhaoine,
gu cainntean fhoghlam 's a dh'fhaicinn nòs an t-saoghail.

'N-sin aig Bar an t-Sàile no Fiadh-fheànaidh,
struidhidh e oighreachd athar àigh à chèile,
no air slighe Mhadrid gabhaidh gu clis a chuairt,
a ghleusadh na cruit 's nach fhear no guit a fuaim,
no sìos tron Eadailt gu beag-nàrach a giolcadh,
a gnàthach foille 's gach doire mhiortail,
'n-sin thèid a phòit air uisge lòin na Gearmailt,
a leasacha' neòil 's a ghlòir 'n dèidh earchaill,
's a ghlanadh fheòil gach bròn is mì-ghean,
gibhteamas-gaoil cuirmean baoth a mhì-ghnìomh:
Airson buannachd Bhreatainn! Airson a lèir-sgrios!
Le easonachd reasgaich le misg is eucoir.

Luath
Och a dhuine! 'N iad seo na beusaibh oillteil,
le bheil iad a' struidheadh a liuthad oighreachd,
a bheil sinne air ur claidreadh is air ur riasladh,
airson airgid a thèid mu dheireadh air an dìol sin?

Och nach fhanadh iad uile air ais o chùirtibh,
's iad fhèin a thoileachadh le spòrsaibh dùthcha,
's e bu bhuannachdail don tha mun cuairt 'nam eòlas,
an coitear, an tuathanach 's an t-uachd'ran òir- dheirc,
air an son-sa, na fuirbidh shuilbhir chridheil,
chan eil iad durragha na fulamra citheach,
mur eil airson gearradh sìos an coilltean,

na 'bhith ri sgallais air an cuid mhaighdeann,
no losg' air feadaig coileach-fraoich na boc,
chan eil groim dhiubh beadaidh ris na daoine bochd.

Ach an innis sibh seo dhomh a Mhaighstir Ceusair,
's cinnt gu bheil beatha nam mathaibh 'na beatha èibhinn,
cha dig fuachd na acras am fochair an cròilein,
cha chuir a smuaintibh chaoidh fuathas na oillt orr'.

Ceusar
A dhuine ghòraich! Nam biodh do phòr-san is do chrannchur
far 'bheil mis' a chòmhnaidh cha chluinnte ri d' bheò mu d' fharmad!

Tha e tur fìor nach gabh iad fuachd no fallas,
le fuachd sa gheamhraidh na teas teann an earraich,
chan eil iad ri saothair dhìon a' riasladh an cnàmhan,
no nì 'n aois a' lìonadh le piantan cnàimhteach,
ach tha iad cho dolaidh 's cho collaidh a thaobh nàdair,
a dh'aindeoin an sgoile 's gach oilthigh 'tha iad a gnàthach',
nuair nach eil gnè a dh'olc 'cur sprochd no èis orr',
gun dèan iad fhèin don deòin na leòir 'gan lèireadh,
's mur is lugha th' ac' a thoirt spac dhan creufaig,
's ann as lugh a thoirt a nì goirteachadh d' a rèir sin.

Am balachan 'bhios san dùthaich gu sùrdail an glaic a chroinn,
nuair 'bhios acair air a ruamhar biodh e gu suaimhneach grinn,
a' chaileag mar an ceudna aig am bi cuibheall air ghleus fo beairt
nuair 'bhios a cuibhreann rèidh tha i gu h-èibhinn ait
ach daoin-uaisle 's mo thruaighe ban-tighearnan,
's e easbhaidh gnìomha trian den aimhleas
tha iad gu faondrach leisg 's lòdach aindeas,
gun dad a dh'adhbhar fo dhragh mhì-thaingeil,
tha an lathaibh tùrsach trom dùr neo-thaitneach,
tha an oidhchibh dùldaidh fad ciùrrt' neo-fhoisneach.

Eadhoin 'nan cuid bhangaid, dhanns is rèisean,
's nan steudraich allta tro gach cabhsair fèille,
tha de mhòrchuis, de sgleò 's de mhì-stà;
nach doir iad sòlas ri 'm beò don inntinn.

Thèid na daoine shònrach' nan còmhlain cheutach,
'n-sin mùchaidh gach àdh ann an doimhn' mì-bheusan,
nì iad an oidhche chaithidh le mnathan 's daorach,
bidh iad an ath-latha gun ràth gun aogas.

Bithidh ban an-tighearnaibh gluasad ri guaillibh chèile,
mar pheathraichean stuama gun uaill gun eud annt',
ach cluinn an smuaintibh dìomhair gach ial mu chèile,
is 's e th' ann dhiubh dìobhail is biasdan breugach:
os cinn a' chopain gu soch'rach sèisteil,
òlaidh balgam an fhairmid dhèisnich,
no fad na h-oidhche gheamhraidh le sgraing na fiatachd,
'sealltainn an leabhrain mheallta bhreac ghrànd' an Diabhail,
cuirear air a gheall leo loinn do chruachan,
is iad cho làn de dh'fhoill 's a bhiodh meàirleach truaillidh.

Tha cuid on riaghailt seo saor do dhaoin' 's do mhnathan,
ach an coitcheannas an t-saoghail 's e seo saod na mathaibh.

Bha mun tràth seo 'ghrian air cur a triall gu ceann,
's am feasgar 'ciaradh mu chiabh nam beann,
bha uaireadair a' bhaile ri rongan sàraicht',
's am buar a' tarrainn an gar a bhàthaich,
nuair 'dh'èirich iad gu h-aobhach 's chrath am fraoch à fallaing;
'dèanamh gàirdeachais nach robh iad 'nan daoine ach gach aon 'na mhadadh,
's ghabh gach fear gu dìreach do sgìreachd fhèin
'gealltainn iad a thachairt 'rìs mu shìd' na fèill'.

An neòinean
(To A Mountain Daisy)

A lusag athach bòidheach còir.
Thachair thu orm-sa san droch-uair,
's fheudar a phronnadh sìos fon stùir
do dhiasag caol.
Do shàbh'ladh tha sin seach mo threòir,
mo leugag ghaoil.

Mo thruaigh chan e do choimhearsnach,
an uiseag laghach d' fhìor-chompanach,

'gad luasgadh sìos sa chlaise fhliuch;
le broilleach ria'ch.
'S e 'g èiridh suas cho inntinneach
ri dùsgadh leus.

Fuar nimhneil geur chaidh gaoth an tuath
thar do nid mhàthrail dhìblidh thruagh:
cho coibhneil thàinig blàth do shnuaidh
neo-'r-thaing do shìd'.
'S troimh 'n ghrunnda pàrantail a spreadh
do mhaothag trìd.

Na flùra lòisea'ch 'nar liosan brèagh,
am fasgadh balla 's coilltean tha;
ach thusa shìos fo sgàile bhlàth
corr chlach is gart,
tha 'g uidh'maich achadh stailcneach crè,
gun aithne ort.

An-sin 'nad thrusgan simplidh gann,
'sìneadh do bhroillich suas ri grèin,
's cho màlda 'togail suas do cheann
le ùmhlachd 's beus;
tha 'n soc a' tionndadh do leapa crìon,
sìos sa chlais!

Seo dàn na h-òigh neo-fhaichilleach
Lusag ghrinn a coimhearsnachd:
air a mealladh 'na gaol neo-chiontach
na h-earbsa 's treòir.
'S mar thusa truaillte salaichte
leagta sìos fon ùir.

Seo mar an ceudna dàn a' bhàird,
luaisgte 'mach air cuan is àird;
neo-theòma tha air pong nam feart
is gliocas dhaoin'.
'S le gaoith is tuiltean 'tha 'dol thart,
fodha thèid maraon!

'S e seo as dàn do fhiachalachd
bha fada strì ri goinne 's ìochd,
bha air fhògairt chun na truaghaileachd
gu bile 'bhruaich;
gus nach d' fhàgar aig' ach bith-bhuantachd,
's tuitidh e sa chreach!

Eadhan thus' tha bròn na neòineanaig,
's e seo do dhàn ceann tacain big;
tha soc an lèir-sgrios 'teachd le stràc.
Thar dreach an t-suinn
'n-sin treabhte sìos fo chudrom clais
bithidh do dhàn!

Litir do Mghr MacAdam, Creag na Gaillinn
Freagairt do litir mhisneach a chuir e don bhàrd an toiseach a bhàrdachd
(To Mr McAdam Of Craigen-Gillan)

Bha mi aig stòp nuair thàin' do chairt,
's mise a bha stràiceil;
mun tì 'toirt aire orm mar bhàird!
'S mi ghlaodh is leum cho dàicheil.

Chionn 's coma leam-sa clàrsaireachd,
's baoghlais fhaoin nam millean;
bidh cuinnein mo shròin os cionn an clag
's mi 'n suim aig Creag na Gaillinn.

Bha e uasal dhuibh is cosmhuil ruibh,
'bhith bàirig dhomh do thèarmann;
chionn tha snodh'-gàir' an duine mhòir,
gabhaltach leis na h-àrmainn.

Mar sin le cnàmh an tì an ciot'
a dhùbhlain Alastair Mòr!
Air m' luirge fhèin, troimh pholl is stèinn.
Neo-ar-thaing seasaidh mi saor.

Is nuair nach lorg na luirge seo
mo chom chun chàil fhada theth,

nì fasgadh stuaidh 's ruinnse uinnein,
is bonnach eòrna feum dhomh.
Dia d' bheannachadh le deò nam beò
'bhith 'mealtainn samhrai'n grianach;
is fòs do nighnean bhòidheach ghleust',
tha 'd cunntaicht' beusail ciatach.

'S beannachadh Dia laird òg Dhail 'n Easgan,
dreach is dùil ar n-uaislean e!
'S caitheadh e feusag seann-duin' liath,
creideas a thìr 's fineacha.

An dèid thu d' na h-Innsean, a Mhàiri?
Fonn: Will ye go to the ewe-bughts, Marion?
T D MacDhòmhnaill
(Will Ye Go To The Indies, My Mary?)

An dèid thu d' na h-Innsean, a Mhàiri,
's am fàg thu tìr nam beann?
An dèid thu d' na h-Innsean, a Mhàiri,
a-null thar chuantan leam?

Ò 's milis na measan 'tha 'fàs ann,
na h-ùbhlan air barr nan geug;
ach chan eil nì anns na h-Innsean
a ghabhainn-sa romh'd fhèin.

Bhòidich mi air nèamh do Mhàiri,
bhòidich mi dhi air gach nì;
agus ò, gun dèan nèamh mo mhealladh,
ma mheallas mise i!

Thoir dhomh do ghealladh, a Mhàiri,
ò thoir dhomh do làmh gheal chaomh;
thoir dhomh do ghealladh, a Mhàiri,
mu 'm fàg mi dùthaich mo ghaoil.

Ò thug sinn ar gealladh, a Mhàiri,
gu toileach ri 'r gaol gun d' ghèill;

's mallaicht' gum biodh an nì sin
's an uair nì ar sgaradh bho chèil'!

Do Mhàiri
Fonn: Will ye go to the ewe-bughts, Marion?
(Will Ye Go To The Indies, My Mary?)

An dèid thu chun na h-Innsea'n, a Mhàiri,
's tràigh Albainn 'chur air cùl?
An dèid thu chun na h-Innsea'n, a Mhàiri,
thar beucadh Atlantic thall.

Tha 'n tèile 'n-sin 's 'n t-òr-mheas 'cinntinn,
's ubhal-ghiuthais 'fàs maraon;
ach chan eil uile sheun nan Innsea'n
cho gasta 's tha thu fhèin.

Mhionnaich mi air nèamh do Mhàiri,
'bhith dìleas ghnàth do m' sheud;
gu cuireadh nèamh mi 'n dìochuimhn'
ma dhìoch'n'as mi mo bhòid.

Thoir gealladh dìlseachd dhomh-s', a Mhàiri,
's dhomh greim do d' bhoiseag geal;
's co-chòrdamaid ar gaol mun cuir
mi ri cladach Albainn cùl.

Tha ar co-chòrdachadh seulaicht', a Mhàiri,
an aonachd caidreamh leam;
mallaicht' biodh sin a sgaras sinn,
'n uair is mionaid de àm.

Na slèibhtean àrd farsaing
(Yon Wild Mossy Mountains)

Na slèibhtean àrd farsaing le 'n raointean is stuaidhean
tha 'g altram 'nan uchdan maoth, òigeachd na Cluaidh.
Far am bheil a chearc-fhraoich a treòrach' a h-àl.
'S an cìobar 'glèidheadh a threud 's às a ribheid 'toirt ceòl.

Chan e Cars thorrach Ghobhraidh, no Foirth' na tràigh bhàn
a chuireas seun orra-s' mar nì na mòintean o chian,

'n-sin làimh ri sruthlag uaigneach 's uisg' fìorghlan na cluain,
tha a' chaileag ghrinn 'fantainn 's a bheir m' aisling is smuain.

Shuas measg nam beinn fiadhaich bithidh fhathast mo cheum,
tha gach sruthan na shrath caol làn cobhair a leum:
an-sin biom le m' chailin rè an latha cho fial.
'S 'dol tharrainn gun fhios tha na h-uaire luath gaoil.

Chan i as maise ged tha i gasta is grinn,
do fhoghlum is ealain 's bheag fhuair i don roinn:
tha a pàrantan iriosail, cho iriosail 's a bhith,
ach 's toigh leam an òigh 's toigh leath'-se mi,

Cà 'm bheil an duine do mhaise nach d'fhuair a luach prìs,
's e h-airm cogaidh, athadh 's plathadh 's osnaich a-rìs!
'S nuair 'chuireas tuigse snas air a saighde lìomh,
bithidh seun air ar sùil, 's iad 'dol chun ar cridhe gun nimh.

Ach coibhneas, deagh-choibhneas, tha dearrsadh san t-sùil chaoin.
tha nas prìseile na lannair an daoimein dhomh fhèin;
'n làn buillsgein ar gaol, sinn an caidreamh a chèil',
ò 's iad sin buaidh ghràidhean mo chailin òg gaol.

Gucag ùr-ròis
Fonn: Bean a' chìobair
(A Rose-bud By My Early Walk)

Gucag ùr-ròis mu m' shràideamachd thràth,
sìos casan cuairticht' le coirc a bha,
cho beusach bog gach cuinnlein blàth
air madainn dhrìùchdail bhraonach.
Mun robh uair no dhà don duibhre às,
bha glòir na h-uile deirgid 'fàs,
's i 'g aomadh a cinn dhealtaich sìos,
'g analaich na moch-eirigh.

'S an dreas mar dhìdean tha a nead,
aig uiseag ghràidheil 'na suidh' 'n-siud,
is air a h-uchd do dhealt bha diod,
cho tràth 's a' mhocheirigh.
Chan fhada gus am faic i 'h-àl,
taitneas 's toil-inntinn sìol na coill',
am measg nan duilleagan le ceòl,
'dùsgadh suas a' mhocheirigh.

Is thus', a Shionn, m' eun maiseach mìn,
air seudan ciùil 's guth fonnmhor binn,
dhut-sa ìocam an cùram grinn
'toirt aire mhath do d' mhocheirigh.
Thusa, a ròs-bhlàth, òg is brèagh,
's ann ort-sa laigheas mais' an là,
's e nì sona feasgar phàrantan,
rinn faire air d' ùr-mhocheirigh.

Grinn bha i
Fonn: Andro and his cutty gun
(Blythe Was She)

Sèist
Grinn, grinn is mireach bha i.
Grinn bha i 'n-seo 's an-sin;
grinn bha i mo bhruachan Èir'.
'S nas grinne 'n Gleann Turraid ann.

M' Uachdar Tìre th' an darach 'fàs
's a' bheith air bruachan Yarrow;
ach b' e Phemie bu bhòidhche snuadh
chunnaic bruthaichean Yarrow 'riamh.

Bha dreach mar bhlàth nam flùr am Màigh.
'S a fiamh mar mhadainn samhraidh ghleust'?
'S cho sùrdail briosg mu bhruachan Èir'.
Ri eun air it' mun droighinn ghast'.

Bh' a h-aodann bòidheach macanta
's cho sèimh ri uan a-mach air raon:

cha robh grian feasgair 'riamh cho gast'
ri gath soills' sùilean Phemie ghrinn.

Cnoic na Gàidhealtachd choisrig mi,
is anns a' Ghalltachd bha mi fhèin;
ach b' e Phemie òigh bu ghrinne gnè
a cheumnaich driùchd na lèana uain'.

Ò càit an d'fhuair thu 'm bonnach
Fonn: Adew Dundee
(Bonnie Dundee)

Ò càit an d'fhuair thu 'm bonnach min-choirce sin?
Ò dhuine faoin dall, nach tuig mar-tha?
Fhuair mise sin o shaighdear òg cridheil,
eadar St Johnston agus baile Dhùn Dè.
Ò gu faicinn-sa an giolla thug dhomh-s' e!
'Gam shiùdain cho gaolach 's mi 'm shuidh' air a ghlùn;
biodh flaitheas a' dìonadh mo threun bhòidheach Albannach,
's thoir sàbhailt' air ais e 'ga phàist' is mi fhèin!

Mo bheannachd air do bhilean maoth òg bòidheach,
's mo bheannachd air an leus tha 'lasadh do shùil!
Tha d' aoibh cho cosmhuil ri snodh'-ghàir' mo shaighdeir,
's tu 's prìseile a tha agam san t-saoghail!
Ach togam-sa bothan air na bruachain ud thall.
far am bheil Tàtha 'dol seachad cho sèimh:
's bi do thrusgan air a dhèanamh don bhreacanaich
's nì mi duine dhìot mar do dhaide mo laoich.

Geasain Pheigi
Fonn: Neil Gow's lament for Abercairney
(Where Braving Angry Winter's Storms)

Gu duineil ri gailleann geamhrail.
Tha na h-Ochail 'g èiridh suas.
'Steach nam fasgadh fhuair mi 'n ciad seall
air Peigi bhòidheach dheas.
Mar aon taobh sruthain fhiadhaich 'triall.

Chì neamhnaid 's àillidh seòrs'
seallaidh e le iongnadh dùbailt' air
'n ealain lìomhach 's a dearrs'.

Ò beannaicht' biodh 'm fasgadh dìomhair ud.
'S beannaicht' an là 's an uair.
Nuair air àilleachd Pheigi ghabh mi beachd.
'S mhothaich a cumhachd mhòr.
Faodaidh 'n t-aintighearn' bàs cho doirbh
m' anail a chur an sàs:
ach 'reubadh Pheigi o m' anam nì
nas teinne piantan bàis.

Caisteal Ghòrdain
(Castle Gordon)

Sruthain 'tha 'gluasad raoin 'n òraind,
saor on gheamhradh is dòrainn;
tha dearrs' 'n soills' air gaineamh òir,
measgta tha le gràin is tearr
o bhuidhne flannach ainneartach;
fàgam iad le 'n èid is stiall,
do luchd-fòirneirt is an tràill;
thoir dhomh-s' an sruth tha 'ruith gu fial
mu bhruachain Chaisteal Ghòrdain.

Frìthean cùbhraidh, làn deagh-bheus,
toirt fasgadh o losgadh leus
don dìblidh reict' do 'n sàrach',
no dòighean an cinne borb,
rùnaicht' air àr, fuil is creach;
coillt' tha daonnan ùrail glas,
fàgam luchd-fòirneirt 's an tràill,

Thoir dhomh-s' na craoibh tha 'bacadh deas
na stoirm mu Chaisteal Ghòrdain.
Fiadhaich thar tomhas 'n-seo gu beachd
tha nàdar riaghlachadh le smachd;
'n dòigh stuama, ceart cùramach.
lìonadh an t-anam le làn tlachd,

planntaich frìth 's taomadh tuilt' a-mach;
'm bith-lath ri breislich biom,
's fasgadh uamh san oidhche faigheam,
far 'm bheil luasgadh choillt' 's uisge ruith,
mu Chaisteal bòidheach Ghòrdain.

Hè rach roimhe
(Hey, Ca' Thro')

Hè rach roimhe
suas le bodaichean Dhìseart,
is balaichean Buckhaven
agus maraichean na Leargaich,
is caileagan an Lìobhann.

Hè! Rach roimhe, rach roimhe.
'Chionn tha mòran againn 'chur foidh';
hè! Rach roimhe, rach roimhe,
'chionn tha mòran againn 'chur foidh'.

Tha ùr-sgeòil r' a innseadh,
's tha tha òrain ri sheinn;
tha ar sgillinnean r' a chost',
's ar pinnt a thoirt leinn.

Gheibh sinn uil' ar làith',
's na thig 'nar dèidh d' ar cinne,
coisnidh 's caithidh am maoin,
dìreach mar rinn sinne.

Ban-tighearn' Onlie
Fonn: Ruffians rant
(Lady Onlie, Honest Lucky)

Uile ghiollan a' Bhruaich Dhroigheannaich,
nuair thèid iad sìos gu tràigh Bhucaidh,
tionndaidh iad 'steach a ghabhail pinnt
le ban-tighearn' Onlie, Lucky còir;

Grùdadh leann math aig tràigh Bhucaidh
gum faigheadh i reic do a deagh-leann,
chionn 's e as fhearr mu thràigh Bhucaidh.
Le ban-tighearn' Onlie, Lucky còir;

Tha 'taigh làn teth 's a currac glan,
ò 's i gu dearbh 'n deagh-chearcag ghogaidh;
tha grìos an teinntein làn gleus is beus
aig ban-tighearn' Onlie, ionraic Lucky.

Geasan Pheigi
Fonn: Tha a' chailleach air mo dhèidh
(My Peggy's Charms / My Peggy's Face)

Bheir aodann Pheigi is a dealbh,
nimh aois is aonaranachd air falbh;
chuireadh inntinn Pheigi, 's a luach maoin,
seun air ciad dhuin' a' chinne daonn'.
'S toigh leam gnè aingleach Pheigi ghleust',
tha 'gnùis cho bòidheach, nèamhaidh gast',
tha maise dòigh dol thar gach nì;
ach 's toigh leam òirdhearcas a cridh'.

Sin snuadh an ròis 's dreach na lili gheal,
's an lannair beò a tha san t-sùil;
cò nach aomadh do gach cuspair gràis,
cò nach aithne gun searg iad as.
An togradh bàidheil, 's deòir nan truas,
's miann flathail uasal 'g èiridh suas,
's am fiamh beusach bheir gath a fearg,
sin nan seun bhith-bhuan 'm feast nach searg.

Bruachain Dhevon
Fonn: Banarach dhonn a' chruidh / Bannerach dhon na chri
(The Banks Of The Devon)

Cia taitneach tha bruachain Dhevon na cuartalan,
le iomadh tom glas 's lusagan cùbhraidh brèagh!
Ach am flùr as bòidhche air bruachain Dhevon

bha i aon uair 'na gucag mu Ara nan snuadh.
Ò coibhneil biodh dearrsa' a' ghrian air an fhlùr seo,
air madainn ùr ròsach 'ga tumadh san driùchd;
's maoth biodh am fras 'tha tuiteam san fheasgar bhlàth,
tha 'g ùrachadh gach duilleag le taiseachd gach nochd!

Ò caomhain an ùr-bhlàth, sibhs' osagan an òraind,
tha dùsgadh a' mhadainn le sgiathan fuar liath!
Guma fada tu as, nimh nathrach na dòrainn
do fhaiche is lèana 's do ghàradh nan lus brèagh!
Dèanadh Bourbon 'nis uaill às a' lili òr-bhlàthan,
's biodh Sasann làn mòr-chùis is bòst às a ròis:
tha nas gasta r' a fhaotainn shìos anns na srathan,
làimh ri Devon, 'n deagh-abhainn 'tha 'sruthadh sìos sèimh.

Uilleam mear na glaodhraich
(Rattlin', Roarin' Willie)

Ò Uilleam mear na glaodhraich,
chaidh e chun an fhaidhir,
a dh'fhaotainn reic d' a fhìdheall,
is a cheannach bathar;
ach dealachadh r' a fhìdheall,
thug sin na deòir o shùil;
is Uilleam mear na glaodhraich,
's e d' bheatha teachd do d' dhùil.

Thig Uilleam laochain 's creic d' fhìdheall,
'n fhìdheall bheir ceòl cho mìn;
o thig Uilleam 's creic d' fhìdheall,
is ceannaich pinnt de fhìon!
O nan reicinn-sa m' fhìdheall
theireadh càch gu robh mi faoin,
chionn 's ioma là sunndach bh' aig
m' fhìdheall is mi fhèin.

'N tràth 'chaidh mi faisg Chrodh Chailein.
Thug mi sùil a 'n adhart –
bha Uilleam mear na glaodhraich
'na shuidh' aig ceann a' bhùird,

'na shuidh' aig ceann a' bhùird,
's bha chompanais 'ga thoil;
Uilleam mear na glaodhraich,
's e d' bheatha teachd do d' dhùil.

Tuireadh Shrath Ailein
(Strathallan's Lament)

Bh' an oidhche garg os cionn mo theach!
'S gailleann 'beucaich air gach làimh!
'S dòirtidh uisg' cho geamhrail fliuch,
cho aonarach orm san uamh.
Sruthain chriostail 'ruith cho caoimhneil,
àitean cruinnich dhaoin' gun fhiù,
gaothan iar a' sèideadh tlàthail,
cha chasg iad m' imcheist-sa an-diugh.

Son adhbhar ceartais rinn sinn strì,
chuir coirean le ceartas cruinn,
airson onair rinn sinn cogadh treun,
ach dhiùlt nèamh deagh-shoirbheas leinn.
Rol lèir-sgrios sinn a-mach mar stùr,
gun srad dòchais 'togail ceann;
th' an saoghal sìnt' a-mach fa 'r comhair –
saoghal gun fhear cuidich ann.

Bruachan Obar Pheallaidh
Fonn: Birks of Abergeldie
(The Birks Of Aberfeldy)

Sèist
A rìbhinn ghast' an dig thu leam,
an dig thu leam, an dig thu leam,
a rìbhinn ghast' an dig thu leam
Gu bruachan Obar Pheallaidh?

Th' an samhradh 'dearrsadh grinn a-nis;
's air bruachan 's bùrn 'cur aoibh is snas,

thig 's caithidh sinn ar làithean cleas'
air bruachan Obar Pheallaidh.

Tha eòinein bheag' a' seinn an sàs.
Is thar an cinn th' an calltainn 'fàs,
no 'mach air sgiath gu beòthail bras
mu bhruachan Obar Pheallaidh.

Na bruachan tha mar stuadhan àrd',
th' am bùrn a' taomadh sìos le sùrd,
le geugaibh ùr-bhlàth còmhdaicht', thart',
tha bruachan Obar Pheallaidh.

Tha n' sgorra liath' le flùir air ghleus,
thar eas th' am bùrn a' tuiteam sìos,
's th' an dril 'toirt taiseachd beath' is beus,
do bhruachan Obar Pheallaidh.

Rachadh gibhtean fortain air falbh le sgèan,
cha tarraing iad geall am feast uam fhèin
sìor-bheannaichte le gaol mo rùin,
measg bruachan Obar Pheallaidh.

Coillteach ùr na mòr-thìr
Seumas Rothach
(The Birks Of Aberfeldy)

A nìonag òg as bòidhche gnùis,
as bòidhche gnùis, as bòidhche gnùis,
am falbh thu leam air chuairt a-nunn
do choilltich ùir na mòr-thìr?

Tha 'n samhradh soillseach feadh nam blàth,
's a' boillsgeadh air na h-alltain àill;
thig, caitheamaid na làithean àigh,
feadh fhàsaichean na mòr-thìr.

Na h-eòin gu greannar ann a' seinn,
's na geugan calltainn os an cinn,

no 'sgiathais thall, ri sùgradh grinn,
feadh choilltean binn na mòr-thìr.

Mar bhalla suas na bruachan àrd,
fo choip am bùrn a' brùchd le stàirn,
's na geugan cùraidh sgaoilt' fo bhlàth,
thar sruithean àill na mòr-thìr.

Na stùcan liath fo choroin fhlùr,
na h-easan càir-gheal sìos 'nan spùt,
's an ceò ag èirigh 'n àird 'na dhriùchd,
air coilltibh ùr na mòr-thìr.

Cia bith is dàn dhomh rè mo chùrs',
chan èirich smuairean orm mun chùis,
's mo shonas iomlan leat-s', a rùin,
an coilltich ùir na mòr-thìr.

Caileag bhòidheach Albany
Fonn: Mary's dream
(The Bonnie Lass Of Albany)

Tha m' chridh' cho goirt, ò coimheach goirt,
's ann 'smuaineach' air a' chuan 'tha mi,
tha beucadh garg eadaras is lios,
sealbh chaileag bhòidheach Albany.

O fhuil rìoghail tha 'n òigh àlainn ud,
bha 'riaghladh Albion 's a rìo'chdan trì;
ach ò mo chreach, airson a dreach,
rinn iad eucoir air caileag Albany.

Am measg nan stuaidh, an sìneadh Chluaidh,
tha innis tha inbheach 'measg nan ì,
b' chòir ainm a' bhaile chliùitich sin
'bhith 'cur bàigh air òigh Albany.

Tha òigear faoin, gun mhath gun stàth,
'na shuidh' 'n àit' bu chòir dhi 'bhith;

cuirear an stèinn d' a chladach fhèin,
is bheir sinn air ais òigh Albany.

Mo thruaigh an là 'n là doilgheasach!
Fhuair breugair fallsa 'bhith 'na rìgh,
's e sealbhach fuinn is turaide –
dearbh-chòirean rìoghail Albany.

Gach là is oidhch' gu dùrachdach,
air glùinean nì sinn achanaich,
gun dig an t-àm, le druma 's pìob
gum furain sinn dhachaidh òigh Albany.

Bha am fraoch fo bhlàth
(The Bonnie Moor-Hen)

Bha am fraoch fo bhlàth 's bha na miadair spealte,
's chaidh ar giollan a shealg aig dùsgadh an là,
thar mòintean is monaidh agus iomadh ghleann,
gus 'n dhùisg iad mu dheireadh a chearc bhòidheach fhraoich.

Ò bith'bh air ur faicill air sealgairean òg;
ò bith'bh air ur faicill air sealgairean òg,
's an èiridh no air sgiath, cum rithe a laoich,
ach thig-sa mu noig air a' chearc bhòidheach fhraoich.

I 'crathadh an driùchd d' a h-iteagan brèagh,
's na dathan 'ga brath ri aghaidh sgorr liath,
tha dearrsa' a snuadh mar earrach nan las,
's i cho deas air a sgiath, cho srannmhor is bras.

Bha 'n t-seann-bhodach Phœbus a' spleuchdadh thar cnoc,
's dh'fheuch le seòltachd air a h-iteach 'thoirt buaidh;
chaidh gach leus ghath d' a trusgan air bruthach gun stàth,
cha robh a ghathan ach fann air a h-it' 's i 'na suidh'.

Ar n-òigridh bha sònraicht' airson seòltachd is sgil –
shealg iad na rèidh na cnoic agus na dail;
shuidh i 'gam buaireadh an làn seall' agus èigh,
's an tiota le srann bha iad mìle 'na dèidh.

Durragan leabhraichean
(The Bookworms)

Troimh dhuilleagan 'n clò-bhuailidh diadhaidh,
gabhaibh cuairt a dhurragan;
ò biodh agaibh spèis do sgeilm a mhorair,
's caomhnaibh bùird a cheanglaichean.

Am fuadan òg Gàidhealach
Fonn: Mòrag
(The Young Highland Rover)

Th' a' ghaoth a' sgreadalaich gu geur.
'S th' an sneachd 'còmhdach nam beanntan:
's nimh geamhrail 'dol tharam fuar.
Chionn dh'fhalbh mo Ghàidheal òg le dùdan
am fad measg fin' air fuadan.
Far an dèid e, o nèimh glèidh e,
is bidh sa dhà 'na dhìdean.
'S thoir e sàbhailt' gu Srath Spè:
agus caisteal bòidheach Ghòrdain.

Na craobhan rùisgt' le cneadan cruaidh.
Bithidh le blàths is duilleach cruinn.
'S na h-eòin 'tha a' meigeanaich.
Seinnidh iad gu ceòlmhor binn.
'S bithidh gach flùr a' fàs gu grinn.
'S bi mis' ri aoibhneas fad an là.
Nuair le neart treun a dhìdean
tillidh m' òigear 'rìs gu Srath Spè.
Agus caisteal bòidheach Ghòrdain.

Màiri bhòidheach Theniel Menzies
Fonn: Ruffian's rant
(Theniel Menzies' Bonnie Mary)

A' gabhail thairis drochaid Dhàidh,
aig Darlet dh'fhan sin tiotag aoigheach;

's an uair 'bha 'n latha 'teachd sna speur,
dh'òl sinn deoch-slàint' do Mhàiri bhòidheach.

Màiri bhòidheach Theniel Menzies,
Màiri bhòidheach Theniel Menzies,
chaill Teàrlach Griogar 'n-sin a bhreacan,
pògadh Mhàiri bhòidheach Theniel.

Tha seun 'na sùil 's tha mala geal,
's a ciabhagain cho donn ri dearcag,
's iad 'luasgadh grinn a-null 's a-nall,
mu ghruaidhean ròsach Mhàiri bhòidheach.

Dhamhais is bhuisg sinn fad an là,
bha 'r pìobairean gun lùths gun anail,
's dh'ìoc Teàrlach Griogar an costas uile,
son pògadh Mhàiri bhòidheach Theniel.

Tuireadh màthar airson bàs a mic
Fonn: Finlayston House
(A Mother's Lament For Her Son)

Labhair dàn 'n-sin – bhreab an dealt,
an cridh' m' aon gràdhach caomh;
is leis-san dh'eug na toil-inntinnean
a bha 'nan èibhneas dhomh!
Tuitidh an òg-mheang fo fhòirneart tuath,
an àitibh slubach tais;
mar sin dh'fhalbh m' uil' dhòchasan,
is furtachd mo sheann-aois.

Tha 'n uiseag mhàthrail anns an dos
a' caoidh a h-àl nach eil;
's airson mo ghaol rè fad an là,
tha mise 'caoidh 's a' gul,
's tric b' eagal leam do bhuil' o bhàis,
m' uchd rùisgeam dhut-sa 'nis;
ò buail mi sìos 's an-sin bidh mi
le m' laochan sìnt' 's aig fois.

Geasan Anna
(Anna, Thy Charms)

Anna tha d' gheasain 'gam chur an gleus,
's 'toirt m' anam sìos le dragh;
ach chan eil tairbheas anns a' bheus,
chionn 's e do bhinn, chan eadh!

Ach ann 'ad làthair gaolach deas,
gheibh m' dhòchas maitheanais;
bu pheacadh leigeil ar misnich sìos
an sealladh fhlaitheanais.

An tìm a bh' ann o chian
M. MacRàth
(Auld Lang Syne)

An còir seann luchd-eòlais 'dhol à beachd,
's gun chuimhn' orra 'bhith ann?
An còir seann luchd-eòlais 'dhol à beachd,
's na làithean a bha ann?

Sèist
Air sgàth an tìm a bh' ann a rùin,
air sgàth an tìm a bh' ann.
Gun gabh sinn fhathast cupan tlàth
air sgàth an tìm a bh' ann.

Bha sinne còmhla feadh nam bruach,
a' tionail neòinean annt';
ach 's sgìth air seachran ceum ar cas,
bhon tìm o chian a bh' ann.

Bu tràth is anmoch sinn san allt,
ag iomair 's sinn 'nar clann;
ach dhealaich cuantan farsainn sinn,
bhon tìm o chian a bh' ann.

Mo charaid earbsach gabh mo làmh,
's sìn fhèin do làmh a-nall;

's gun gabh sinn cuach gu cridheil làn,
air sgàth an tìm a bh' ann.

Gu cinnteach 's leat do bharail fhèin,
's mo bharail fhèin tha leam-s';
's gun gabh sinn cupan coibhneil làn
air sgàth an tìm a bh' ann.

Na làithean a thrèig
Eanraig MacGilleBhàin "Fionn"
(Auld Lang Syne)

'N còir seann luchd-eòlais 'chur air chùl
's gun sùil a thoirt 'nan dèidh?
Air dhìochuimhn' am bi cuspair gràidh,
na glòir nan làith'n a thrèig?

Sèist
Air sgàth nan làith'n a dh'aom, a ghràidh,
air sgàth nan làith'n a dh'aom.
Le bàigh gun òl sinn cuach fo stràc
air sgàth nan làith'n a dh'aom.

Le chèile ruith sinn feadh nam bruach,
is bhuain sinn blàth nan raon;
air allaban thriall sinn ceum no dhà,
o àm nan làith'n a dh'aom.

Le chèil' o mhadainn mhoich gu oidhch'
is na h-uillt ri plubairt fhaoin;
ach sgaradh sinn le tonnan àrd
o àm nan làith'n a dh'aom.

Seo dhut mo làmh a charaid àigh!
Is sìn do làmh gu faoil!
'S le bàigh gun òl sinn cuach fo stràc,
air sgàth nan làith'n a dh'aom.

Na làithean 'bh' ann o chian
(Auld Lang Syne)

'N còir dìochuimhn' 'bhith air càirdeas caomh
'ga thoirt air chuimhn' gu dian?
'N còir dìochuimhn' 'bhith air càirdeas caomh
's na làithean 'bh' ann o chian?

Sèist
Sgàth cuimhn' air àm o aois a rùn,
's na làithean 'bh' ann o chian,
ò òlaidh sinn deoch choibhneis ghrinn
son na làithean 'bh' ann o chian.

Chluich sinn ar sàth mu chruach is glaic,
is spìon na neòinein ghrinn;
ach 's ioma astar cheumnaich sinn
o na làithean 'bh' ann o chian.

Le chèile phluidear sinn sa bhùrn
o mhochthrath gu tràth-nòin;
ach bheuchdaich cuantain eadarainn
o na làithean 'bh' ann o chian.

Seo dhut mo làmh mo chàraid fìor,
's thoir dhomh-sa do làmh fhèin;
is gabhaidh sinn deoch-slàinte mhaith
son na làithean 'bh' ann o chian.

'S mar sheasas tus' do stòpa fhèin,
nì mise mar an ceudn';
is òlaidh sinn deoch choibhneis ghrinn
son na làithean 'bh' ann o chian.

Clarinda
(Clarinda, Mistress Of My Soul)

Chlarinda a bhan-tighearn' m' anam,
tha cuimse 'n àm 'nis dlùth!
'N truaghan bochd fon reul-iùil tiamhaidh
tha 'ghrian a-rìs 'dol fodh'.

Cà bheil 'n uamh dhorch reòthail fuar
's an dèid Sylvander ann!
As d' eugmhais, a bheath' 's a shoills',
grian uile shòlasan.

Tha sinn 'dealachadh – ach na deòire sin
tha 'sileadh o d' shùile sìos;
cha stiùir soills' eil' mo cheumana,
ach do dhearrs' fhèin a-rìs.

Ise as àillidh do a gnè
's i bheannaich m' uile lath':
'n doir priobag reult m' aire air falbh
thoirt adhradh do a sgàth?

Bha caileag ann
(Duncan Davison)

Bha Caileag ann 's e b' ainm dhi Meg,
is trast na mòintein chaidh i shnìomh;
's bha giolla ann a lean i teann,
's e b' ainm dha Donnchadh Davison.
Bha 'n t-astar buan is Meg làn cluain,
a deagh-ghean cha b' urra Donnchadh bhuidhinn;
chionn leis an stoc 'bha i 'ga shrac,
's ma choinneimh bhog i 'm pionna-teannaidh.

Cho lùthmhor sunndach cheumnaich iad,
bha alltan 'ruith 's gleann ùrar glas,
shuidh 's athais ghabh air bil a' bhruaich,
's daonnan bha 'n chuidhill 's an eadaras;
ach mhionnaich Donnchadh bòid sòlaimte,

'màireach bean-bainnse gum biodh i;
an-sin ghlac Meg a h-acainn snìomh,
is thar an allt thilg i gach nì.

Togaidh sinn taigh, seadh bothan beag –
mar rìgh is ban-righ'nn nitear tàmh,
's cho aoibhneach mireach bithidh sinn
san fheasgar nuair 'bhios thusa snìomh,
ò faodar òl gun 'bhith air mhisg;
's a bhith an cath gun mort no bàs;
is pòg a thoirt do chaileag ghrinn,
's do bheannachd feuchainn sin a-rìs.

Hè am muillear dustach
Fonn: Am muillear dustach
(Hey, The Dusty Miller)

Hè am muillear dustach
làn do dhus' tha 'chòta;
coisnidh esan tastan –
mun leig e uaith' gròta,
dustach bha a chòta,
is dustach bha a dhath,
dustach bha a phòg,
thug am muillear dhomh-sa.

Hè am Muillear dustach,
dustach bha a shac;
's mo bheannachd air a' chèird
tha lìonadh suas a pheic –
lìonas suas a pheic,
's choisneas 'n t-airgead dustach
bheirinn m' uidheam rìomhach
dh'fhaotainn am muillear dustach.

Tha bean agam fhèin
(I Hae A Wife O' My Ain)

Ò tha bean agam fhèin,
cha roinn mi ri aon duine;
cha ghabh mi beadas o aon,
's cha bhi mi beadaidh ri aon duine.

Tha agam sgillinn r' a chost,
neo-'r-thaing do aon duine;
chan eil nì agam ri iasachd,
's cha ghabh mi iasachd o aon duine.

Chan eil mi 'm mhorair thar chàch,
's cha bhi m' 'am thràill aig aon duine;
's tha agam claidheamh-mòr,
's cha ghabh mi dunt o aon duine.

Bidh mi aighearach ullamh,
gun dòlas son aon duine;
gun dragh do dhuine air thalamh
's cha ghabh mi dragh airson aon duine.

Ciod mo ghnothach
Fonn: My Mother's ay glowring owre me
(I reign In Jeanie's Bosom)

Ciod mo ghnothach riut-sa Louis,
no le Deòrsa is a chuan?
Ciod e dhomh-sa clèitean bochd.
's mi 's prionns' am broilleach Shionn.

Is biodh mo ghaol na lagh dhi,
'na h-uchd bìom-sa 'steach;
rìghrean 's cinnich as mo rathad!
A lunndairean dh'àichinn sibh.

Tha mi ro òg
(I'm O'er Young To Marry Yet)

Chan eil aig 'mhamaidh ach mi fhèin,
measg choimhich tàim cho fadalach;
le d' chead ged rachainn 'null do d' thaigh,
bhithinn air chrith is eagalach.

Sèist
Tha mi ro òg, tha mi ro òg.
Tha mi ro òg a phòsadh fhathast;
tha mi ro òg, b' e peacadh 'bhith
'gam thoirt o m' mhamaidh fhathast.

Tha Samhain 'nis air teachd is falbh,
's fada na h-oidhchean geamhraidh leinn;
ach thus' is mis' am bannaibh pòst',
chan fhaod mi 'bhith a' smuaineach' air.

Cluinn bùiridh àrd n' gaoith reòiteil fuar
am measg nan crann le sgairt is sgread,
ma 's toil leat tionndadh rium a-rìs
nas abaich bidh san t-samhradh dhut.

Chan e d' aogas bòidheach Shionn
Fonn: Talaich a' mhaighdean
(It Is Na, Jean, Thy Bonnie Face)

Ò chan e d' aogas bòidheach Shionn
no 'n dealbh is toigh leam fhèin,
ged dhùisgeas d' àilleachd is do ghràs
deagh-thobraichean mo mhiann.

Tha nì-eigin anns gach cuspair dhìot
ion-mholta gràdhach ciùin:
nas prìseile dhomh-sa na do chruth
tha d' inntinn-sa a Shionn.

Tha togradh suairce 'g èiridh 'm uchd,
teann brosnachadh mo chliabh

's mar nach fhaodam 'bhith do dhàn,
ò beannaichte biodh thu.

Biom toilicht' ma bheir flaitheas dhut,
meall sonas agus gràs;
b' fhearr leam 'bhith leat-sa caith mo làith',
air do shon dh'iomchairinn 'm bàs.

Mo Mhàiri Bhòidheach
Fonn: The secret kiss
(My Bonnie Mary / The Silver Tassie)

Falbh 's thoir 'am ionnsaidh pinnt dè fhìon,
is ann an cupan airgead thoir e;
a chum gun òl mi slàinte ghrinn
do m' chaileag bhòidheach mu 'm falbh mi,
tha 'bhàta shìos aig Lìte deas,
is doirbh tha 'n t-sìde 'nìos on aiseag;
tha 'n long air snàmh fon Bhiorag-lia,
is fheudar falbh mo Mhàiri bhòidheach.

Cluinn fuaim na troimp, tha na brataich sgaoilt',
tha na sleaghain pongaicht' aig gach neach;
tha glaodhar bàis aig èirigh suas.
'S tha spàirn a' bhlàir trom fuileachdach:
chan e ràn blàir o mhuir no tìr
as adhbhair màsan dhomh-s' mo chreach;
no fuaim an strì o eugadh bith.
Ach d' fhàgail-sa mo Mhàiri bhòidheach.
Falbh 's thoir 'am ionnsaidh, etc.

Thoir dhomh-sa cuach
Eanraig MacGilleBhàin "Fionn"
(My Bonnie Mary)

Thoir dhomh-sa cuach a-nis gu luath,
is lìon i suas gu ruig a mullach,
's gun òl mi 'làn 's mi 'triall gun dàil,
do m' rìbhinn mhàlda, Màiri lurach.

Tha 'nis am bàta 'n cois na tràigh,
's tha na siùil bhàn'
'gan càireadh rithe,
a' ghaoth le gàir 'gan lìonadh làn,
is fheudar d' fhàgail 'ghràidh mo chridhe!

Tha 'bhratach uaibhreach 'nis a-suas,
's tha 'n trombaid chruaidh gu luath 'gar tional;
a thriall gun dàil a dh'ionnsaigh 'bhlàir,
's gu buaidh no bàs gu làidir duineil,
cha gheilt roimh stoirm no tonnan borb
a bheireadh orm-sa 'nis 'bhith fuireach;
's chan eagal bàis a tha 'gam chràdh –
ach 's e 'bhith 'fàgail Mhàiri luraich.

M' òthaisg
(My Hoggie)

Dè nì mi ma gheibh m' òthaisg bàs?
M' uil' uaill, mo stràic is m' òthaisg!
M' aon bhràid i, agam cha robh tuillidh,
is ò bha mi cho dubhach.
Fad na h-oidhch' bha 'n cù 's mi fhèin,
cho foisneach faire faing;
cha chualas nì ach ràn an eas
o bhruaich ghiobaich 'teachd mar theang'.

Mun dùn bha 'chailleach-oidhch' ri sgread,
's on mhonadh blaodhaich gaoth is uisg'
bha 'n màgach freagairt 'nuas on chnoc –
's chriothnaich mi son m' òthaisg.
Aig gairm coilich sa chamhanaich,
bha 'n t-sìde ceòthail taiseach;
thar gàradh leum coin choimheach gharg:
is leth-mharbh iadsan m' òthaisg.

Ò 'n robh mi shuas air Beinn Parnassus
Fonn: My love is lost to me
(O Were I On Parnassus Hill)

Ò 'n robh mi shuas air Beinn Pharnassus:
no de Helicon gun d' fhuair mo thoil:
's gum faighinn sgil nam filidh deas
a rùin, a sheinn mu m' annsa dhut.
'S e Srath Nid tobar mo bhàrdachd fhèin,
's mo bhàrdachd bithidh ort-s' a rùin:
seallam le seun air Corsincon.
Is sgrìobhaidh mi mu m' annsa dhut.

Ò cheòlraidh thig le beòthas luinneag!
Fad là samhraidh ann 'am chluaineig
ach chan fhaod mi innis 'nam dhuanaig
cho dian, a rùin, tha m' annsa ort.
Tàim 'gad fhaicinn iullagaich thar lèan',
do mheadhan caol 's do luirge glan',
's do shùilean ròigach làn buaireas claon –
air thalamh 's nèamh 's mòr m' annsa dhut.

Feadh là is oidhch' air ach 's aig taigh.
Tha thu sìor chumail mo chridh' air bruich
mo smuain 's mo sheirm tha ort-s' a luaidh –
tàim beò a-mhàin 'thoirt annsa dhut.
Ged b' e mo dhàn 'bhith seachran cèin.
Fad iomall cuain no cùl na grèin'.
gu m' mhireag deireadh beath', a rùin
cho fad ri sin bidh m' annsa ort.

Iomadh taobh bho 'n sèid a' ghaoth
Fonn: Miss Admiral Gordon's Strathspey
(I Love My Jean / Of A' The Airts The Wind Can Blaw)

O iomadh taobh bho 'n sèid a' ghaoth,
is toigh leam fhèin an iar,
a' còmhnaidh 'n-sin th' an rìbhinn òg,
measg chaileagan as fhearr;
biodh coillte 'fàs, is sruthain 'ruith,

taobh iomadh cnoc is beann;
gach oidhch' is là mo smuain de ghnàth
tha chòmhnaidh ghnàth le Sionn.

Tha mi 'ga faicinn anns na flùr,
le driùchd cho àlainn grinn;
tha mi 'ga cluinntinn anns na h-eòin,
a' seinn cho ceòlmhor binn:
gach luibheag bhòidheach dh'fhàsas suas,
ri tobair, machair 's luinn;
's gach eun a thogas suas a ghuth.
bheir Sìne ann mo chuimhn'.

Ò sèid gu sèimh a' ghaoth an iar,
thar duilleagan nan craobh,
le osag fhann o chnoc is fonn
'thoirt seilleanan d' an tàimh;
is thugaibh dhomh-sa air a h-ais,
mo mhùirnean sgèimheil mìn;
tha gràs is buaidh 'na sùil 's 'na gruaidh,
a dh'fhuad'as cùram bhuainn.

Am measg nan tom bhiodh osnaich throm',
gu minig 'teachd o 'r cridh',
cia ait a theachd, cia leisg a dh'fhalbh,
an oidhche a dh'imich i,
an tì san speur 's dha 's aithne 's lèir
mo chridhe 's na bheil ann;
nach eil 's nach robh cho prìseil dhomh,
a h-aon ri Sìne ghrinn.

Is ionmhainn leam mo Shìne
Rob MacDhùghaill
(I Love My Jean / Of A' The Airts The Wind Can Blaw)

Dhe na h-àirdean cian bho 'n sèid an t-sian,
's ann don iar a tha mo ghaol,
oir an-sin tha 'n òigh sgiamhach 's bòidhche fiamh,
an òigh fhìor-ghlan chaomh,
'n-sin tha coilltean uain' mu bhrais-uillt luath,

feadh bheanntan buan na frìth,
ach a là 's a dh'oidhch' tha suim mo smuain
air caoimhneas suairc mo Shìn'.

Chì mi i gu h-òirdheirc ùr
ann sna ròsan cùbhr' fo dhriùchd,
chluinn mi i san eunlaith sgiathaich,
a' seinn san iarmailt chiùin,
chan eil flùran uaine snuadhmhor grinn,
'm bun fuarain tuim na dìg'
na eun a sheinneas ceileir binn,
nach doir 'nam chuimhn' mo Shìn'.

Sìne bhòidheach
Uilleam MacDhuinnShlèibhe
(I Love My Jean / Of A' The Airts The Wind Can Blaw)

Ged 'shèideas soirbheas às gach àird,
's i 's fhearr leam fhèin an iar,
tha 'n rìbhinn mhaiseach an-siud beò,
an òigh do mò mo mhinn;
tha coilltean fiadhain ann a' fàs,
uillt 's iomadh mam 'gan roinn:
tha m' ùidh le Sìne a dh'oidhch' 's a là
's 'bhith làmh rithe gun mhoill'.

Sna lusan driùchdach chì mi 'cruth,
snuadh àillidh 's ùrail sgèimh:
tha guth mar cheileir eòin an àird,
an deòthan blàth nan speur:
chan eil flùr a dh'fhàsas às an fhonn,
aig fuaran, tom no raon;
na eun a ghleusas pongan ciùil,
nach ùraich dhomh a gaol.

Sèid thusa iar-ghaoth, tlàthmhor sèid
air duilleach geugan chrann,
thoir leat am beach' le d' anail chiùin
le lòd thar stùc is gleann;
thoir dhomh-s' an ainnir air a h-ais

is cuimir glan gach uair;
aon aiteal eile dhith mar bha,
a sgànradh m' fhadail bhuam.

Le co-bhòidean naisg sinne gaol
air taobh nan cnoc ud thall!
Far 'm b' ait leinn tachairt air a chèil',
's b' i ar n-èiginn sgaradh ann!
'S ann dhut-s' a-mhàin d' an eòl gach nì,
's d' an lèir an cridh' gach àm,
gur h-ann air Sìne 's mò mo rùn
's gur dùrachd fìor a th' ann.

Aisig mi thairis do Theàrlaidh
(O'er The Water To Charlie)

Sèist
Thèid sinn thar uisg' 's thèid sinn thar cuan,
's thèid sinn thar muir chun Theàrlaidh;
thigeadh giobas no goine, trusaibh ur daoine,
is seasaibh no tuitibh le Teàrlach.

Sìnibh ur làmh, 's tarraingibh ràmh,
's aisig mi thairis do Theàrlaidh;
bheiream deagh-fharadh do Iain Ros
m' aiseag-sa thairis do Theàrlaidh.

'S toigh leam-sa ainm mo Theàrlaidh treun,
ged tha 'd ann tha 'talach air;
bu ghast' 'n Diabhal 'bhith dhachaidh 'dol
'gan iomain sin 'n toiseach air.

'Nis mhionnaich mi air gealach 's reult,
is air a' ghrian ag èiridh,
's ged bhiodh agam-s' fichead mìle bith,
bheirinn-sa iad do Theàrlaidh.

Timcheall oirre bha ànradh gaoith'
Fonn: McGrigor of Roro's Lament
(Raving Winds Around Her Blowing)

Timcheall oirre bha ànradh gaoith',
bha na coillt' 'sgapadh an duillich dhiubh,
ri taobh abhainn gharg na h-iomchair,
chaidh Iseabail sìos a chriomachar.

Slàn leibh uaire bh' a chionn ghoirid leam-s',
làithean beò grianail làn fatham's;

thig 'dhubh oidhch' le bròn is àireach,
'n oidhch' fhadalach gun là 'màireach!

Air na bha ro dhèidheil luaineach,
's ri teachd, neo dhòchasach a' smuaineach,
tha cràdh a' reòthadh m' fhuil 'am chom,
's eu-dòchas air m' aign' a' gabhail greim.

Bith, anam nan uile bheannachd,
uallach aimhleas searbh na teanntachd,
glè thoilicht' thilginn dhut-sa sin,
is gu dubh dhìochuimhn' rachainn leat.

Feith, a bhan-gheasaibh
Fonn: An gille dubh ciar-dhubh
(Stay, My Charmer)

Feith, a bhan-gheasaibh, 's am fàg thu mi?
An-iochdmhor bha mo mhealladh;
's math 's aithne dhut mar chràidh thu mi!
'Bhan-draoidh 's an aom thu bhuam?
'Bhan-draoidh 's an aom thu bhuam?

Air mo ghaol a tha neo dhìolte,
's air do bhòid cho dèidheil geallta;
air piantan leannan dìomolte,
na fàg, na fàg mi mar seo!
Na fàg, na fàg mi mar seo!

A' smuaineachadh air beucadh cuain
Fonn: An druimion dubh
(Talk Of Him That's Far Awa)

A' smuaineachadh air beucadh cuain,
tha eadar mo rùn is mi!
'Cur cuing air nèamh 'sgàth dèidh mo rùin,
son a mhath ge b' e àit' am bi.

Tha eagal 's dòchas mar thuinn ma seach,
'gèilleachdainn do nàdar dealbh,
a spioraid mu m' chluasaig cagairibh
air mo rùn 'tha fad air falbh.

Ò sibhs' nach do leònadh 'riamh le bròn,
sibhse nach do shil aon deur,
gun chùram idir 's làn sonas deòin,
's prìseil 'n là brèagh dhuibh d' a rèir.

Ò oidhche chiùin dèan còmhnadh rium,
'chlois amhasaich, bi mo shealbh;
a spioraid a-rìs dèanaibh còmhnadh leam,
's canaibh air-san 'tha fad air falbh.

Am balach bòidheach a tha fad bhuam
Fonn: Thar na cnoic is fad air falbh
(The Bonnie Lad That's Far Awa)

Ciamar 's urra dhomh 'bhith sòlasach,
no briosgail brèagh an cridh' san chom;
's am balach bòidheach as toigh leam fhèin,
thall thar na mòintein fada bhuam.

Chan e gaoth gheamhrail reòiteil fuar,
no siabadh sneachd thar magh is druim;
's e bheir na deòir gu tiugh o m' shùil,
'bhith smuaineach' air-san 'tha fada bhuam.

Dh'fhuadaich m' athair o dhoras mi,
's air 'chur air cùl le m' chàirdean tàim;

ach togaidh gaisgeach suas mo chùis,
am balach bòidheach 'tha fada bhuam.

Thug esan paidhir làmhainn dhomh,
's dà ribinn sìod' son gruag mo cheann;
sin caithidh mi airson a sgàth –
am balach bòidheach 'tha fada bhuam.

Tuireadh an ridire
Fonn: Captain O'Kean
(The Chevalier's Lament)

Tha na h-eòin bheag ri sòlas son tilleadh na duilleagan,
's tha sruthain a' crònadh 's iad 'fiaradh sa ghleann;
tha 'n droigheann a' crathadh an driùchd dheth sa mhadainn,
air raon tha bròg na cuthaig 'togail a ceann:
ach ciod bheir toil-inntinn no dè a bhios grinn,
's tìm air a tomhas le cùram is dragh?
Cha doir flùragan bòidheach no eòin bheag' a' seinn,
sòlas don uchd sin 'tha 'n eu-dòchas gu bràth.

An nì sin a dhùraiginn nam b' fhiù leam am mi-rùn?
Rìgh agus athair 'bhith suidhichte ma dheòin!
B' e 'chuid gach beinnein 's a chòir gach gleann agus rèidh
gheibh fiadh-bheathaich fasgadh ach chan eil àite dhomh fhèin.
Ach chan e m' fhulangais fhèin, ged 's truagh 's aonranach,
's e lèir-sgrios mo chàirdean, m' chùis mulad is bròn;
dhearbh sibh ur treibhdhireas troimh dheuchainnean finealachd,
mo thruaigh' nach urrainn dhomh 'thoirt duais a bhiodh buan.

'N là beannaicht' sin
Fonn: Seventh of November
(The Day Returns)

Thill an là 's tha m' chridh' air theine,
'n là beannaicht' rinn sinn còmhdhail bhlàth;
ged bh' an gailleann 'sèideadh geamhrail fuar,
grian samhraidh cha robh 'riamh cho tlàth,
'n uabhar dàn 'chuireas luchd air làn,

tarsainn sreang bhruthainneach an t-saoghail;
na fallainn rìoghail no crùin no cruinne-cè,
thug nèamh dhomh barrachd – thu fhèin a ghaoil!

Ged bheir là is oidhch' tlachd sòlasaich,
no nàdar dad thoil-inntinn dhomh;
's ged bheir sòlas shuas air m' inntinn gluais,
's ann air do shon tha mise beò!
Ar nàmh a-bhos, an dearbh fhear sgrios
thig e a' sgarachdainn ar bith;
'n làmh iarann treis' 'bhriseas ar crios,
brisidh mo shonas is mo chridh'.

An ceò leisg
Fonn: An Chúileann
(The Fall Of The Leaf / The Lazy Mist)

Th' an ceò leisg a' crochadh air bràigh an t-slèibh.
'S falach cùrs' an uillt 'th' a' sruthadh o a taoibh:
's neo shunndach na seallaidh chionn ghoirid 'bha cridheil,
's foghar 'g ìocadh do gheamhradh den bhliadhn' tha dh'fhuigheall!

Tha na miadair 'nis donn, 's na coillt' gun duilleag
's tha snas an t-samhraidh air teicheadh air iteig.
Air leth bi 'm ri faondraidh, 's air leth tàim ri smuain.
Cia sgiobalt' tha tìm, 's dàn' 'ga leantainn gu dian.

Fad m' aimsir' air thalamh, cia mòr dhith bha dìomhain.
Ò 's beag dhith 'nis tha 'crochadh an taice rium:
's dè 'n t-aogas d' a cùrsa tha aimsir a' caitheadh:
's 'am uchd-sa na ceangail tha droch dhàn a' snaigheadh.
Nas miosa na gòra's gus a bheil am binnean air ruigheachd!
Le mì shealbh cia fann, cia leònta, 's làn duibhreachd!
Chan fhiach a' bheath' seo le gach nì bheir i seachad.
'S ann an nì-eigin fad thall tha dòchas an duine bhochd.

Fleadh Champêtre
Fonn: Killiecrankie
(The Fête Champêtre)

Ò cò thèid do St Stephen's suas,
air ar gnothaich a dhuine?
Do thigh St Stephen's ò cò thèid suas,
do ghiollan mireach Ara 'dhuine?
An cuir sibh suas an-sin fear-lagh'
no 'n e ar roghainn saighdeir
no esan 'chaidh thar Albainn leis
am bogaisg mòr am Màidsear.
No 'm bi sibh 'sireadh morair àrd,
no ceannach fichead laird, a dhuine?
'Gheallas am facal 's onoir mhaith.
An cead 'thoirt do Ghlencaird, a dhuine
tha cuid 'toirt buinn 's tha cuid 'toirt fìon,
cuid eile 'bha ri gleadhraich;
ach Annbank, a thomhais toil na mnàith,
thug esan fleadh Champêtre.

Nuair chual' gaol 's mais' an naidheachd ùr,
am measg nan coillte glas, a dhuine,
's iad 'trusadh flùir am measg 'nan tom,
's 'cluinntinn luinneag 'n lon-dubh, a dhuine;
mhionnaich 's sheulaich iad bòid le pòg
dh'fhàgail riaghlaidhean nach fheudar,
's gum b' e àrd-chor an sonas-san,
a chumail fleadh Champêtre.

'N-sin dh'èirich mire air sgiath na sunnd,
's thar dail is cnoc chaidh i, 'dhuine;
gach sruthan sùrdail 's tobair uisg',
's gach gleann is dòs a b' aithne dhi;
gach spiorad fineil ghairmich i
mu uisg' is frìth ri luidir,
air bruachain Ara a choinneachadh,
a chumail fleadh Champêtre.

Tha Boreas 's a ghràisg ghailbhinneach,
ceangailt' ri puist mar bhuar, a dhuine;

'n-sin Cynthia 's a carbad airgeadach,
dh'èirich i measg nan reult, a dhuine,
tha ath-shoillse gath air uchd nan sruth,
no 'dol air dhìth 's an iomchar;
's tha tlàth ghaoth 'n iar 'teachd measg nan craobh
a shealltainn air fleadh Champêtre.

Ò 's ioma fallainn fleòdragach
le seudan tha 'luasgadh brèagh, a dhuine!
Tha 'gluasad clis don phong chiùil bhinn
's an damhsadh tuainealach, a dhuine!
Tha ath-ghairm nan coill' 's fiaradh tuil
mar Phàrras tha boillsg' an lannair,
nuair thàinig aingil gu geata Àdhaimh,
a chumail fleadh Champêtre.

Thàinig seòltachd a mheasgadh stuth,
clach adhair ùr a dhealbh, a dhuine;
dh'iadh e timcheall 'n àit dhraoidheasach
ach slighe 'steach cha d'fhuair a dhuine;
'n-sin ghabh e nàir', 's dhiùlt ainm le tàir,
's bhòidich e air gach litir,
le ùrnaigh ghoirt a ghabhail pàirt
's am fleadh àbhachdach Champêtre.

Tha 'n geamhradh air falbh
(The Winter It Is Past)

Tha 'n geamhradh air falbh is tha 'n samhradh air teachd,
's tha 'h-eòin bheag' a' seinn air gach craobh;
tha aoibh air gach nì ach ri tuireadh tha mi,
chionn chaidh mo rùn dìleas air falbh o m' thaobh.

An ròis air an dreas mun bhùrn fhìorghlan 'ruith sìos
's iad 'toirt taitneas don uiseag is beachain;
tha na gaoil bheag làn sonas 's an cridh'chan gun donas,
ach on dh'fhalbh mo rùn dìleas, tha mis' làn ochain.

Faodaidh 'n ròis dhearg
Fonn: To daunton me
(To Daunton Me)

Faodaidh 'n ròis dhearg 'bhith aig Nollaig fo bhlàth,
's na lili cinntinn troimh 'n sneachd mu thràth,
's an cuan as doimhne reotht' 'ga bhonn;
ach cha bhi aig sean duin' ceannas orm fhèin.

'Gam riaghladh agus mise cho òg,
le chridhe cealgach 's teanga làn breug,
cha tachair siud dhomh-s fo dhearrsadh na grèin'
cha bhi aig sean duin' ceannas orm fhèin.
Neo-'r-thaing d' a mhin 's a bhraich 's a mhuilleann,
d' a fheòil ùr agus meall salainn,
neo-'r-thaing d' a òr is airgead cho bàn,
cha bhi aig sean duine ceannas orm fhèin.

Ged cheannaicheadh a mhaoin buar is òthaisg,
tomain, glinn agus fuinn chonaisg;
air m' shon-sa chan fhaigh e duais no càin,
chionn chan fhaigh sean duine bann orm fhèin.

Tha e cam 's cromte sìos 'na dhà lùb,
tha chàirein gun bhun 's a mhullach gun ghruag,
tha 'n snighe a' ruith o shùile dearg fann –
cha bhi aig an t-sean duine sin ceannas orm fhèin.

Suas sa mhadainn
(Up In The Morning Early)

Sèist:
Suas sa mhadainn cha chòrd sin rium,
a bhi cho tràth ri mocheirigh;
tha 'n sneachd a còmhdach cnoc is beann,
gu dearbh 's e 'n geamhradh fuaraidh.

'S fuar sèideadh gaoth o ear gu iar,
le siabadh trom is burralaich;

àrd is goirt tha sgread a sgairt,
gu dearbh 's e 'n geamhradh fuaraidh,

Tha na h-eòin air mhigead anns an dreas
's cha n eil an lòn ach tearc dhaibh;
ò 's fada an oidhch' O dhubh gu leus –
gu dearbh 's e 'n geamhradh fuaraidh,

Chinn ar fòthannain cho ùrail gast'
(Awa' Whigs, Awa')

Sèist
Air falbh, 'Chuigsich, air falbh!
Air falbh, 'Chuigsich, air falbh!
'S lomhainn Iùdasaich sibh uile –
cha dèan sibh maith gu bràth.

Chinn ar fòthannain cho ùrail gast',
is bòidheach bha snuadh gach ròis;
ach thàinig Cuigsich mar liath-reoth Chèitein
a shearg ar n-uile bhlàth-dhois.

Thuit ar crùn nan sian sìos san dus' –
'dhiabhail dall iad le a stùr:
is sgrìobh 'n ainmean 'nad leabhar dubh,
uat-s' fhuair iad an cumhachd mhòr.

'N grodadh 'nar n-eaglais agus stàit
tha e 'dol dhìom-sa aithriseadh;
thàinig Cuigsich oirnn mar mhallachadh,
's mar sin sguir ar soirbheachadh.

Rè seal bha dìoghaltas 'na shuain,
ach dùsgaidh e mar 's docha dha
's mo thruaigh 'n là a bhios cinn rìoghail
'gan sealg a-mach mar mhaighich.

Anna Bhòidheach
(Beware O' Bonnie Ann)

A luchd-suirgh' thoiribh an aire,
do Anna shnasach àillidh;
tha gràs na h-eudan eireachdail,
's bi 'r cridh'chan leath' 'gam mealladh,
tha dearrs' a sùil mar reult nan dùil,
tha craiceann mar an eala;
caist' le iall tha cneas màlda caol,
's gheibh thu do rèis mu 'talla.
Gaol, òigeachd 's gràs, na seirbhis tha,
's e ciatas 'n toiseachd laghach;
tha geasan luaidh, is armaibh buaidh
a' feitheamh air Anna bhòidheach,
ceanglaidh ainneart le slabhraidh'n teann,
nì gaol an tì 'na bhràighdeach;
a fhleasgaich mhòr', gabhaibh treòir,
o gheasaibh Anna bhòidheach.

Cuir na h-òthaisg
Fonn: Ca' The Yowes
(Ca' The Yowes To The Knowes, Second Set)

Sèist
Cuir na h-òthaisg chum nam bruach,
suas gu ionaltradh an fhraoich,
stiùir iad sìos chun t-sruth' is glaic,
mo ghaol gast', ionmhainn.

Cluinn fonn feasgar smeòraich bhinn,
'cur ceòl an coille Chludhain ghrinn,
'n-sin sìos le chèile pleataidh sinn,
mo ghaol gast', ionmhainn.

Thèid sinn sìos taobh Chludhain uain',
's bidh geugan calltainn mu ar cinn.
Thar nan tonn tha siubhal cho fann.
Don ghealaich bhàin cho lèirseach.

Siud Turraid Chludhain 'nis cho sàmh,
fo sholas gealaich meadhain-oidhch' thàimh,
thar nan lus le driùchd tha snàmh,
tha 'n sìogaidh 'danns' cho aighearach.

O thaibhs' is bòcain gheibh thu treòir;
chionn tha gaol is nèamh 'nad shòr,
tubaist 's olc cha dig 'ad chomhair,
mo ghaol gast', ionmhainn.

Maiseach gràidheil tha thu 'ghaoil,
shiab mo chridh' air falbh le d' thoil;
eadhan bàs, cha sgar 's cha sgaoil,
o m' ghaol gast', ionmhainn.

Tràth 'ruitheas uisge sìos don mhuir,
tràth 'dhealras soills' fad iomall speur,
's an dorchaich bàs mo shùil gu tur,
's tu mo ghaol gast', ionmhainn.

Caledonia
Fonn: Caledonian Hunt's delight
(Caledonia – A ballad)

Bha latha aon uair – ach bha sean-tìm òg mhaoth,
on robh Caledonia treun, ban-triath a clann fine –
a thàinig o shìol spleadhnach on àirde tuath:
(cò aig tha fios nach ann o nèamh thàinig Caledonia?)
Bha sìneadh a sealbh, O Thuaidh gus na h-Orcanaich,
chum sealg no ionaltradh, dìreach mar b' aill;
's ann 'n-sin a shuidhich a dàimh nèamhaidh a rìoghachd
's a' toirt barrantas diadhachd dhi-se 's d' a h-àl.

'S uanag an sìth i ach garbh leòmhainn san strì,
mòrchuis a luchd dàimh, chinn a bhan-ghaisgeach suas;
's bhòidich a sean-sinnsear Odin, buaidh chaithream àrd,
do a luchd brosnaich, san rium-sa a chuireas iad cùis!
Ri treabhadh is feurachas bithidh ise ri spòrs,
's ag àrach a sprèidh làimh ri coirc fada glas;

ach b' e farsainneachd a frìthean uil lannachd a cùrs'
is mùirnein a taitneas, an dùdag 's a coin-sheilg'.

'S fada seasgar a rìoghaich i, nuair 'ga h-ionnsaidh a stiùir,
uile dhòmhlachd 'n iolaire o thràigh Adria mòr;
minig, is leantainneach, trìd ioma bliadhn' ùr,
dhòmhlaich iad an t-adhar is spùinn iad an tìr.
Bho mhort nan spòg agus uabhas nan sgread,
bhuadhaich 's cheannsaich iad saoghal eile gu buil;
ghabh i r' a beanntain 's thilg i a saighde geur sìos,
is theich a luchd-fòirneirt no thuit iad 'nam fuil.

Thàinig fitheach gionach sanntach air sgiath on tuath,
dearbh sgiùrsair nan cuan, is eagal gach tràigh;
is bhrùchd an Lochlainneach 'na bhorbais a-mach,
à mort is à marbhadh 's am fuil 'bhith 'na laigh'.
Thar rìo'chdan is tìrean, bha 'n cuthach 'toirt buaidh.
cha ghabhadh iad rèite no dòigh an cumail air ais;
ach 'n dìomhanas, chonnsaich le Caledonia nam flath,
mar bheir 'n Learg' 's Longartaidh dearbh-fhianais gu deas.

'N-sin bhuair an dearc-luachrach car tamall a sìth
le aimhreit is iorghail, ar-a-mach agus tnùth;
air a brosnachadh thar tomhas, 'n-sin dh'èirich 'na feirg,
agus mhill i a dòchas agus lot i a deò.
An leòmhann Sasannach b' adhbhair uamhas don Fhraing
crùbadh son creach 's minig bha 'r sruthain le fuil ruith dearg;
ach, thug sleaghan Chaledonia dha teagasg gun taing,
na fhrìthean glas fhèin nuair bha Caledonia am fearg.

Neo-sgàthach, neo-eisimeileach, neo-cheannsaichte, saor,
a cùrsa glan glòrmhor bithidh i gu sìorraidh a rian;
chionn neo-bhàsmhor bithidh Caledonia gaisgeil,
dearbhaidh mi sin o Euclid cho soilleir ris a' ghrian.
Ceart-cheàrnach, trì-cheàrnag, bithidh ar roghainn,
's e dàn bhios ar dìreach, is seann-aimsir a bonn;
's e Caledonia 'n taobh-cheàrnag, trì-cheàrnag, dearbh-cheàrnag,
's mar sin co-fhreagairidh 's dùbhlanaidh i iad le a Suinn.

Gillean uasal Nid
Fonn: Up and waur them a'
(Election Ballad for Westerha')

O dh'earbadh suinn mu bhruachain Nid
na h-uile nì ri gràis, 'Sheumais,
ach bidh iomchar riu mar thùrn don rìgh –
tionndaidh 's teichidh air falbh, 'Sheumais.

Sèist
Suas is dùbhlan iad uile, 'Sheumais,
suas is dùbhlan iad

tha 'n stiùireadh aig na Johnstones,
's air falbh a Chuigsich leam leat.

An là a sheas e còir a thìr,
no chuir cath r' a nàimhde, 'Sheumais,
no riamh fhuair beannachd o dhuine bochd
chan fhaca 'n diùc an là sin, 'Sheumais.

Feuch thus' esan bòst a thìr!
Chan eil aon cosmhail ris, a Sheumais;
na balachain tha 'buachailleachd bhuar
's aithne dhaibh Westerha', a Sheumais.

'S mu dheireadh seo slàint' Whistlebirk
guma fada nì e fead, a Sheumais;
's MacUasail còir, don stàilinn fhìor,
's bidh sinn uile 'nar Johnstones, a Sheumais.

Òigh na sùil-ghorm
Fonn: A bhlaodhmaireachd dheth
(The Blue-Eyed Lassie / I Gaed A Waefu' Gate Yestreen)

Chaidh mi air turas gaoil an-raoir,
turas air 'n dig a chreanadh orm;
fhuair mi mo bhàs o 'dà shùil chòir,
dà shùil àlainn bhòidheach ghorm.

Ò cha b' e a falt òr-bhuidh' triall,
no bilean ròsach, driùchd 'nan seirm,
no 'broilleach banail lili-gheal –
ach a dà shùil àlainn bhòidheach ghorm.

Le cainnt is aoibh, dh'aom mi a thaobh,
d' a geasaibh ghèill bha piseach orm;
thàinig dearrs' a lèirs' mar shaighde geur' –
ò a dà shùil àlainn bhòidheach ghorm.

Bi'bh gann 'nar cainnt, is mall gu gluais;
theagamh do m' gheall gun dig do m' chuirm;
biodh sin gun tairbh, tuiteam sìos marbh
d' a dà shùil àlainn bhòidheach ghorm.

Iain Anderson mo ghaoil
(John Anderson, My Jo)

Iain Anderson, mo laoich fhèin,
nuair 'bha sinn òg le chèil',
bha d' fhalt mar chlò an fhithich dhuibh,
's clàr d' aodann lìomh is geal;
ach tha do cheann 'fàs lom a rùin,
's do ghruag sneachd liath is caol;
's mo bheannachd air do phearsa grinn,
Iain Anderson, m' ghaoil.

Iain Anderson, mo laoich fhèin,
dhìrich sinn cnoc is sliabh,
is 's iomadh latha aighearach,
bha agad 's agam-s' 'riamh;
ach sìos am bruthach tha sinn triall,
le greim air làimh a chèil',
'n-sin caidlidh sinne clos an èig,
Iain Anderson mo ghaoil.

Iain Chaimbeul, fhir mo ghràidh
I.O.B.
(John Anderson, My Jo)

Iain Chaimbeil, tùs ar n-eòlais,
bu bhòidheach deas do chruth,
le d' aodann flathail uasal,
's le d' chuailein dualach dubh;
ach 's maol an-diugh do cheann,
's tha do chiabh mar chobhar tràigh';
ach 's caomh le m' chridh' do bhathais mhìn,
Iain Chaimbeil, fhir mo ghràidh.

Gum b' ait ar ceum a' dìreadh,
le chèile ris a' bheinn;
's gum b' aoibhinn 's gum bu ghràdhach,
na làithean 'chaitheadh leinn:
's mar 'dhìr sinn nì sinn tèarnadh,
le chèile sìos on bhràigh,
's le chèile caidlidh sinn sa ghleann,
Iain Chaimbeul, fhir mo ghràidh.

A's ò mo Eppie
(My Eppie Adair)

A's ò mo Eppie,
mo neamhnaid Eppie!
Cò nach biodh sona
le Eppie Adair?

Le gaol agus gastachd,
le lagh còir is dlighe,
mo bhòid dìleas bidh
do m' Eppie Adair!

Gum fuadadh tlachd mi,
's mì-onoir 'gam thachdadh,
no 'm feast mi chuir amhladh,
air m' Eppie Adair.

Tha mo chridhe sa Ghàidhealtachd
Fonn: Fàilte na misge / Failte na miosg
(My Heart's In The Highlands)

Tha mo chridh' sa Ghàidhealtachd, chan eil e 'n-seo;
tha mo chridh' sa Ghàidhealtachd leantainn a' bhuic-ruaidh,
a' sealgaireachd na fèidh thar monadh is frìth.
tha mo chridh' anns a Ghàidhealtachd ge b' e àit' am bi,

Soraidh don Ghàidhealtachd, is don àirde tuath.
Àit' gineil nam mòr-nì, 's dùthaich nam buadh,
fad iomall mo thuras, air muir no air tràigh,
ò beanntain na Gàidhealtachd 's iad beanntain mo ghràidh.

Soraidh le na beanntain le 'n mullaichean sneachd,
soraidh le srath, dail, agus coirichean breac';
soraidh le coilltean thar monadh is cruach,
soraidh le na tuiltean, tha taomadh thar bruaich,

Tha mo chridh' sa Ghàidhealtachd, chan eil e 'n-seo;
tha mo chridh' sa Ghàidhealtachd, leantainn a bhuic-ruaidh
a' sealgaireachd na fèidh thar monadh is frìth,
tha mo chridh' anns a' Ghàidhealtachd, ge b' e àit' am bi.

Tha mo chridhe sa Ghàidhealtachd
Fonn: Fàilte na misge / Failte na miosg
T D MacDhòmhnaill
(My Heart's In The Highlands)

Tha mo chridhe sa Ghàidhealtachd, mo chridh' san taobh tuath,
a' ruith damh na cròice 's an earb chasan-luath;
a' ruith damh na cròice, le mial-chon a' strì;
tha mo chridhe sa Ghàidhealtachd 's gach àit' am bi mi.

Mo chead leat, a Ghàidhealtachd, mo chead an taobh tuath,
dùthaich nan gaisgeach 's dùthaich nam buadh;
cia b' àit' 'nì mi còmhnaidh, gu deireadh mo shaoghail,
dùthaich nam beanntan, 's i dùthaich mo ghaoil.

Mo chead leis na beanntan 's an sneachd air am barr;
mo chead leis na srathan san earrach fo bharr;
mo chead-sa le coille na geug-doire dlùth;
mo chead-sa le luath-shruth nan tuiltean 's nan smùid.

Ò 's e caileag òg 'th' 'am leannan-sa
Fonn: Lady Badinscoth's reel
(My Love She's But A Lassie Yet)

Ò 's e caileag òg th' 'am leannan-sa,
ò 's e caileag òg th' 'am leannan-sa;
ò leigear leatha bliadhn' no dhà,
cha bhi i leth cho stràicealach.

Ò 's aithreach leam gun d'iarr mi i,
ò 's aithreach leam gun d'iarr mi i;
cò gheibh i chan ann le suirgh' mhath,
ach their e gun d' cheannaich e i.

Greas, 's tarraing dhìot den dibh as fhearr;
greas, 's tarraing dhìot den dibh as fhearr;
rach siribh tlachd ge be àit' as aill,
an-seo cha d'ionndrainn mi i.

Tha sinn uile pàiteach le 'bhith 'g òl,
tha sinn uile pàiteach le 'bhith 'g òl;
phòg am ministear bean 'n fhìdhleir bhig
's cha b' urra searmonachadh le saoilsinn air.

Air bruach nam blàithean
(On A Bank Of Flowers)

Air bruach nam blàithean, là samhraidh teth,
deiste tana son an teas,
bha Nelly òg dhreachail 'na laigh',
le gaol is sgìos teann 'na clos;
ghabh Uilleam sràidimeachd troimh 'n choill,
a deagh-ghean dh'iarr e iomadh uair;

spleuchd, ghuidh, 's ghabh e sgeun is athadh,
's chaidh crithean troimh gu làr.

Bha a sùilean druid mar lann na truaill,
an suain as mìlse fois;
a bilean maoth 's i 'g analaich,
nas deirge bha na 'n ròis,
bha na lili fiadhaich 'lùbadh sìos,
's a' pògadh uchd an luaidh;
spleuchd, ghuidh, ghabh e sgeun is athadh,
's bha 'chridh' fo gheilt is claoidh.

Bha 'fallainn 'luasgadh anns a' ghaoth,
's ag iathadh mu a cas
bha 'dòigh nàdarra 's a h-aogas grinn,
làn foirfeachd agus gràs
bha tuiltean buaireas ruith 'na chuisle,
pòg dhèidheil athach uaipe 'ghoid;
spleuchd, ghuidh, 's ghabh e sgeun is athadh,
's dh'osnaich doimhne anam cràit'.

Mar dh'èireas cearc-thomain on raineach suas
le clisg air luathas sgiath;
leth dhùisgt', chlisg Nelly, 's leum i suas,
is theich air falbh gu luath;
ach teann 'na dèidh ruith mar bu chòir –
's rug Uilleam air an òigh;
bhòidich 's ghuidh e is fhuair e i
làn truacantas is bàidh.

Bhuain Rob san fhoghar
(Robin Shure In Hairst)

Bhuain Rob san fhoghar,
is bhuain mi leis,
corran cha robh agam,
ach theann mi ris.

Chaidh mi suas do Dhunse,
a dhlùthadh eige bhreacain,

shìos aig geata athar,
cò chunnaic mi ach Robin:

Nach dàn' 'bha Robin,
's mis' ach nic a' choiteir,
chluich orm-s' an cleas ud,
is mise nighean 'n èildeir?

'Nis gheall Robin dhomh-sa,
a lòn geamhraidh rian;
sìon cha robh aig' ach trì
iteag, gèadh is sgian.

Tha i bòidheach cealgach
(She's Fair And Fause)

Tha i bòidheach cealgach, adhbhar mo chràidh,
's mi 'n gaol leath' iomadh là taghte,
bhris i a bòid 's bhris i mo chridh',
faodaidh mi falbh 's 'bhith crochte.
Thàinig fleasgach le pailteas de stòr,
's chaill mi mo rùn air 'n robh mi 'n tòir,
mnà' san t-saoghal chan iad ach pòr,
'n-sin leig dhi falbh neo-thlachdte.

Càit bheil thu a thug gaol do mhnaoi,
na bi don nì seo dall,
cha neònachas i ged mùiteach tha,
's e staid an gnè mì-chiall;
ò ise banail maiseach grinn,
cruth aingil fhuair thu 'n-seo mar roinn,
chan fhaodte 'thoirt dhut tuilleadh loinn,
dearbh-inntinn aingil fhial.

Tibbie Dunbar
Fonn: Johny McGill
(Sweet Tibbie Dunbar)

Ò 'n dig thu leam-sa 'nis, mo Thibbie Dunbar?
Ò 'n dig thu leam-sa 'nis, mo Thibbie Dunbar?

An dig thu marcachd air each no d' shuidhe an càr,
no coiseachd ri m' thaobh, Ò Thibbie ghrinn Dunbar?

Chan eagal leam d' athair, le airgead is fuinn,
no fòs do chinneach, le 'm bòst is àrdain.
Ach abair gun dig thu son nas miosa no fearr,
is thig ann 'ad pheiteag, Ò Thibbie ghrinn Dunbar.

Tomas a' ghlinn
Fonn: The mucking o' Geordie's byre
(Tam Glen)

Tha m' chridhe 'ga bhristeadh a Thiti,
thoir comhairle dhomh-sa 's mi tinn,
's coma leam 'bhith 'cur chàch roimh a chèil',
ach dè nì mi le Tomas a' ghlinn?

'S e m' bheachd leis a' ghille mhòr fhoghainteach,
san fhreastail gum bi àite ann dhuinn';
chan eil tlachd am pailteas is stòras,
mu nach fhaigh mi Tomas a' ghlinn.

Siud Lowrie, 's e 's laird air Druim Ealair –
ciamar tha, 's th' a bhrùid 'tigh'nn a-mhàin,
a' spaglainn 's a' sèideadh mu airgead,
's nach danns mar nì Tomas a' ghlinn!

Tha mo mhàthair gun stad 'gum bhodhradh,
'bhith 'm fhaicill air gillean òg' faoin';
tha 'd 'feuchainn mo thoirt 'thaobh le 'n còmhradh,
cò chreideas sin air Tomas a' ghlinn?

Tha m' dhaididh ag ràdh mi 'chur cùl ris,
's gun doir e dhomh mìle mairg chùinn;
ach ma 's e mo dhàn-sa a ghabhail,
cò gheibh mi ach Tomas a' ghlinn?

An-raoir bha sinn' a' tilgeadh crannchair,
mo chridhe do m' bheul rinn leum cruinn;

trì uairean tharraing mi gun agadh,
sgrìobht' orra bha Tomas a' ghlinn!

Oidhch' Shamhna mu dheireadh 's mi 'tumadh,
mo lèine san tobair thar fuinn;
a choslas ris an stuaidh 'bha 'g aomadh,
's ceart bhriogais ghlas Tomas a' ghlinn!

Gun mhoille thoir comhairl' a Thiti;
's bheiream cearc a' bhaid dhuibh 'n luach peighinn,
ma chomhairlicheas tu dhomh pòsadh
mo rùn gaolach Tomas a' ghlinn.

Bruachan Nid
Fonn: Rob donn gòrach / Robie donna gorach
(The Banks of Nith)

Th' an Taomaidh cho stòldail 'ruith chun cuain,
's tha bailte rìoghail togt' r' a taobh;
's fhearr leam-s' an Nid 'n-sin bha aon uair,
na Cuim'nich 'n àrd-cheannas agus àgh.
Ò cuin a chì mi 'n tìr àghail ud,
's thus' abhainn ghrinn ri d' thaobh a bhith;
an cum làmh fortain chiar mi 'm fad
gu sìorraidh, sìorraidh bràth an-seo?

A Nid, cia bòidheach do ghlaicean 's rèidh,
's ùr-bhlàth 'n droighinn a' blàthadh tràth;
's do dhailean 'fiaradh claon gu sruth,
's na h-uain a' cluich troimh 'n bhealaidh bhlàth.
Ged 's e mo dhàn 'bhith fad air chuairt,
ò d' bhruthaichean 's bhruachan 's bòidhch' san t-saoghail,

's e m' ghuidh' gun caith mi m' fheasgar gearr,
an-sin am measg mo chàirde gaoil.

Blàr an t-Searramhor
Eadar Diùc Earra Ghàidheal agus Iarla Mhairr
Fonn: The Cameronian rant
(The Battle of Sherramuir)

'N do thriall thu 'n-seo 'sheachnadh a' bhlàir,
no 'bhuach'lleachd mo chaor', a dhuine?
No 'n robh thu thall don t-Searramhor,
's faca tu am blàr a dhuine?
Chunna mi 'n blàr bha teann gun iochd.
Is dearg le fuil ruith iomadh dìg;
mo chridh' le eagal leum is bhriosg
troimh bhuillean 'smùid is dòmhlachd cleòid,
o chloinn nam fead le 'n cadadh dàtht',
'glàmaisg air rìoghachdan trì, a dhuine.

Luchd chotain dearg le 'n itean dubh,
chum cath cha robh fann, a dhuine;
le ut is put, bha fuil 'ga spùt,
'na stealldain mòr 'n-sin a dhuine;
bha Earra Ghàidheal 's a dhaoin' 'na threòir,
bha 'n sreathan fichead mìle 's corr;
us bha gach fear làn eud chum àr,
's le 'n claidhean mòr, stob, leòn is ghearr,
's le brùchd ionnsaidh dàn', chladhaich 's phronn,
an nàimhdean uil' air falbh a dhuine.

'S nam faca tus' nam fèileadh-beag,
's bhriogais bhreac an airm, a dhuine,
ri fiaclan Chuigsich thug dùbhlan cath
's Cùmhnantaich fìor-ghorm a dhuine;
'nan sreathan mòr' bha 'd sìnt' na trèith,
's choinnich bèig'leidean nan sgiath,
's ghreas mìltean 'n iompaidh bhàsmhor liath,
a-mach on truaill le fearg nan Gàidheal,
leum sgèanan bàis, 's le plosgadh deò
theich 'd mar cholmain on strì, a dhuine.

'Dhiabhail Thòmais, ciamar tha sin fìor?
Chaidh 'n ruaig 'nuas on tuath a dhuine;
nach fhac' mi 'n eachraidh 'n dian ratreut
sìos chun Foirth' gu luath, a dhuine,
is aig Dùn Blà'in, 'am shealladh fhèin,
ghabh iad an drochaid le cabhaig threun,
's ceart gu Sruithleadh theich iad le sgèin;
ach mallachd chràit'! bha n' geatain druid',
is cotain dearg, a sealg bha iad,
's ioma aon an laigse chaidh a dhuine.

Mo phiuthar Ceit thàinig 'nìos do m' gheat',
le cogan gruitheam dhomh-sa, dhuine;
's mhionnaich gu fac' n' reubalaich ruith
o Pheairt gu Dùn Dè a dhuine;
an ceannard clì bha e gun sgil,
's aig giollan Aonghais cha robh toil
fuil choimhearsnaich a bhith 'ga steall';
's an geilt da 'n nàmh, 's gum biodh iad call
an cogain brothais; 's uile thruaigheas,
's chaidh iad suas mar chìt' a dhuine.

Chailleadh uaislean bha flathail dàn'
measg chloinn nan Gàidheal, a dhuine;
's eagal nach maireann Panmure treun.
No 'n làmhan Chuigsich tha a dhuine;
'm bu mhath leat seinn 'n bhlàr dùbailt' seo,
thuit cuid son ceart 's cuid son cearr fa leth;
's le 'n saoghal dh'fhàg mòran oidhche mhath;
'n-sin aithris mun chabhaig is slabhaig,
o chlaidhean mòr, 's toit mhusgaideach,
le sgreuch is sgread na Tòraidh thuit,
's Cuigsich chun Ifrinn theich a dhuine.

Càit an robh thu mo bhalach brèagh
Fonn: An ye had been whare I hae been
(The Braes O' Killiecrankie)

Càit an robh thu mo bhalach brèagh?
Càit 'n robh thu neo-'r-thaingidh, Ò?

Càit an robh thu mo bhalach brèagh?
An dàinig thu o Chille Chnagaidh?

Sèist
Nan robh thu thall far an robh mis',
Cha bhitheadh tu cho cioralta!
'Nam faca tus' na chunna mis'
air bruthaichean Chille Chnagaidh, ò!

Ghleac mi air muir 's ghleac mi air tìr,
's a-steach ghleac mi m' antaidh, ò;
ach choinnich mi 'n Diabhal 's Dùn Dè
air bruthaichean Chille Chnagaidh, ò.

Pitcur nan treun, fhuair e a dheòin,
's fhuair Clavers buille bhuain, a dheò
no thuitinn fann fo Athall lann
air bruthaichean Chille Chnagaidh, ò.

Na còig cailleachan
Duan mu roimh-thaghadh Ball do Phàrlamaid, 1789.
Fonn: Chevy chase
(The Five Carlins – an election ballad)

Bha còig chailleachan san àird a deas,
is dh'aontaich iad gun dàil,
giolla a chur do Lunnainn sìos
's a thoirt air ais dhaibh sgeul.

Chan e 'mhàin 'thoirt naidheachd air ais,
ach gnothaichean mar an ceudn',
's theagamh onoir is beartas mòr
agus deagh-ainm dha fhèin.

Sin Peigi shìos mo bhruachain Nid,
làn mòrchuis tha gu leòir:
is Marjory nan ioma loch,
tha righinn, sean is dùr.

Is Beasaidh phriobach Annandail,
tha chòmhnaidh mu Sholbhaigh,
is Sionn nan stòp an uisge-bheath',
bha aithnicht' 'n Gallabhaigh.
'S Joan dhubh à Crichton Peel,
thàinig o shìol nan ceàrd;
cha robh còigear bhan anns an deas
cho làn iullagaich is sùrd.

Thachair iad là a thaghadh aon
chuireadh iad chun Lunnainn,
ò 's ioma laird 's ridire bhiodh,
toilicht' 'bhith 'nan comain.

Ò 's ioma laird is ridire
bu mhath 'dhol gille gnothaich!
ach measg nam mòr bu mhiann a dhol,
bha 'n tlachd-sa ann an dithist.

'N ciad fhear bu ridir buclaichte,
bha 'shìolan o nan crìochaibh,
do Lunnainn thèideadh esan suas,
neo-'r-thaing cò bhiodh 'na aghaidh.

'S esan 'dhèanamh gach nì gu ceart,
's mòran bhiodh e 'g ràdh riu,
'n-sin theireadh gach aon san lùchairt ris,
gu dè mar 'tha an-diugh.

B' e saighdear calm' an dara aon,
labhair cho beusach còir,
thèid mis' do Lunnainn air ar son,
ma 's e ur toil mo chur.

Cha ghealladh gibhtean cùirteil dhaibh,
no liobhairt òraid mhòr;
ach cridhe ionraic thairg e dhaibh,
's nach trèigeadh dhàimh aon uair.

Thar cò bhiodh thig, no cò bhiodh ob,
na caill'chan straighlich rinn;

bha uaisle aig cuid r' a thoileachadh,
's cuid 'gan toileachadh fhèin.

Thubhairt Meg o Nid cho leòmasach,
làn mòrchuis agus dreag,
cuiream-s' an saighdear chun Lunnainn suas
dh'aindeoin gach nì a thig.

Suim aice-se do bhodach Lunnainn
cho robh nas mò na prìne,
's chuireadh i suas an saighdear òg
chum furain 'm mac bu sine.

'N-sin leum suas, Beas o Annandail;
's mhionnaich i mionnan bàis,
ridir na crìochan, b' e a rùn,
's esan chuireadh i suas.

Tha itean gast' aig eòin 'n astar,
's ùmaidh 'n geall iomlaideas;
dhearbh mis' an ridir roimhe seo –
's feuchaidh mi e a-rìs.

Ars' sean Joan à Crichton Peel,
cailleach gruamach fròmhaidh;
air m' shon-sa faodaidh bodaich sean 's òg,
'bhith bàthte no 'dhol snàmhaidh.

Bidh burraidh 'troid mu olc is maith,
's feallsaich ri fochaideas:
ach thug càirdean an t-saighdeir buaidh,
's bhèir es' an dùdag suas.

Ars Sionn nan dibh, a ghogaidean!
a-nis seo tha r' a luaidh,
tha druim a' bhodaich 'n Lunnainn shuas
teann ri taic an stuaidh.

'S ioma aon a phòg a chuaich,
'nis tha 'n aghaidh 'n laochan;

chan agrar sin ri Sionn 'n uisge-bheath',
cuir suas ridir na crìochan.

Mall dh'èirich Marjory nan loch
le bathais làn crupagan;
bha trusgan aois don dubh-ruadh-ghlais,
's fuil Albannaich gun dùd innt'.

Tha cuid 'tha àrd nach gabh orm suim –
mo mheas orr' 'tha nas lugha
ach chuirinn-sa chun Lunnainn suas
'n tì 's toigh leam aig an taigh.

Ciod 's crìoch don chùis so-chudthromach
chan fhios don chinne-daonn':
gun doireadh Dia don Rìgh 's do chàch
'thoirt aire mhath dhaibh fhèin.

Tha òigear sa bhaile seo
Fonn: Tuireadh Niall Gobha / A Gaelic air
(The Laddie's Dear Sel')

Tha òigear sa bhaile seo, 's bu bhochd gum bitheadh e
air faontraidh air falbh o na caileagan caoin';
tha e foghainteach maiseach, 's an deagh-spèis aig gach duine,
's tha 'fhalt a' crochadh 'na chuachagan gasta fionn'.
Tha 'chòta 'n aon dath ri a bhonaid cho gorm;
's tha lèine cho geal ris an t-sneachd air na beinn,
tha osain dubh-chiar, agus tha bhrogan d' a rèir,
sna chlaspain soilleir airgid chìtear faileas ar cinn.

Airson bòidheachd is fortan bha 'n giollan a' suirgh';
deagh-mhaiseach, deagh-thochairt', deagh-shuidhicht' thar chàch;
ach 's e 'n t-airgead gu deimhinn 's cùis-aire don rìbhinn
's e 'n sgillinn an neamhnaid tha 'cur seun air an laoich.
Sin Peigi a' mhàlain bu toigh leatha an sgàlan,
agus Sùsaidh nighean fear an fhàrdaich ud thall;
theab tochair mhòr Nansaidh beirtinn air annsachd,
ach 's e e fhèin 's prìseile thar mnathan is geall.

Do Mhàiri an nèamh
Fonn: Soraidh Nic a Foirbeis do Bhanbha / The death of Captain Cook
(To Mary In Heaven)

A reult mhàirnealaich, as sìolaidh leus,
le 'n aill 'bhith furan madainn mhoich,
tha thu a-rìs 'toirt 'steach an là
bha m' Mhàiri o m' anam reubt' gu tur,
ò Mhàiri! sgàil phrìseil chaochail às!
Cà 'm bheil còmhnaidh d' àrd-shonas sìth?
Am faicear leat-sa do leannan 'nis?
'S an cluinn thu osnaich ghoirt a chridh?

'N uair bheannaicht' sin an dìoch'naich mi?
'S am preaslach uain cho dìomhair dhomh
air cluainibh Ara nuair chòmhlaich sinn.
Fad là gaoil 'fàgail beannachd leatha?
Cha chaochail bith-bhuantachd an tlachd
's cuimhne m' èibhneas 's an t-àm a thrèig;
is d' ìomhaigh 'nar caidreamh fìnideach;
's beag shaoil nach tachramaid a-rithist.

Bha crònain Ara 'pògadh a' chladaich bhàin,
's a' crochadh thart bha geugan glas:
bha 'bheithe chùbhraidh 's an droigheann liath.
'Casadh le chèile anns a' phreas,
bha flùrain bhòidheach làn dèidh 'bhith dinnt'.
'S na h-eòin ri gaol air geugan blàth,
ach ò! Ro luath, tha caoir dhearg an iar
ag aithris luathas sgiath an lath'.

'S tric thionnsgnas mi an deachd thaisb'naidh ud,
's 'fuireach orr' le miann luimeineach!
Clò-bhuailidh tìm nas doimhne sìos,
mar chaitheas sruthain 'n claisich fhèin,
ò Mhàiri, sgàil phrìseil 'chaochail às:
cà 'm bheil còmhnaidh d' àrd-shonas sìth?
Am faicear leat-sa do leannan 'nis?
'S an cluinn thu osnaich ghoirt a chridh'?

Màiri ann am Pàrras
Aonghas MacEachairne
Fonn: Soraidh Nic a Foirbeis do Bhanbha / The death of Captain Cook
(To Mary In Heaven)

Ò thusa reul le d' dhealradh ciùin
le 'n rùn 'bhith 'fàilteachadh nan tràth,
tha thus' a-rìs a' luaidh às ùr
an sgeul a dh'fhàg mi tùirseach cràit'.
Ò Mhàiri, faileas gràidh 'chaidh 'dhìth!
Càit a-nis 'bheil d' ionad tàimh?
Am faic thu 'n tràth 's d' fhear-gràidh gun chlì?
An cluinn thu osna 'chridhe sgàint'?

Am fàg an uair ud m' aigne 'chaoidh,
a chòmhlaich sinn san doire chiùin,
a mhealtainn aon là 'n gaol nach pill,
aig taobh sruth binn nan ioma lùb?
Aon nì cha sgar gu bràth o' m' chridh',
na sòlais fhìor 'bha 'n là ud saor;
Ò d' ìomhaigh gràidh, le d' làimh dhomh sìnt',
cha dìoch'nich mi gu crìch mo shaogh'l.

Le 'bhorbhan binn an sruth 'dol seach,
sa ghorm-choill dhosrach 'cùr' ar sgàil;
a' bheithe àrd san droigheann ghlas,
ag iadh gu pailt mun t-sealladh àigh:
na flùrain mhaoth a' fàs gach taobh,
am barr gach craoibh na h-eòin air ghleus;
gus – tuillidh 's tràth – na ciar-neòil dh'aom
's an latha aobhach thriall air sgèith.

Ach m' aigne dùisgidh suas gach tràth
na seallaidh àghmhor 'fhuair ar sùil;
is mar 'tha m' aois a' teachd gach là,
is ann is làidir' dhaibh mo rùn,
mo Mhàiri! 'm faileas gràidh chaidh dhìth!
Càit a-nis 'bheil d' ionad tàimh?
Am faic thu 'n tràth 's d' fhear-gràidh gun chlì?
An cluinn thu osna 'chridhe sgàint'?

Dèan-sa fead air càch dheth
(Whistle O'er The Lave O't)

Nuair thug Peigi orm-sa buaidh,
nèamh fhèin shaoil mi bha 'na dòigh;
nis tha sinn pòst' – chan fhaod mi luaidh –
's dèan-sa fead air càch dheth.

Bha Peigi ciùin 's bha Peigi sèimh,
's bha mar phàist' na nàdar caomh –
chaidh nas glic' na mise pràmh;
's dèan-sa fead air càch dheth.

Mar chòrdas sinn, Peigi 's mis',
is fonn ar gaoil, gean is gràis;
's fhearr as lugha gheibh air fios,
's dèan-sa fead air càch dheth.

Cò bu toigh leam 'n àm ar dìon,
sinn crùbte sìos fo anart lìn,
sgrìobhainn – ach chìt' le Peigi sin –
's dèan-sa fead air càth dheth.

An triùir aighearach
Fonn: Dheasaich Uilleam peic de bhraich
(Willie Brew'd A Peck O' Maut)

Sèist
Ò chan eil sinn làn, chan eil sinn làn,
ach boinneag ann an sùil gach aon:
neo 'r thaing gairm coilich 's dùsgadh là,
srùbaidh sinn sìos brìgh 'n eòrna ghrinn.

Ò Dheasaich Uilleam peic de bhraich,
's thàinig Rob 's Ailean 'dh'fheuchainn sin;
triùir threun nas ait an oidhche ud,
chan fhaigheadh tu sa Chrìostachd fhèin.

Tha sinn an-seo, triùir aighearach,
triùir suigeartach, gu dearbh gun ghò;

's iom' oidhche bha sinn aighearach,
's dòchas gum faic sin mòran diù.

'S i 'ghealaich th' ann, le h-adharc chrom,
th' a' priobadh anns na h-àird cho gast';
tha i 'soills' cho geur gu 'r mealladh às,
ach chan fhaigh i sinn air falbh 'n-dràst'.

Cò 'n toiseach dh'èireas 'dhol air falbh,
's e fleasgach fealltach 'bhios ann dhuinn;
's a chiad aon 'thuiteas mu chathair sìos,
ò 's e an rìgh 'bhios os ar cionn.

Chuir Uilleam briuthas beag air dòigh
An t-Urr. Aonghas Mac an t-Saoir
(Willie Brew'd A Peck O' Maut)

Chuir Uilleam briuthas beag air dòigh,
's chaidh tòir air Ailein 's Rob gun dàil;
cha robh ri fhaotainn san Roinn-Eòrp',
triùir cho ceòlmhor ris na sàir.

Chan eil 'nar ceann de fhear mo ghràidh,
na chuireadh nàir' air duine beò;
's ged 'ghoireas coileach 's 'bhristeas là
bidh sinn a ghnàth a' traoghadh stòp.

Tha sinn a-seo a-nis 'nar triùir,
an triùir is sunndaiche san tìr;
's ged 's tric 'bha sinn an caidreamh dlùth,
cho tric 'tha sùil againn 'bhith 'rìs.

Ò chì mi 'n rè le 'h-adhairc liath,
gu sèimh a' triall air feadh a' cheò;
ar tàladh dhachaidh 's e a miann,
ach èirigh grian mun sgaoil na seòid!

A chiad fhear 'chuireas cùl ri 'chuaich,
bidh esan suarach leinn ri 'bheò!

Am fear is luaithe 'bhios gun tuar,
is esan uaill na tha mun bhòrd.

Seocan Òg
(Young Jockie Was The Blythest Lad)

B' e Seocan òg bu ghasta dòigh
'nur baile-sa no astar às;
bu ghrinn a fhead air greim na beairt
san dannsa b' eutrom breab a chois!
Mo shùile gorm bha làn d' a sheun,
bha làmh 'cur blàths mu m' mheadhon caol;
's tric bhriosg mo chridh' do m' sgòrnan suas,
gun fhios aig duine air mo sgeul.
Tha obair Seocan 'mach air raon,
fo uisge 's gaoth is siabadh sneachd;
tha m' aire tric 'dol thar an fhonn
'sealltainn a chrodh-san dhachaidh 'teachd,
's daonnan tha 'n oidhche 'teachd mun cuairt,
's 'na chaidreamh-san cho sona biom;
's e bòideachadh gum bi e fìor
cho fhad 's 'bhios anail 'steach 'na chom.

Tuireadh airson an làir Peig Nicholson
(Elegy On Willie Nicol's Mare)

B' e làir bhuidh'-ruadh mhath Peig Nicholson
's riamh 'chuir cròg air iarann;
tha i nis air flod 'n abhainn Nid,
sìos fo Inbhir Chàirn.

B' e làir bhuidh'-ruadh mhath Peig Nicholson,
rachadh troimh thiugh is mìn;
tha i nis air flod 'n abhainn Nid,
gun urra urad 's bian.

B' e làir bhuidh'-ruadh mhath Peig Nicholson,
's tric 'ghiùlain i sagairt maol;

tha i nis air flod 'n abhainn Nid,
na fèist do iasg Sholbhaigh.

B' e làir bhuidh'-ruadh mhath Peig Nicholson,
luidir 'n sagairt cho dèisinneach;
shàraich is chlaoidh e i cho goirt,
mar 's àbhaist crodh shagairt 'bhith.

Dh'fhalbh an là
(Guidwife, Count The Lawin)

Sèist
A bhean, dèan suas an costas,
an costas, an costas,
ho bhean, dèan suas an costas,
's thoir cogan eil' a-steach.

'Bhean-òst' dèan suas an costas,
ò dh'fhalbh an là 's th' an oidhch' cho dubh,
ach cha tuislich sinn chionn lùth leòis,
nì leann is branndaidh gealach 's reult,
's fìon fuil-dhearg èiridh grian san dealt.

Do dhaoine mòr' tha athais 'stòr,
's don simplidh strì airson an còir,
tha sinne seo 'n aon bheachd de ghnàth,
's gach aon tha làn 'na thighearn' tha.

Is e poll naomh mo chogan fhèin,
a leigh'seas creuchdan cùraim 's pèin,
's tha sògh cho clis ri breac nan sruth,
òl e 's leigidh e ris a stuth.

Tomas O Seanntar
(Tam O Shanter)
De bhruinghis agus bhogalais tha do leabhair làn – Gabhainn Dùghlas

Nuair dh'fhàgas luchd bachaireachd an t-sràid,
's luchd an ìot 'tigh'nn ri chèil' leth bhait',
aig amaibh fèill san là 'dol dhìth,
's an sluagh 'dol dachaidh trom is sgìth:
tha sinn 'nar suidh' aig ar gogain theth,
'dol thart' le digh' sòlasach fa leth,
tha mìltean righinn fad o 'r smuain,
beinn, mòintein, uisgean, staidhrean claon
tha eadarainn 's ar 'n-àite tàimh,
is is' tha dhuinn cho dlùth an dàimh,
'trusadh a malaidh làn colg is tnùth,
'banaltrachd a fearg 'ga cumail blàth.

Fhuair an ràdh seo Tomas Ò Seanntar còir,
's e 'marcach 'mach o Inbhir Àir –
(Seann-Àir chan eil àite cosmhail ris,
son daoine measail 's cailean bòidheach deas.)

Ò Thomais! Nam biodh tu cho glic,
'ghabhail a chomhairl' thug Ceit cho tric!
dh'innis nach robh annad ach leisgear,
blaosgair, suarach stuacach, misgeir;
o thoiseach Noibheambair gu Octobair,
aon là fèill cha robh thu sòbair;
is leis gach meiltir sa mhuileann,
bha thu ri pòit fhad 's bh' agad sgillinn;
's le eich aig ceàrdach bha sibh gòrach
'n dèidh cruidheach ghabh sibh an daorach;
bha thu là Dhè am misg is suain,
le Sionn A' Chlachain gu DiLuain.
'S rinn i fàisneachd gum faight' tusa rùn,
b' àit an doimhneachd abhainn Dhùin;
no 'n glaice uadh-bheistean gun chiall,
mu eaglais Allamhagh san oidhch' tha triall.

Ò bhantraibh chòir 's e adhbhair bròin,
'bhith smuaineach air gach comhairl' chaoin,

tha mnathan gaolach 'toirt d' am fir,
's tha 'd 'cur air chùl gun suim le tàir.

Ach do ar sgeul:– Aon oidhche margaidh,
bha Tomas còir 'na shuidh' gu ceart,
shuas ri taobh a' ghrìosaich bhlàith,
measg ghogan teth' 's e 'g òl a shàth;
'na shuidh' aig uilinn bha Seon 'n greusaich',
a chompanach dìleas tartmhor cèasach;
do Thomas 'bha mar bhràthair fial,
bha 'd seachdainean air mhisg le chèil'.
Dh'fhalbh an oidhch' le duain, sgeul, is gàir';
's bha 'n leann daonnan 'fàs nas fhearr,
bha bean an taigh' 's Tomas 'fàs gràsail,
le fàbhair 's cagair dhaibh 'bha prìseil;
dh'innis 'n greusaich' a sgeultain neònach;
bha gàir' 'n t-òstaich 'na shèist deònach;
a-muigh bha 'n stoirm ri fuaim is sgread,
cha bu mhò do Thomas sin na fead.

Bha spèis fo iomagain mu shòlas neach
'ga bhàthadh fhèin le sùgh na brach';
mar thilleas beachain le an stòr,
bha na mionaidean air sgiath d' a rèir;
bhiodh rìghrean sona, bha Tomas 'na ghlòraidh
thar uilc an t-saoghail thug e cosgraidh.

Ach tha àilgheas mar chrom-luis gnè is dealbh:
spìon am flùr, 's tha 'dhreach air falbh.
'S mar chlàdain tùirlinn air sruthain uisg',
aon tiota geal 'n-sin leaght' gu bràth;
no mar fir-chlis an àirde tuath
a dhreagas às mun seall thu 'n snuadh;
no mar 'n bhogh'-frois as àillidh cruth
a shìolaidheas leis an stoirm an-diugh.
Cha teadhrar làn 's tìm le taod fa seach –
seo 'n uair 's feumaidh Tomas marcachdaich
'n uair sin don oidhch' 's clach ghlasaidh dhubh,
leum air a làir, a dh'fhalbh co-dhiù:
oidhch' ghailleannach san t-sligh' air eachan,
cha robh peacach 'riamh a-mach ann.

Shèid a ghaoth mar gum b' e a deireadh!
Bha na frasan teachd le sgoltadh 'sgaradh!
Bha 'n duibhre 'sluigeadh an dealan luath;
's an tàirneach a' torranaich gu truagh;
thuigeadh pàist' air an oidhche sin
gu robh 'n diabhail 'faotainn thoil 's cion.

'Na shuidh' air Meg – a chapall glas,
nas tapaidh 'riamh cha do shìn cas –
sgealb Tomas cho dian thar slup 's clàbar,
troimh uisge teine agus ùpraid;
gu greamail 'cumail air a bhoineid:
dranndan ris fhèin seann Sgòid dhuanaig,
'toirt sùil 'na dhèidh gu cùramach,
a chumail bòcain o fhear is each;
bha Eaglais Allamhaigh a-nis aig làimh,
far am bi taibhs' 's caillich-oidhch' ri sgiamh.

Le seo bha e thar an àth gu beachd,
far d'eug an àm margach anns an t-sneachd:
seachad am frìth agus a' chlach mhòr,
air 'n d' bhrist Teàrlach misgeach 'amhach daor;
seach a chàrn is troimh a' chonasg
'n-sin fhuaireadh am pàist' muirt 'na phronnasg:
faisg don dreas, 's os cionn an fhuarain,
chroch màthair Mhungo i fhèin 'ga dòrainn!
Fa chomhair bha 'n Dùn 'taomadh tuilte bras:
bha 'n stoirm 'beuchdaich troimh 'n fhrìth gu cas
bha 'n tein'-adhair 'dearcadh o mhull gu mull!
Nis faisge tha 'n tàirneanach a' triall;
'n-siud 'deàrrsadh troimh chraobhan tha cneadain,
bha Eaglais Allamhaigh 'na lasair teine;
bha 'n leus a' plathadh troimh gach toll,
's mac-talla de aighear 'teachd a-nall.

Le deachd na bracha 'steach 'nar bolg!
Fuadaichear gach dòrainn bhuainn le colg!
geuraichidh leann dà sgillinn ar ciall;
's le uige-beath', dùbhlainear 'n diabhail! –
Bha 'n deoch 'cur teas an crannag Thomais

cothrom! 'S air 'n diabhail 'chuireadh splèamas;
ach bha Meg 'na spleuchd 'n-sin 's air chrith,
ach chuir làmh is spor an t-eagal dhi,
's chaidh i air adhart chun an t-solais;
's ann 'n-sin! Chunnaic Tomas uamhas!
Buidsich 's bèistean 'dannsa 'nan sreang!
Chan e na dannsain ùr' on Fhraing
ach cruinn-phuirt, grad-charach, srath spè, 's ridhil,
's iad sin chuir miodailt 's lùth 'nan sàil.
Air ciste-uinneag san ear gun cheist,
bha 'n Donas 'na shuidh' an cuma' bèist;
bha e 'n cruth coin mhòir chèasaich dhuibh,
b' e 'dhreuchd 'thoirt don chuideachd ceòl 's lùth;
sgrùd e 'phìob suas air a ghualainn,
bha gach crann 's mullach le fuaim an nuallain.
Bha 'n cistean-mairbh fosgailt' 's aomte suas,
's gach corp còmhdaichte 'nan lèine bàis;
's bha 'n diabhlaidheachd cho làn inneal
chum gach corp 'na làimh aon choinneal,
le 'n lèirse bha Tomas 'sealltainn 'n àird
na nithe sgaoilte air no bùird.
Mortair iongt' ri croich le stoban làidir;
dà phàiste truagh gun bhaisteadh idir;
mèirleach air a ghearradh on ròp a-nuas,
le 'ghruaim mo dheireadh air a chraos;
còig sgeanan crom le fuil 'bha meirgte;
's còigear chlaidheamh le mort bha deargta;
gartan le 'n do thachdadh pàiste;
corc le 'n d' ghearradh amhach daide,
b' e 'mhac 'thug uaith an deò gu bras,
bha chiabhan liath 'leantainn ris a chas;
's iom'-uamhais dèisinneach mì-chliùthail,
r' an ainmeachadh a tha mì-laghail.

Làn ìoghnadh spleuchd Tomas cho feòrachail,
bha 'n cridhealas 'fàs nas cuthachail;
sgrùd 'm pìobair 'phuirt nas àirde dheth,
's nas luaithe bhriosg 'n luchd-dannsa teth;
trast ridhil, srad-dheis, chaidh 'd thart 's chleasaich,
chuir gach cailleach d' i smùid ceò teasaich,

's thilg gach tè 'h-eudach uaip' 'na dèine,
is leum 's bhriosg i ris 'na lèine.

Ò Thomais! 'Nam ban-righinn iad,
plub, sultmhor, foghainteach 'nan deugan;
'n robh 'n lèintean 'n àite cùrainn crèiseach,
do anart seachd ceud deug, geal-mhaiseach;
mo bhriogais seo mu 'm luirg tha orm
bha aon uair giobach le fionna ghorm,
bheirinn o m' chruachain iad cho toileach
son sealladh do na rìbhinnean bòidheach.
Ach caill'chean seargta, crom, mì-mhodhail,
buidsich righinn 'chuireadh searrach o dheoghail.
'S iad 'sùrdagaich mì-chiall air cromaig,
'S iongnadh nach do thionndaidh d' bhinid.

'S math b' aithne do Thomas siud is siud;
gruagach sùrdail foghainteach gun dùd,
'n oidhch' seo chaidh an cleamhnas sparrag –
bha 'n dèid seo iomraideach 'n tràigh Charraig;
ò 's iomadh brùid 'bhuail i gun deò –
's a chaochail iomadh luingeis bhrèagh.
'S tric chrath i 'n gràin do choirc is eòrna.
'S bha 'n tìr an imcheist fo a dòrna,
a lèin' chutach do chainb Phàislig bha,
bha paisgt' mu 'druim on bha na caileag maoth
's ged bha 'n giorrad do chàch ro fhaiceil,
's i b' fhearr a bh' aic' 's aist' bha i stràiceil.
A! 'S beag shaoil a seanmhair stuama –
nuair cheannaich i 'n lèine ud do Anna,
le dà phunnd Sgòid (b' e uile beairteas)
gum biodh e oirr' aig dannsadh buidsi'n.

Ach 'nis tha m' cheòlraidh 'dol air dhìth: –
tha na mullaich dhìomhair fad o m' chlìth;
r' a aithris mar leum 's bhriosg Anna chòir
(chionn bha i sgiobalt' deas is mòr).
Sheas Tomas 'n-sin, mar aon fo gheasaibh.
Bha shùilean 'dol am meud 'nan leusaibh;
spleuchd Sàtan fhèin, geur air an t-sealladh,
is thulg 'shèid mar b' fhearr a b' urrainn.

Bàrdachd Raibeirt Burns

Gus le buiceis sùgraidh, 'n-sin aon eile,
thruis Tomas cheudfathain r' a chèile,
's ghlaodh e "sin thu, lèine ghoirid!"
'N tiota bha ann duibhre àraid;
's gann fhuair e Peigi ghlas an greim,
nuair bhrùchd 'n lèigiun ifrinneach 'na cheum.

Mar bhrùchdas beachain 'mach le gaoir,
's buachaillean 'creachadh am mil is cèir;
no mar nàimhdean phusaidh 'teachd 'ga leòn.
Ghrad-leumnaich i fa chomhair an sròin;
's mar dhian-ruitheas luchd faighir 's fèill
's glaodh "Beir air a' mhèirleach!" 'tighinn 'n àird
ruith Peigi 's buidsi'n cho dìcheallach:
le sgreuch, 's èighich 's uamhais eagalach.

A! 'Thomais seo àm d' fhidrich is sgrùdan,
'N ifhrinn ròstaidh iad thu mar sgadan!
'N dìomhanas tha Ceit 'ad fheitheamh!
Bidh Ceit 'n ceartair brònach falamh!
A! 'Mheg briosg ris, 's orr' dèan fochaid,
nuair thrastas tu clach-ghlais na drochaid:
an-sin crath d' earball riu' le tàir,
chan fhaod iad tarsainn sruthan uisg'!
Ach mun d' ràinig i druim na drochaid!
'N diabhail earball bha aic' a chrathadh!
Theann Anna 'n toiseach air a chòir,
is teann air Peigi bha 'na tòir,
chun Thomais leum i suas gu sgibidh,
ach 's beag a thuig i 'n stuth bha 'n Peigi –
le dian-leum thug i maighstir às,
ach dh'fhàg 'na dèidh a h-earball glas:
chionn rug a bhuidseach air an rump,
's cha dh'fhàg aig Peigi uibhir stump.

Nis, cò leughas an sgeul cinnteach seo,
gabh rabhadh gach mac màthar beò:
an nuair 's e geòcaireachd ur miann,
no lèintean cutach ann ur smuain,
ceannaichear anabarras ro dhaor,
cuimhnich làir bhàn Thomais O Seanntar còir.

Ach mun d' ràinig i druim na drochaid!

Tomas an t-Seanndair
Fionnlagh MacFhearghais
(Tam O Shanter)

Nuair 'bhios luchd nam màileid a' fàgail nan sràid,
's coimhearsnaich phàiteach a' coinneach' 's gach àit';
's an t-anmoch a' teachd air latha na fèill',
's na h-uile neach 'gabhail a rathad fhèin,
bidh sinn san taigh-òsta a' pòiteireachd leann,
sinn 'cinntinn sòlasach 's an t-òl 'dol 'nar ceann,
gun chuimhn' air na mìltean fada Albannach,
gach sloc is uisg', dìg bhrist is garbhlach
'tha 'nan laighe eadar sinn 's ar dachaidh,
far am bheil 'na crùban, dùran caillich
Trus' a malaichean mar an stoirm 's i 'fàs,
ag altram a corraich gu cumail am blàths.

Chaidh an fhìrinn seo 'dhear'adh do Thom an t-Seanndair,
aon oidhch' 'marcachd o Àir 'na dheann-trot:
(Seann-Àir gun bhaile bheir barr air
an daoin' onorach is nigheanan àlainn).

A Thomais ! Nam biodh tus' cho glic
's èisteachd ri Ceit, oir dh'innis i gu tric,
nach robh annad ach ceòth'llan de leth-bhurraidh,
buamalair misgeach gun mheas gun urram;
on naoidheamh mìos gu ruig an t-ochdamh,
gun aon latha faidhreach nach biodh deoch
aig gach meilteir leis a' mhuilleir,
gun snidheadh tu gus an teirgeadh d' airgead;
's gach làir bhiodh 'faotainn faidhir oirre
gum biodh tu fhèin 's an gobhainn an àird na daoraich;
's aig Tigh an Tighearn' eadhon DiDòmhnaich,
aig Sìn' a' Chlachain gu DiLuain gun òl thu.
Rinn i fàidheadaireachd, mall no tràth,
gum biodh tu an Dùn air d' fhaotainn bàtht',
no glact' san dorch' le clann an Aibh'steir,
'tha 'tuineachdadh mu sheann-eaglais Allamhaigh.

A mhnathan iriseil 's tric an snidh o m' shùil
'smuaineach' air na comhairlean beusach ciùin,

comhairlean fad o mhnathan gaolach,
's daoin' gun chèill 'gan cur air faoineis!

Ach 'chum ar sgeòil: aon oidhche margaidh,
bha Tomas 'na shuidh' gu cothromach, tarrachail,
làmh ri teine 'bha 'gabhail gu ciatach,
's leann gast' aig cho pailt 's a dh'iarrta.
Bha Seathan Greusaich' ann làmh ri uilinn,
a sheann-chompanach dìleas tioram;
aig Tomas bha gaol mar fhìor-bhràthair air;
's tric 'bha iad air mhisg chuid b' fhaide ràithe.
Bha 'n oidhch' 'dol seachad gu cridheil ceòlar;
's an leann am feabhas mar bu mhò a dh'òl iad:
bha bean an taighe 's Tomas a' cinntinn dìomhair,
le gnothaichean, uaigneach, laghach prìseil:
dh'innis am brògair stòir'dhean cridheil dhaibh;
's bha gàir fear an taighe an-còmhnaidh 'fritheal' air:
biodh an stoirm a-muigh a' sèid' no 'sgreadail,
cha bu mhò air Tomas an stoirm na feadag.

Bha cùram cho muladach duine 'bhith cho sona,
's gun do leum e 's rinn e bhàthadh san stòp leanna.
Mar sheilleinean tigh'nn dhachaidh 's eallaich lòin orr',
bha 'n tìm 'dol seachad air sgiathan sòlais:
ma tha rìghrean beannaicht' bha Tomas glòrmhor,
os ceann gach trioblaid 'tha sa bheatha fheòlmhoir.

Ach 's coltach sòlas ri flùran àlainn:
glac 'ad làimh iad, grad-fhalbhaidh 'm blàth dhiubh;
no ri sneachd 'tuiteam an àmhainn bhlàth,
car tamall geal – 's an-sin leaght' gu bràth;
no ri reisireach nam fir-chlis sna speuran,
a dh'atharr'cheas mun doir thu 'n aire cò às a leum iad;
no ris a' bhogha-fhrois is àillidh dreach
a' caochladh anns an stoirm 's 'dol às. –
Làn-mara is tìm cha chum neach bac orr',
tha 'n uair a' teachd 's am bi Tomas 'marcachd;
's b' i 'n uair den oidhche bu duirch' 's bu duibhe,
anns an d'fhuair e bheathach deas gu siubhal;
's an leithid de dh'oidhch' a ghabh e 'n rathad,
cha robh peacach bochd 'mach air thalamh.

Shèid a' ghaoth mar gum b' e ceann deiridh e;
thaom an t-uisge air 'na eilichean;
bha plathan solais anns an dorch'das caillt';
's bha tàirneanach 'na bhràighean fad' àrd:
air an oidhch' sin thuigeadh leanabh gun chiall,
gun robh obair mu làimh aig an Diabh'l.

'Na shuidhe socrach air Mairearad ghlais,
na b' fhearr na i cha do thog riamh cas,
troimh pholl is eabar air aghaidh gu cabhagach,
'cur suarach uisge 's gaoith is dealanach;
aig àm bha e 'cumail a bhoineid ghorm air,
aig àm air luinneig Albannaich a' torman,
aig àm 'sealltainn mun cuairt le gliocas,
nach beireadh bòcan air gun fhiosta;
bha eaglais Allamhaigh 'nis 'tarrainn teann air,
far am biodh taibhsean 's cailleach'n-oidhch' a' dranndail.

Mun àm seo bha e 'dol 'tarsainn na h-abhainn,
far an deach fear a' phac a thachd' sa chathadh;
seach na coille-bheithe 's a' chlach mhòr shleamhainn
far an do bhrist Teàrlach misgeach amhach;
's fagas don droighinn aig tobar na deoch
far an d'rinn màthair Mhunga i fhèin a chroch'.
Is troimh 'n chonasg aig càrn an tuislidh
far an d'fhuair na sealgairean an leanabh murte.
Air thoiseach air bha Dùn 'tigh'nn 'bhàn 'na spùtaibh;
's anns an dubh-choille bha stoirm air dùbladh;
bha tein'-adhair a' losgadh o dheas gu tuath air;
's an tàirneanach 'cruinneach' tiugh mun cuairt air:
soillse feadh nan craobh 's iad gèisgeil,
feuch eaglais Allamhaigh 'las sna speuran;
troimh gach còs bha 'n solas 'boillsgeir,
chual' e fuaim is danns is aoibhneas.

Dheagh-spiorad an eòrn', chinn-fheadhna 'chruadal!
Ciod an cunnart nach cuir thusa suarach!
Le leann dà sgilinn cha bhi eagal olc oirnn;
's fo uisge-beatha choinnich'maid an droch-spiorad!
Bha bheirm nis 'g oibreachadh an claigeann Thomais,
's cha bu mhò air deamhain 's an cuinn a b' eutrom.

Ach sheasadh Meg fo iongantas fuath'sach,
gus an dugadh an t-sàil is an làmh oirr' gluasad,
air adhart ghabh i anns an t-solas;
's a chiall! Chunnaic Tomas sealladh coimheach!

Bha dubh-chleasaichean 's buidsichean, 'sguids air dannsa:
's cha b' e an danns' giobach às an Fhraing a bh' ac',
ach danns' mireagach, grad-charach, gast' Gàidh'lach
'chuir smiodam 's miotailt 'nan sàiltean.
Air bocs' fon uinneig anns an ear-thulachan,
bha 'n Diabh'l 'na shuidhe an riochd uile-bheist;
bèist phrabach dhubh ghruamach mhòr,
b' e 'ghnothach a' chuideachd a chumail an ceòl:
ghleus esan a phìob cho sgalach cruaidh,
's gun do chrith na suimeirean leis an fhuaim.–
Bha cistean fosgailt' a dh'fheuch na ceathrannan,
aig na mairbh 's iad 'nan èididhean deireannach;
's troimh innleachdan mallaicht' a bhuineas don droch-spiorad
bha solas an làimh fhuair gach corp dhiubh –
leis an d'fhuair Tomas pailteas soilleireachd
gu fhaicinn ciod bh' air bòrd an comanaich;
bha cnàmhan murtair ann an iarainn glaist';
cutain urrachan nach deach riamh a bhaist';
mèirleach air ùr-ghearradh o thaod,
's car an ospaig dheireannaich air a bhraoisg;
còig tuaghannan Innseanach le fuil air ruadhadh;
còig claidh'ean crom le murt air cruaidheadh;
gartan rinn leanabh beag a thachdadh;
sgian 'rinn sgòrnan duine shràcadh,
neach 'chaill a bheatha le làmh a mhic,
bha na ròineagan liath ris a' chois air stic;
le ioma nì uamhasach, gairisinneach, gràineil,
a bhiodh neo-laghail eadhon luaidh 'nar cànain.

Nuair spleuchd Tomas 's iongantas gailbheach air,
chaidh an t-aighear 's an ceòl gu àird na dararaich:
shèid am pìobaire cruaidh 's na bu chruaidhe,
's chaidh na dannsairean mun cuairt nas luath 's nas luaithe;
ruidhl' iad, shuidhich iad, chroisg iad 's chlìc iad,
gus an robh smùid fallais far gach buis dhiubh,

's thilg iad am badan uachdair gu lèir dhiubh,
's chaidh iad ris rùisgte gun lèintean!

A Thomais! A Thomais! Nam b' òighean iad siud,
'nam bliadhnachan deug 's an deagh-ghleus le sult,
nam biodh an lèintean an àit 'bhith salach breun,
den anart shneachd-gheal nan seachd ceud deug!
A' bhriogais seo agam 's gun agam ach a h-aon,
bha air uair den chlò mholach, bhogar, chaoin,
bheirinn gu h-ealamh iad far mo shlèistean,
airson aon seallaidh de nì cho èibhinn!
Ach badhbhan seargte neònach liath,
drumaichean chailleach 'chuireadh searrach air dhìol,
a' leumraich casa-gobhlach air crom-bhat'.
'S iongantach nach do chuir thu 'mach do dhomblas.

Ach 's math 'thuig Tomas brìgh na spòrs ud:
bha cail' fharamach ladarn' òigeil,
an oidhch' sin air 'gabhail 'steach don treud ud,
iomraiteach air tràigh Charraig fad 'na dhèidh siud:
('s iomadh beathach gasta rinn i spad gu bàs,
's do ghrunnd na fairge 'chuir i iomadh bàt',
chrath i coirc' is eòrna gun seirc,
's chum i cliathaich na dùthch' fo gheilt);
de shnàth Phàislig bha lèine ghearr,
lèine 'chaith i 's i 'a pàist';
am fad r' a leathad cha robh i astarach,
ach 's i b' fhaide bh' aic', 's ò 's i bha tapaidh.
A! 'S beag a shaoil do sheanmhair bhanail,
nuair cheannaich i 'n lèin' ud dhut-sa, Annag,
le da phunnd Albannach (na bha 'dh'airgead truist' aic'),
gum biodh i soillse 'n àrd-danns' nam buidsichean!

Ach ò! Mo cheòl thig far do sgiath.
Chan urrainn dhut seinn air nì cho brèagh;
no inns' mar leum 's mar dhamhais Annag,
(bha an sgiùrsadh sùbailt' làidir daingeann),
nis sheasadh Tomas mar neach fo dhraoidheachd,
'beachdadh air an fhèist a bh' aig a shùilean;
bha 'n Diabhal fhèin 'ga chlamhradh 's e toilichte,
shèid le uile neart, 'cur broilleach air:

bha cleas air muin cleas an dèidh a chèil',
's chaill Tomas a chiall gu lèir,
's ghlaodh e 'mach, "Sin thu fhèin a lèine chutaich!"
'S ann am priob rinn dorchadas tuiteam:
's gann gun d'fhuair e Meg a thionndadh
nuair bha teaghlach ifrinn 'mach a dh'aon-leum.

Mar spùtas beachain 'mach le aingeachd
nuair thèid an nead 'chur bun os ceann orra;
mar ruitheas madadh air an lòn
nuair dh'èireas maigheach aig a shròin;
mar 'ruitheas an fhaidhir, gach bodach is balach
nuair chluinnear an glaodh, "glac an gadaich!"
Mar siud ruith Meg 's na buidsich an tòir oirr',
le iomadh sgread goint' is droch-còmhradh.

A Thomais, a Thomais, gheibh thu d' fhaidhrean!
An ifrinn ròstaidh iad thu mar sgadan!
'S dìomhain do Cheit 'bhith 'feitheamh ort a-nochd!
Bidh Ceit a chlisg glè bhrònach bochd!
Feuch a Mheg do spèid as fhearr,
's clach-mheadhain na drochaid buidhinn gun dail;
an-sin crathaidh tu d' earball 'nam bus,
chan fhaod iad leantainn thar an t-sruth.
Ach clach-mheadhain na drochaid mun d'rinn i 'mach,
cha robh earball aic' ri chrathadh no chroch'!
Bha Anna fad air thoiseach air càch
's i 'n geall air Meg a chur an sàs
air Tomas thug i sitheadh 'bha marbhtach;
ach 's beag a thuig i miotailt Mhairearad –
aon leum agus bha maighstir às,
ach dh'fhàg i 'na dèidh a h-earball glas:
rug a' bhuidseach oirr' le guin
's cha d'fhàg i innt' ach gann am bun.

Nis ge b' e leughas an sgeul fìor seo,
gabhadh gach duine 's mac-màthar ciall dheth:
's nuair bhitheas sibh 'togairt dol a dh'òl,
's lèintean cutach 'toirt dhuibh spòrs,
A! 'S tric tha sòlas agus bròn ro theann air:
cuimhnichibh capall Thom an t-Seanndair.

Tomaidh a' Shanter
Alasdair Ruadh
(Tam O Shanter)

An uair a dhùinear na bùthan agus a dh'fhàgas balaich nan ceannaichean na sràidean, an uair a chòmhlaicheas coimhearsnaich poit chìocrach a chèile; an uair a chromas an t-anmoch air làithibh-fèille, agus a thòisicheas muinntir air an t-slighe a ghabhail dachaidh, an uair a tha sinn 'nar suidh ag òl ar druthaig agus a' fàs blàth agus anabarrach soganach, chan eil aon smuain 'nar cridhe mu na mìltibh fada Albannach no mu gach cathar agus sloc, gach stuadh agus stac a tha eadar sinn agus ar dachaidh, far am bheil ar cailleachan gu dùr dranndanach 'nan suidh' ann am feirg agus a' teannachadh an cnuaicean mar ànradh a' fàs ann an gairge, ag altram an corraich chum a chumail dian.

Fhuair Tomaidh a' Shanter, an duine còir, an fhìrinn seo a-mach 'n àm dha a bhith 'marcachd air oidhche araidh à Inbhir Àir, (Seann-Àir, baile air nach dugadh barrachd riamh a thaobh a chuid daoine ionraic agus a chuid òighean maiseach!) Ò Thomaidh, gun robh thu cho glic agus comhairle Cèit do bhean fhèin a ghabhail! Leig i ris dhut gun mhearachd nach robh annad ach trustar salach gun diù, gleòsgair bruidhneach, goileamach, misgeach; nach robh thu fhèin aon là-fèille o gheamhradh gu foghar measarra no stòlda; Cha do chuir am muillear làmh air molltair nach do shuidh thu maille ris fhad 's a bha sgillinn ruadh 'nad sporan. Cha do chuireadh teann air gearran gun daoraich a bhith mar-aon air a' ghobha agus ort fhèin. Air an t-Sàbaid Naoimh agus am fochair na h-eaglaise, bu ghnàth leat a bhi 'g òl maille ri Sìne a' Chlachain gu moch DiLuain! Uime sin, chuir i air mhanadh gum biodh tu air d' fhaotainn air do bhàthadh luath no mall, ann an sruthaibh domhainn na h-aibhne Dùn no air do ghlacadh anns an duibhre leis na sìthichibh am fagas do sheann-eaglais thathaichte Allamhaigh!

Och! A mhnathan suairce! Bheir e sileadh nan deur orm a bhith smuaineachadh cia lìon comhairle thaitneach agus cia h-iomadh rabhadh seasmhach a thugadh le mo mhnaoi ach air an d'rinneadh tàir leam-sa a companach!

Ach 'chum ar sgeòil: Air feasgar àraidh fèillte, bha Tomaidh gu stòlda 'na shuidh ri taobh na cagailte far an robh gealbhan-teine a' brasladh, agus maille ris na pòitearan druaipeach a bha 'g òl gu cothromach gloin' air gloine. Aig uileann Thomaidh bha Seocan Greusaiche 'na shuidh' air cathair, mar an seann fhear-rùin dìleas, ìotmhor aige fhèin. Ghràdhaich Tomaidh e mar fhìor-bhràthair caidreach, air dhaibh a bhith cuideachd rè iomadh seachdain fon daoraich. Bhras-shiubhail an oidhche le h-òranaibh agus gleadhraich gun choimeas agus bha an leann a' sìor-dhol am feabhas! Bha a bhean-òsta agus Tomaidh a' fàs ro shuairc r' a chèile le comannaibh uaigneach agus fìor-thaitneach. Dh'aithris Seocan Greusaiche gach sgeul a b' iongantaiche na chèile agus bha gàire mhòr an fhir-òsta mar chomh-sheirm don dlùth-chòmhradh. Sèideadh an doineann on taobh a-mach le bùraich eagalaich ach cha bu mhò air Tomaidh an doineann is fead.

Iomagain! Air dhi a bhith air bhoil le bhith 'faicinn neach cho sona, chaidh i agus bhàth i i fhèin anns na tuiltibh teanna! Mar a ghreasas na seilleanan dhachaidh le luchdaibh stòrais, mar sin theich na mionaidean mar air sgiathaibh le toil-inntinn. Faodaidh rìghrean a bhith air am beannachadh ach bha Tomaidh mòralach, air dha buaidh a thoirt air uile thruaighibh na beatha a tha làthair!

Ach tha toil-inntinnean mar chrom-lusan air an sgaoileadh a-mach. Nì thu greim air a ghucaig ach tha am blàth air a sgapadh! Air neo dìreach cosmhail ri clòimheagaibh sneachda a' tuiteam air an uisge; tha iad geal rè sealain ach air ball leaghaidh iad às an t-sealladh agus chan fhaicear iad tuilleadh nas mò; air neo cosmhail ris na fir-chlis a ghrad-theicheas air falbh mun comharraich sibh a-mach an t-ionad anns an robh iad; air neo cosmhail ris a' bhogha-fhrois a shiubhlas air falbh ann am meadhan an ànraidh. Cha bheò e a chuireas cuibhreach air ùine no air seòl-mara. Ach tha 'n uair air teachd anns am feum Tomaidh dol air muin eich, an uair sin a tha mar chlach-ghlasaidh do dhruim-bogha dhoilleir na h-oidhche, anns a' cheart uair thiamhaidh sin leum e air druim a chapaill fhèin agus ann an leithid de dh'oidhche 's air an do ghabh e an t-slighe, cha deachaidh peacach bochd, truagh riamh a-mach!

Shèid a' ghaoth mar nach sèideadh i tuilleadh! Dh'èirich na frasa torghanach air sgiathaibh na sìne! Shluig an tiugh-dhorchadas suas na grad-bhoillsgean teine sna speuraibh agus bha 'n tàirneanach a' bùirich le langanaich àird, fhad agus fhuaimneach! Dh'fhaodadh leanabh a thuigsinn air an oidhche sin, gun robh gnothach aig an Droch-fhear os làimh!

Air do Thomaidh a bhith gu daingeann 'na shuidh san dìollaid air muin Magaidh a chapaill ghlas fhèin – agus capull na b' fhearr cha do thog riamh cas – ghrad-ghluais e air adhart roimh chlàbar agus làthaich, gun suim sam bith don ghaoith, don fhuaim, don uisge na don teine, an tràth-sa 'dèanamh greim air a dheagh-bhonaid ghuirm fhèin agus a-rìs a' seinn seann-duanaig Albannaich. A-rìs, bhiodh a shùilean a' sgeannadh 'na cheann, a' sealltainn gu cùramach mun cuairt dha, air eagal gun dèanadh na bòcain greim air. Bha Eaglais Allamhaigh a' tarraing am fagas, far an robh taibhsean agus cailleachan-oidhche a' sgreadail san dorchadas.

Fhuair e 'nis a-null thar an àthan far an do mhùchadh an ceannaiche san t-sneachda. Chaidh e seachad air na craobhaibh beithe agus air a chloich mhòir far an do bhris Teàrlach misgeach cnàimh na h-amhaich aige fhèin agus chaidh e troimh 'n chonasg agus seachad air a' chàrn far an an d'fhuair na sealgairean an leanabh a mhortadh, agus am fagas don droighnich os ceann an tobair far an do chroch màthair Mhungo i fhèin. Air thoiseach air tha Dùn, a' taomadh a tuiltean a-mach – tha 'n doinnean bhuaireasach a' beucaich troimh na coilltean agus tha na dealanaich a' clis-bhoillsgeadh o dheas gu tuath! Nas fhaisge agus nas fhaisge tha na tàirneanaich a' bùirich agus gu fann troimh na craobhan acaineach chithear Eaglais Allamhaigh gu lasarach mar gum biodh i 'na teine! Bha na sailean aice a' glìosgadh troimh gach fosgladh agus chualas san àm gleadhraich sùgraidh agus dannsa a' fuaimeadh gu mòr!

Och! Iain a' Ghràinein Eòrna! Thusa a dheachdas gu dàn'! Ciod na cunnartan a bheic thu oirnn ach cunnartan a chuir sinn air dìmeas! Chan eil eagal uilc air bith oirnne le deoch an dà sgillinn ach le mac na bracha bheir sinn aghaidh air an Droch-fhear fhèin! Bha na boinnean dibhe a' cur a' leithid de bhuaireas ann an eanchainn Thomaidh, air chor 's le ceartas fhaotainn, nach biodh an cùram nas lugh' air roimh an deamhain fhèin! Ach sheas Magaidh, air a bualadh le h-eagal, gus an do smachdaicheadh i le sàil as làimh, dhùraig i an-sin dol gu mall air a h-aghaidh chum an t-solais. Agus ò! Feuch! Chunnaic Tomaidh sealladh mìorbhaileach!

Chunnaic e sìthichean agus buidsichean a' dian-chur ris an dannsa! Cha b' e leumartaich chiùin rèidh a-nall às an Fhraing a bha 'n-sin ach cas-cheuman ealamh, grad-stapan gearra, srath spèithean agus ruidhlean cridheil, leis an do chuireadh beòthalas agus smioralachd 'nar sàiltibh gu lèir. Air an taobh near bha dall-uinneag dhorch far an robh an t-Aibhistear mòr fhèin 'na shuidh ann an riochd beathaich fiadhaich. Bha e 'na gharrach dudach dubh gruamach agus mòr. B' e a ghnothach-san aig an àm a bhith 'seinn ciùil dhaibh. Uime sin, theann-ghleus e a' phìob agus thug i sgread aiste a chuir mullach agus sailthean an taighe air chrith. Bha cisteachan-laighe 'nan seasamh ceithir-thimcheall mar phris no còrn-chlàran fosgailte, a bha 'nochdadh nam marbh 'nan èididhibh deireannach agus le draoidheachd no le cleas-làmh deamhnach eigin, bha solas laiste ann an làimh fhuair gach aon dhiubh, trìd an dugadh comas don treun-fhear Tomaidh beachd a ghabhail dhen bhòrd air an robh 'nan laighe cnàmhan mortair ann an iarainnibh na croiche, leanabanna beaga gun bhaisteadh, dà rèis air fad, mèirleach air ùr-ghearradh on taod, leis na h-ospagaibh deireannach aige fhathast air an dealbhadh mar spleuchd a chraoise, còig tuaghan-catha le dearg-mheirg na fala thairis orra, còig crom-chlaidhean carrach le mortadh agus mòran de nithibh oillteil agus eagalach eile nach biodh e laghail fiù agus ainmeachadh.

An uair a bha Tomaidh a' sgeannadh a shùilean, làn uabhainn agus iongantais, dh'fhàs an aighear agus a' mhire grad agus gleadhrach. Shèid am pìobair suas na bu labhra agus na bu labhra agus chaidh an luchd- dannsaidh 'nan deannaibh, gach mionaid nas luaith agus nas luaith. Ruidhil iad, shuidhich iad, chroisg iad agus chaidh iad an sàs na chèile gus an robh smùid fallais air gach seann-chaillich a bha làthair. Mu dheireadh, thilg iad dhiubh an luideagan agus bhuan-sheas iad ri 'n obair 'nan lèintibh.

A-nis, a Thomaidh, ò Thomaidh! Nam b' òighean iad siud agus gach aon dhiubh sultmhor agus maiseach 'nan òige, le 'n lèintibh air an dèanamh, chan ann dhen phlaide shalaich bhàin ach den t-seachd ceud deug anart, geal mar an sneachd – ciod a theireadh tu riutha sin? Ach an àite sin, bha bansgalan seargta aosta agus baoth, le lurgannaibh tana cuagach a leumartaich agus a gearradh shùrdag air druim seana-mhart. Och! bu leòir e cum dèistinn a chur orm agus chum mo dhèanamh tinn!

Ach bha deagh-fhios aig Tomaidh air aon rud agus rud eile agus bha aon chaile dhreachail chiatach san ruidhtearachd air an oidhche sin, (aig an robh eòlas fad an dèidh sin air tìr Charraig, oir is lìonmhor ainmhidh a bhuail i gu bàs agus is iomadh deagh bhàt' a chuir i a dhìth agus chrath i mòran coirc agus eòrna anns gach àit, agus chum i taobh na dùthcha air fad fo gheilt.) Bha 'n lèine aice de gharbh lìon-anart Phàislig, a bha i a' caitheadh an uair a bha i 'na caileig. Ach, och! Is beag 'bha fios aig do sheanmhair chràbhaich gum biodh an lèine sin a sholair i airson a h-Annaige bige fhèin, le dà phunnd Albannach (a saibhreas gu lèir) a b' urraim air dannsa nam bana-bhuidseach!

Ach a-nis feumaidh mo cheòlraidh an sgiathan fhèin a bhearradh, oir tha itealachd dhen ghnè seo fad os ceann an cumhachd. Cò a sheinneadh mar a bha Annag a' clisg 's a' leumadh, (oir bha i 'na baidhbh thapaidh a bha sùbailt' agus treun) agus mar a sheas Tomaidh mar neach air an d'rinneadh draoidheachd agus mar shaoil e gun robh a shùilean a sealbhachadh tìodhlacan àraidh. Spleuchd eadhon Sàtan fhèin agus rinn e iomairt le làn-thoil, a' cas-chrathadh agus a' sèideadh suas na pìob leis gach cumhachd agus innleachd 'na chomas. Ach mu dheireadh le aon sùrdaig agus a-rìs le sùrdaig eile, chaill Tomaidh a thoinisg gu buileach, ag èigheach a-mach, "Ro mhaith, ro mhaith, a Lèine Chutaich!" – agus ann am priobadh na sùla bha gach nì dorch. Agus is gann a fhuair e Magaidh air a ceartachadh, an uair a bhrùchd a' bhuidheann ifrinneach a-mach le dian-chabhaig.

Ceart mar a bhriseas na seilleanan a-mach 'nan sgaoth, a' srannail le feirge dhèin, an uair a bhios buachaillean gadach a' toirt ionnsaigh air an sgeapaibh, ceart mar a theicheas a' mhaigheach bho a nàimhdean sgriosach an uair a chluinneas i sgailc a' ghunna agus a chlis-leumas i roimh an sròn air falbh, ceart mar a dhian-ruitheas an comhladas sluaigh air an aghaidh air là fèille, an uair a ghlaodhar am fad 's am farsaing, "Glac am mèirleach", ceart mar sin bheir Magaidh a casan às, air do na buidsichean a bhith an tòir oirre, le iomadh sgreuch cianail agus eagalach.

Och, a Thomaidh! Mo chreach, a Thomaidh! Gheibh thusa do dhuais. Is ann gu dìomhain tha do Cheit a' fantainn ri d' theachd. A-nis, a Mhagaidh, dèan gu h-ealamh ma 's urrainn thu agus ruig clach-ghlasaidh na drochaid. An-sin, faodaidh tu d' earball a chrathadh riu gu lèir. Chan eil a chridhe aca dol thairis air sruth is e 'na ruith. Ach mun d'rinn i 'mach a' clach iuchrach, feuch, an truaigh earball a bh' aice gu 'chrathadh! Oir bha Annag fad air thoiseach air càch agus rinn i suas gu dlùth ri Magaidh thrèin agus thug i ionnsaigh air Tomaidh le cuimse fhiadhaich. Ach is beag a bha dh'fhios aice air smioralas Magaidh a theasairg a maighstir gu tèarainte le aon leum ach dh'fhàg i 'na dèidh a h-earball glas fhèin. Ghlac a' chailleach i air an rumpall agus dh'fhàg i aig Magaidh air èiginn am bun.

A-nis, ge be cò a leughas an sgeul fìrinneach seo, thugadh gach duine agus gach mac-màthar an aire: Cuin air bith is miann leat dol a dh'òl, smuainich gum faod thu sòlasan a cheannach tuilleadh 's daor agus cuimhnich air capall Thomaidh a' Shanter.

Tòmas Seannsair
Rob MacDhùghaill
(Tam O Shanter)

Nuair 'bhios daoine fial don t-sràid ag aomadh,
is nàbaidh ìotmhor còmhlach' nàbaidh gaolach;
mar 'bhios làithean-fèill gu 'n ceann a triall,
's am mòr-shluagh 'sgaoileadh 'n ear 's an iar,
is seinn gu h-aoigheil cruinn mun t-searraig,
gu caidreach còir gun ghò gun charraid,
cha ghabh gu cridh' gach mìle buan,
gach uisge, dìthreabh, dìg is bruaich,
tha eadar sinn 's ar n' astail fhèin,
far 'bheil ar cailleach ascaoin bhreun.
'Cruinneachadh mala ghairg mar fhadadh-frois'?
Ag altrum feirg 's 'ga cur air chois.

'S e dh'fhiosraich brìgh an sgeòil seo Tomas Seannsair,
aon oidhche bho Àir air dha 'bhith cruinn-leum,
(Seann-Àir air nach doir bail' eile buaidh,
an daoine còir' 's an òighean suairc.)

O Thòmais! Nam biodh agad a dh'eugnadh-iùil,
na ghabh comhairle theisteil Ceit do rùin,
dh'innis dhut gu fòil gun robh thu baoghalta,
'na do bhurraidh gòrach làn bòist is daoraich.
O oidhche Shamhna gu àm na Dàmhair,
nach robh thu latha-fèill gun 'bhith d' aobhar nàire,
gun shuidh thu leis a' mhuillear an àm gach meilteir;
gus an trèigeadh cùinneadh sa chùis thu shlaoightear,
's nach deach crudh' air crodhan do chuid capall,
gun thu fhèin 's an gobha 'bhith gun chomas facail,
eadhoin aig an taigh-adhraidh air Là na Sàbaid,
gun ghabh thu 'n daorach le Sìn' NicBhàthaiche,
fòs rinn fiosachd umad mall no luath,
gum faight' thu bàtht' air tràigh na Duain;
no 'nad chrè fhuair le fòill nam buidseach liath,
aig clachan Allamhaigh gun loinn ceann-uidh' nam biast.

A mhnathan! Tlàth 's e fàth mo dheur,
gach comhairl' àigh is rabhadh geur,
a liughad sanas tairis caomh o mhnaoi,
'chuireas am fear-pòsta baoth ann a beag-suim.

Ach a chum ar sgeòil; air oidhche àraidh,
nuair 'fhuair Tòmas còir air a dhòigh gu àilgheas,
ri cagailt loinneil bu bhoillsgeil dreòsach;
'san ìocshlaint naomha sgaoilt' air bòrd ris,
's ri taobh an t-seòid bha Eòin am Brògair
am fuirbidh laghach, agus raogha phòiteir,
rinn Tomaidh ghràdhachadh mar bhràthair òige
's minig shuidh iad, gealach ri caithream pòite,
chaith iad an oidhche le dàin is ròiseal,
's chaidh an leann am feabhas mur bu mhò 'dh'òl iad,
dh'fhàs Tòmas 's bean an taighe gu caidreach, dìleas,
le seanchas, dìomhair, miadhail, prìseil,
dh'aithris an greusaich' gach sgeul, bu mhùirnich,
's rinn an t-òstair fàilteach, le ghàir' an crùnadh,

dh'fhaoidteadh stoirm na h-oidhche 'bhith roiceil 's bùirich,
cha doireadh Tòmas feadag air sgread nan dùilean.

O nach faigheadh cùram fàsgadh san astail òirdheirc,
rinn e e fhèin a thachdadh le sac eu-dòchais,
mar philleas seillean ruadh le 'chnuas do stòr-thaigh,
thriall gach mionaid luchdaicht' le susbain 'shòlais,
biodh rìghrean sona ach bha Tòmas glòrmhor:
os ceann gach uile thruaighe bha buaidh gu leòir aig'.
Ach tha toil-inntinn fheòlmhor mar ròs na fearra-dhris,
'glac 'nad chròig i 's a ghlòir grad-sheargaidh,
no mar lòineig shneachda air teachd san fhìor-uisg',
'bhios gradag geal 's a leaghas às gu sìorruidh,
no mar na fir-chlis air slios na h-iarmailt,
dh'atharraicheas gach tiotadh an riochd san sgiamhachd,
na mar am bogha-braoin is caoine fiamhachd,
a nì grad-chaochladh ro mhaoim nan siantan,
cha chuibhrich neach fon ghrèin nàdar treun na riaghladh,
's tha 'n uair air teachd san èiginn Tòmas bochd 'bhith 'triall uap',
'n uair sin clach-iuchrach oillteil bogha na h-oidhche ciar;
'n uair dhùldaidh dhoilleir san deach am biùidh sgoinneil suas na dhìollaid,
's air samhail na h-oidhche 's na ghabh an saoidh, a thriall,
cha robh peacach baoghl'ta 'mach san t-saoghal riamh.

Shèid Æolus mòr mar gum bi a spàirn fa dheòidh a lùiths,
le frasan gailbhinn 'chuireadh às an ailbhinn smùid,
chaidh boillsge chlis na h-aibheis chòmhdach' thairis le duibhre dhubh;
's thog an treun-dhia Tòr air mhodh sèisteil corr a ghuth,
'n oidhche sin bhreithnicheadh cìochran òg fhiamh nan dùilean,
gun robh obair dhìomhair aig triath nan ùraisg.

Gu bagant' shuas an dìollaid Mhagaidh ghlais,
làir a b' fhearr cha do bhreab air làr a cas,
ghabh Tom air aghaidh tro eabar agus aolach,
gun umhail a dhealan, a dh'uisg' na 'ghaothan,
uair 's a dhòrn sgoinneil 'na bhoineid teann,
uair a' gabhail òrain le crònan fann,
uair mun cuairt dha 'dearcadh le faicill gheur,
air eagal bòcain lachdann 'ga ghlacadh bheum:
bha clachan Allamhaigh nis dlùth do làimh,
far an robh sìthichean 's tannaisg a' gabhail tàimh.

'S e nis an tràth a dh'fhàg e 'n t-àth 'na dhèidh,
far an d'fhuaireadh tachdte ann san t-sneachd an lèigh,
's bha e seachad air a' chloich ghlais ri bile cas na sgàirnich,
far 'n do bhris le amas cnàimh-amhaich Theàrlaich,
's tron a' chonasg ri taobh a chùirn churta,
far an d'fhuair 'n luchd-seilge an leanaban murte;
agus dlùth do dreaghann os ceann an tobair,
far 'n do chroch màthair Mhungain i fhèin gun obadh:
roimhe tha 'n Duain ruithteach dòrtadh tuiltean ruadh',
an doineann a' raoiceadh sa choill co-fhreagradh 'n fhuaim,
tha 'n dealan saighdeach a' boillsg o dheas gu tuath,
's an torrann oillteil a' bodhradh 'n t-suinn le chruadhas,
nuair gu drillseineach tron choill 's i gèisgeil,
chìte clachan Allamhaigh mur gum bann na lasair èibhlean,
tro gach bealach fàs bha gathan dearrsach, soillseach
's b' àrd-labhrach gair fleadh na gràisg ri h-aoibhneas.

A mhic na bracha, a lasgair ainmeil,
cia iomadh tlachd nì thu chalc 'nar n-eanchainn?
Le slige chòir dhìot cha sòr an iorghaill,
'n dèidh glucaid cheart dhìot chan fheuch dhan Diabhal,
fhuair Tomas òl den bheòir gu dhùrachd,
's le cothrom na Fèinne cha dèanadh legion cùis air,
ach sheas Magaidh thruagh ann am buaireas eagail,
gus an d'rinn e bualadh 's le 'chuaille teagasg:
'n-sin ghluais air a h-aghaidh am fradharc nan lòchran,
far am fac' Tòmas gaisgeil an taisbean' neònach.

Còmhlan bhuidseach grànda a' danns gu lùthmhor,
cha bann ri ceòl màlda sa Fhraing 'chaidh 'thùradh,
ach ri pìobaireachd shubhach, siubhal is ùrlar,
chuir beath' is briosga' 's gach iosgaid rùisgte,
air sorchan socrach 'n taobh 'n ear an tùrlaich,
shuidh Sàtan an ceann stùice 's e 'n riochd na brùide,
's b' allaidh dèisinneach brèin an t-uspan,
an ceòl a ghleusadh b' e dreuchd an ùdlaich
's mur d'rinn e 'phìob a spèiceadh gu h-eudmhor sùrdail,
gus an robh an coireall 'gèisgeil ri beus a' chrùnluath,
's b' ioma caisil-chrò mun cuairt dha mar uaighean fosgailt';
foillseach' nam marbh ann 'na dealbh 's 'na coslas,
's le innleachd dhìomhair dhiabhlaidh àraidh,

chum gach seud dhiubh lòchran 'na dhòrn cràcach,
tre 'n d'fhuair Tòmas beachdail ceartas adhbhail,
gach aon nì fhaicinn 'bh' air an altair sgaoilte,
cnàmhan fear droch-bheairt ris a' chroich an slaodadh,
's dà leanabh lapach gun bhaisteadh naomha,
meàrlach glas 'n dèidh 'ghearradh às a' chòrcaich,
's a dhrèin air casadh le teas a sgòrnain,
dòrlach thuaghan le fuil ruaidh air meirgeadh curta,
's còig claidhean cruadhach rinn mòran sluaigh a mhurtadh,
mìr de laocann 'rinn leanabh gaoil a thachdadh,
sgian-dubh gun fhaobhar 'rinn athair caomh a chasgradh,
'chuir a mhacan fhèin ann am buaire gheur gu fois
'bha fòs na dualaibh fiara 'n fheusag liath mun chois,
trì teangannan luchd-lagha, 'n dèidh 'n draghadh on itich,
's le sal na brèige bu bhrèin an lì,
agus cridh' nan sagart nan sadach lobht mar aolach,
air malcadh 's fàileadh 's gach ceàrn an talla sgaoilte,
le barrachd a nithibh grathail sa ghabhadh àireamh,
's bhiodh e fòs mì-laghail an sloinneadh am bàrdachd.

Air do Thòmas 'bhith nis 'na bhreathal 's air bhreathas cèille,
dh'fhàs luchd na cuirme gu suilbhear èibhinn,
bha 'm pìobair buadhach gu cruaidh a' sèideadh,
's gach dannsair 'gluasad gu h-uallach eutrom,
an gearradh chiùil bheireadh iad an cùl d' a chèile,
gus an robh gach ùraisg is smùid à creubhaig;
's nuair 'bha iad air luisreadh le driùchd tro 'n èideadh
rinn gach geirseach lùthmhor cur dhiubh gu lèine.
Nis, a Thòmais rùnaich, nam b' e 'bhiodh annt'
ban-righrean, sgiolt' on cùlaibh 's mu na glùinean dìreach,
an lèintean ùra 'n àit cùrainn grìseann,
'bhith geal mar shneachd nan stùc do thùilinn fìnealt',
bhriogais seo 'th' air mo shlèistean ('s gun agam ach i fhèin mo dhiùbhail)
thàn' uair thugam à Sasann 's am fasan ùr oirr',
cia grad a reubainn de m' eislich ghrànda,
airson aon seàlladh glòrmhor de na h-òighean màlda.

Ach ascaill mhaola chrom, bhaobhail, allaidh,
mur chapaill aosda le caoil air fàileadh:
a' breabadaich air an cuaille san ruaig gun mhoille,
cionnas nach do chur le h-uabhas car tuath 'nad ghoile?

Ach thuig Tòmas ciallach an gnìomh gu sàr-mhath:
bha ann giorsach dhìomhain gun rian gun ghrìsean
gabh an oidhche sin fastadh sa phrasgan charach,
(bha 'n dèidh seo oir eòlas air còrsa Charraig,
oir is iomadh ainmhidh a mharbh i 'n gradaig,
is bìrlinn chiatach 'chuir i sìos don aigeal,
's rinn mòran dosgainn air corc 's eòrna;
's chum taobh na dùthcha gu diùid fo h-òrdugh)
's ann de dh'fhighe Phàislig bha a lèine thùilinn,
nuair bha i 'na caileig chaidh 'ceannach ùr dhi,
's ged nach robh a h-iomall ìochdrach ach sìos gu cruachainn,
's i a b' fhearr de cuid-sa 's rinn a' bhuidseach uaill aist':
och 's beag a shaoil do sheanmhair, 'bhean ainmeil dhiadhaidh!
gum biodh an lèin' a cheannaich i 'ga h-Annaig mhìogaich,
air dhà phunnd Albannach 's b' e h-uile mhaoin e,
a chaoidh 'cur urram air a' chuideachd dhraosta.
Ach an-seo tha a' cheòlraidh fhèin an èiginn chruaidh,
tha 'n comas mì-ghleusta 's b' e 'm beud nach suail,
sheinn mar bha Annag steudach a' leum 's a' ruaig,
(oir bha 'n cailin treun is i eutrom luath)
's mar 'sheas Tòmas calma gu balbh a' saoilsinn
gur ann 'bha 'n taisbean ùr seo air mùtha saoghail,
bha eadhoin Sàtan colg'rra 'spoirceadh 'shùilean,
a' plosgail, sèideil, a' gèisgeil 's 'g ùnaich,
gus le gearradh èibhinn a leumaibh ùra
na chaill Tòmas reusan a cheudfath thùrail,
's le sgairteachd dh'èigh e "Math thu fhèin – a lèine thùilinn!"
Nuair thuirt am facal gòrach chaidh gach lòchran 'mhùchadh,
's mu 'n gann 'fhuair Magaidh sgairteil fo h-astar siùbhlach,
bha feachd an t-sluic air a-mach a brùchdadh.

Amhail sgaoth bheach a srannraich le dranndan diùmbach,
nuair dhùisgeas clann iad le sannt an spùinnidh
amhail gaodhair fhuasgailteach luatha shiùbhlach,
faoghaid an ruadh-bhuic air ghualainn stùice,
no mar 'ruitheas gach gàrlach air cabhsair fèille,
nuair 'chluinnear "Glac am mèirleach" an ceann gach creutair
is amhail ruith Magaidh ghleusda 's na bèistibh 'n tòir oirr'
le ulfhartaich oillteil 's le roiceil dhòbhaidh.
Ò Thomaidh chiall, bidh do dhìol an-èibhinn!
San t-slochd gun ìochdair gu cian 'gad chronadh,

do Cheit is dìomhain gach ial 'bhith 'n dùil riut;
bithidh i o seo gu sìorruidh 'na mnaoi chianail thùrsaich,
nis dèan d' uile dhìcheall, mo Mhagaidh rùnach,
's buannaich iuchair phrìseil na drochaid ùire –
'n-sin faodaidh tu d' earball uallach a luasgadh sgaoilte;
chan eil 'chridh' air 'n anam 'dhol thar a chaochain,
ach mun d'fhàg i chlach-iuchair sheunta sìor ri cùlaibh;
cha robh urad 's ròineag air feòil a rùsain,
oir dh'fhàgadh 'na dèidh le Anna 'm pannal rùisgte;
's air Magaidh ghlais thàn' i cas sa chùis ud,
's thug air Tòmas sic le briosgadh diabhlaidh,
ach 's beag a b' fhios dhi stuth Magaidh fhìor-ghloin,
shaoir le leum a sealbhadair o earchall sìorraidh
ged chaill i fhèin a h-earball, bear-ghlas ciatach,
rinn an cailin ghlacadh 'na dubhain lachdann chrom:
's cha dh'fhàg i aic' dheth ach failtean lom.

Nis gach aon mhac-màthar nì 'n dàn seo leughadh,
fhuair feartaibh nàdair 's a tha shliochd Eubha;
ma bhios e claonadh gu daoraich bhrùideil,
no idir smaoineach' mu lèintean tùilinn;
faodaidh e fhaicinn nach deic dhuinn daoirid:
na dòigh sam faighear còir leinn air solais shaoghalta;
san àird a dheòthais biodh e 'n-còmhnaidh cuimhneach,
mu chall earball bòidheach làir Thòmais Sheannsair.

Dualain òr-bhuidhe Anna
Fonn: Bruachan Bhanna
(The Gowden Locks O Anna)

An-raoir bha agam pinnt de fhìon,
an àit' nach fhaca duine;
air m' uchd-sa laigh an-raoir gu gast'
dualaig òr-bhuidh' Anna.

An t-lùdhach acrach san fhàsaich fhaoin,
cho sàthach thar a mhàna,

bu neoini sin ri m' mhil-bhlas fhèin
air bilean milis Anna.

Gabh beachd, a rìghribh ear is iar,
o Indus gu Savannah!
Thoir dhomh-s' 'am ghlaice annasach
cruth so-lùbaidh Anna.

'N-sin dhiùltainn geasan ìompaireachd,
ban-ìomprais no Sultana,
's biom sàthach le èibhneas dìomhaireachd,
'nan gabhail 's toirt le Anna.

Dhia bhastail là, gluais às a seo;
's bi falbh bhan-dia Diana;
a reulta, ceilibh ur priobadh soills'
nuair 'choinnicheas mise 's Anna.
O oidhche sgaoil do thrusgan dorch,
grian, gealach, 's reult, bithibh fanna:
is sgrìobhaibh le peann aingleach sìos
mo shonas gràidh le Anna.

Caiptein Grose
(Verses On Captain Grose)

'N aithne dhut dad mu Chaiptein Grose?
Igo is ago.
Measg nàimhdean 's càirdean mar bu nòs?
Iram, coram dago.
Am bheil e deas no 'm bheil e tuath?
Igo is ago.
No bàthte shìos am Foirth' mo thruaigh?
Iram, coram dago.
'N do mharbhadh e le Gàidheal gealt'?
Igo, is ago.
'S e ithte suas mar haggis mholt?
Iram, coram dago.
'Steach 'n uchd Abram am bheil an sonn?
Igo is ago,
'S greim aig' air machlag Sharah fhann?
Irarn, coram dago.
Gu robh Nì maith 'ga chaomhnadh 'nis!
Igo, is ago.

Chan fhaod an Diabhail a ghonadh as,
Iram, coram dago.
Cuir 'na turas an litir seo,
Igo is ago.
'S bithidh mi 'nad fhiachasa,
Iram, coram dago.
'S biodh agad èiteagan ma seach,
Igo, is ago.
Am pòr a bha aig Àdhamh an laoidh,
Iram, coram dago.
'S dòchas gum faigh thu measg do shealbh,
Igo, is ago.
Buinn chrùnaidh Shàtain le a dhealbh!
Iram, coram dago.

Soraidh le Nansaidh
Fonn: Rory Dall's port
(Ae Fond Kiss)

Aon phòg gaol mu 'm feum sinn sgaradh;
aon soraidh blàth, gu bràth! mo lèireadh!
Le sgrùdadh cridhe òlam dhut,
's le osnaich ghoirt 'nis geallam dhut.
Cò their gu bheil àgh a dhìth air?
'S reult a dhùil gu tur 'dol claoidh air.
Gun urrad 's priobadh soills' 'toirt leus dhomh,
ach dubh eu-dòchas dalladh m' easbhuidh.

Cha chriomachar leam leth-bhreith m' annsa,
cha seasadh aon nì 'n aghaidh Nansaidh;
'ga faicinn 's e a bhith an gaol leath'
seadh 'bhith an gaol fad lath' bràth leath'
's truagh gun d'rinn sinn gaol gu bàidheil,
cho aineolach gidheadh cho dèidheil.
Riamh nach d'rinn sinn ceil no sgaradh,
cha d'fhuiling sinn bristeadh cridhe.

Soraidh 'ghaoil, mo chiad aon gasta!
Slàn leis 'n rìbhinn phrìseil ghleusta!
'S biodh toil-inntinn mar chrannchur agad,

sìth, sonas, gaol, 's tlachd nach traogh leat
aon phòg gaol, mu 'm feum sinn sgaradh:
aon soraidh bhlàth, gu bràth mo lèireadh;
le sgrùdadh cridhe òlam dhut,
's le osnaich ghoirt 'nis seallam dhut.

Coille Chreag a' Bhùirn (a' chiad tionndadh)
(Cragieburn Wood, first version)

Sèist
'N taobh thall do m' ghaol, 'n taobh thall do m' ghaol,
mo gheall 'bhith 'm laigh 'n taobh thall dhìot!
Slàinteil milis biodh a chadal-san
san leab' 'tha 'na laigh 'n taobh thall dhìot!

'S grinn feasgar fè air coille Chreag a' Bhùirn
is dùsgadh a-màireach sunndach
ach cha doir mòrchuis earraich 'm frìth Chreag a' Bhùirn
ach mulad is bròn do m' ionnsaidh.

Tha bil is flùir tigh'nn 'nìos on ùir,
tàim 'cluinntinn na h-eòin bheaga 'seinn;
ach toil-inntinn chan eil annta dhomh-sa,
's mo chridhe le cùram cho tinn.

Chan urrainn 's chan fhaod mi innis,
tha d' chorraich dhomh mar uisge;
sgoltaidh cleith gaoil mo chridhe gu tur
's chan urrainn mi 'cheilt' nas fhaide.

Dhomh-sa tha thu dìreach, maiseach, àrd,
cho àlainn grinn 's cho bòidheach;
ach ciod e 'tomhas m' àmhghar goirt
ma dhiùltas thu do Sheonaidh.

'Bhith d' fhaicinn ann an achlais eile,
'ad laigh' an gaol 's a' crìonadh,
chìtear gum bristeadh sin mo chridh' –
le iomagain is dubh-bhrònaidh.

Abair a Shionn gun dig thu leam,
's nach toigh leat aon ach mise;
rè fad mo làith' an tìr nam beò
m' ionmholta thu 's mo mhòr-mheas.

'Am ruag o thìr is luchd mo ghaoil
Fonn: Carron-side
(Frae The Friends And Land I Love)

'Am ruaig o thìr is luchd mo ghaoil,
troimh ghamhlais mì-fhortain fhealltaich,
air falbh uaip'-se rùn mo chridh'
's an toil-inntinn 'bha 'am gheall-sa
am feast chan fhaigh mi athais chaomh
o chùram ciar 's fois o strì;
tha cuimhne air a mhaith a bha,
's tha eu-dòchas sgrios mo chridh'.

Tha 'n àileadh 's àillidh dhomh-sa dorch,
's tràigh bhlàthmhor 'na fàsach faoin,
gus an aisig dàn air ais a-rìs,
dàimh, gaol is sìth dhomh fhèin,
'n-sin bheir dìoghaltas cho labhraiseach,
ar fògarraich a-rìs air ais;
'n-sin gheibh gach giolla bòidheach treun
thar cuan an rìbhinn òg as leis.

Cumha airson Sheumais, Iarla Ghleann Cùirn
Fonn: Rob MacDhùghaill
(Lament For James, Earl Of Glencairn)

Shèid an t-sian thar chiabh nam beann,
on iar bha 'ghrian le fann shoillse,
dearrsadh air duillich chrìonaich chiair nan crann,
bha siabail os ceann na h-aibhne,
fo sgàile sgurr' shuidh filidh liath,
trom-luchdaicht' le bliadhnaibh 's le bròn;
gu cràiteach gul a caoidh a thriath,
ghlais bàs an-tràthail, shìos fon fhòd.

Dh'aom e e fhèin ri daraig fhuair,
don robh a bun a' dol 'na luaithr' le aois,
bha 'chiabhan air glasadh geal mun cuairt,
's na deòir a-nuas le ghruaidhean aost';
's mur charaich e a chlàrsach chuannar,
's a ghleus e suas a dhuanag chiùin,
ghiùlain an oiteag tro bhac nan uamhan,
gu mac-talla fuaim a chiùil.

"A ealtainn sgaoilt' tha ri caoidhrein tiamhaidh
do dh'iarmad cianail an earraich ghaoil,
a choilltean 'tha 'sraonadh air na siantan
uil-onairean nam bliadhnan aost';
beagan mhìos ro ghearr 's gu h-èibhinn ùr,
ath-thoilichidh sibh an t-sùil 's a' chluas,
ach 'n eil dadam an cuairt nan ùin',
'bheir aoibhneas dhomh-s' às ùr mo thruaigh!

'S e th' annam crann aost' air aomadh sìos,
'sheas ro mhaoim nan sian car ùine mhòr,
ach nis thàin' ospairn dhoimheal dhian,
'rinn mo spìonadh às an ùir fa dheòidh,
chan fhàiltichear an t-earrach le m' dhuillich uain',
's cha doir grian an t-samhraidh orm snuadh no blàth,
ach staonaidh sìos ron doineann fhuair,
is èiridh maoth-shlat nuadh 'nam àit'.

Chunnaic mi cho lìon bliadhna iomluath fhaoin,
's gur coigreach mi san t-saoghal air fàs,
tha mi 'g imeachd ann an slighe dhaoin',
araon neo-aithnicht' is gun aithne 'n tràs,
neo-iomraiteach neo-airidh gun cho-ghnàth,
iomchaiream 'm uallach de chràdh leam fhèin,
oir nan crèadha fhuair an suain a' bhàis,
tha iadsan a ghabhadh càs do m' phèin.

Agus fa dheòidh (suim m' uile chràidh,)
tha mo mhaighstir gràidh ag fois san uaigh,
flùr mais' am measg nam baran àigh,
cùl-taic a shlòigh 's cion-fàth an uaill,
tha mi nis a' seargadh 'm mharbhan breòit',

oir tha gach beò nam beatha marbh,
thrèig dòchas treun mo chrèibh gun treòir,
's air sgèith nan neòil do sheòl air falbh.

Dùisg do ghuth deireannach trom mo chlàrsach,
fonn cràiteach an-aoibhneis 's eu-dòchais chruaidh,
dùisg is seirm do dhuan dheireannach gu fàilteach,
'n-sin caidil sàmhach gu Là Luain,
agus thusa m' aon charaid tairis buan,
'tha 'lìonadh 'n tuaim gu h-an-tràthail,
gabh ris an tìodhlac seo on fhilidh thruagh,
shaoir thu a cruaidh-chàs fuasach gàbhaidh.

An gleannan an-sheasgair na h-aimbeairt fhuair,
tiugh-dhuibhre dhuaichnidh orm 'g iathadh dlùth,
ged thionndadh mo shùil fhuireachair man cuairt,
cha robh rionnag ri bhuannach' leam do chliù,
fhuair thu mi mar aiteal moch na grèin',
'leaghas ceò a cheil na chùirnein tlàth,
am filidh truagh 's a dhuanag fhaoin,
shealbhaich araon do chùram blàth.

Ò cuim tha saoghal cho gearr aig fiach?
Am feadh tha daormainn liath le h-aois,
'm feum thusa an t-òirdheirc, am mòr 's am fial,
tuiteam sìos an neart an laoich?
Ò cuim a mhair mi dhearc' an là,
latha 'tha dhomh-s' cho làn de thruaigh?
Ò nach mi 'choinnich an t-saighead bhàis,
a leag m' fhear-dìdein àigh san uaigh."

Faodaidh gun dìochuimhnich am fear-pòst' a chèile,
air an d'fhuair e còir on chlèir an-raoir,
faodaidh gun dìochuimhnich an rìgh an coron èibhinn,
'chaidh charadh 'n-dè air ceann an t-saoidh,
faodaidh gun dìochuimhnich a' mhàthair an leanabh ciùin,
'tha i 'g altram air a glùn le deòthas,
ach cuimhnicheam-s' thusa a Ghlinn Cùirn,
's gach tùrn rinn thu 'gam chòmhnadh!

Polly Stiùbhard
Fonn: You're welcome, Charlie Stewart
(Lovely Polly Stewart)

Sèist
Ò Polly Stiùbhard cho bòidheach brèagh,
gleusta gast' tha Polly Stiùbhard,
cha robh flùir 'riamh 's a Chèitein bhlàth
cho rìomhach 's 'tha 'n snas 'tha ort!

Ò plosgaidh, crìonaidh 's tuitidh 'm flùir,
's cha doir dòigh air ais a neart;
ach fiach dìlse 's òg-bhith-bhuantachd
bheir sinn do Pholly Stiùbhard.

Biodh esan a bhios 'gad chniadachadh
'na fhear sealbhaidh cridhe ceart:
dha 'gam b' aithn' an aigne fhlathail
an caidreamh Pholly Stiùbhard.

Bell Bhòidheach
(My Bonnie Bell)

Tha 'n t-earrach aoibhneach 'tighinn le gràs
's theich 'n geamhradh doirbh air falbh le stoirm;
mar chriostail tha 'n t-uisge frasadh a-nuas,
's tha bràigh nan speur cho bòidheach gorm;
tha 'mhadainn dearrsadh thar maol is beann,
's feasgar cur caor bhuidhe air luasgadh cuan;
tha tilleadh a' ghrian 'cur gach creutair an sunnd,
's mise làn sòlas le Bell mo rùn.

Tha 'n t-earrach lusach 'toirt an samhradh 'steach,
's tha foghar buidhe leis 'na bhois.
An-sin 'na àm an geamhradh gruamach,
gus an till 'n t-earrach a-rìs air ais.
Tha roinnean aimsir is beatha gluasad,
tha nàdair 's tìm 'g aithris na nithe 'bha,
làn do mhì-fhoighidinn, gidheadh cho bith-bhuan.
Caidream mo Bhella bòidheach blàth.

Eppie MacNab
(My Eppie MacNab)

Ò 'm faca sibh mo ghaol-sa, Eppie MacNab?
Ò 'm faca sibh mo ghaol-sa, Eppie MacNab?
Tha i shìos anns a' chlaise a' pògadh an laird,
's cha till a-rìs chun a h-Iain MacRab!

Ò till-sa air ais leam mo Eppie MacNab!
Ò till-sa air ais leam mo Eppie MacNab!
Cha suim leam na rinn thu am maille no deifir,
's e do bheannachd-sa tighinn do d' Iain MacRab.

Ò dè tha i 'g ràdh mo ghaol-sa, Eppie MacNab?
Ò dè tha i 'g ràdh mo ghaol-sa, Eppie MacNab?
'S e 'n naidheachd th' aice dhut, gun d' chuir i cùl riut,
's nach smuainich i gu bràth air a h-Iain MacRab.

Ò! Nach fhaca mi idir thu, Eppie MacNab!
Ò! Nach fhaca mi idir thu, Eppie MacNab!
Cho eutrom ris an t-sìd', cho gealtach 's cho maiseach,
agus bhrist thusa cridhe d' Iain MacRab.

Cho fada thall
Fonn: Dalkeith maiden bridge
(My Native Land Sae Far Awa)

Ò trom is tùirseach mo shoraidh 'bhiodh,
mur b' e son is' 'tha m' chridh' an geall;
gun fhios an tubaist chumas mi
o m' dhùthaich dàimh cho fada thall.

Ò thus' a rinn gach uile nì,
's thug bith don tè as i mo dhùil,
thoir spionnadh cuirp 's cha siubhail mi
'am astarach cho fada thall.

Gaol dìleas blàth mar 's airidh i
thoir thusa dòrlach dhi 'ga mheal;

ò lot mo chridh' cha leigh'sear mi,
'n tràth tha ise bhuam cho fada thall.

Gath guineach gaol chan fhairich mi
ach bhuaipe-se le 'n bheil mi 'n gaol;
nas àillidh riamh cha d' mhaothaich cridh',
na a' chaileag ghrinn tha fada thall.

'S e mo thochar an leug
(My Tocher's The Jewel)

Ò 's beag meas th' aig mo leannan air m' àilleachd,
mo ghaol 's mo dhream tha dha mar fhaileas;
's beag a smuain gur fhios dhomh-sa glè mhath,
gur e mo thochar an leug as àill' leis.
's ann son an ubhail tha e 'g àrach a chraobhaig;
's e gaol a mhil don bheachan 'bheir maoin;
's tha e cho mòr an gaol leis an airgead,
's nach eil àit' aige dhomh-sa 'na smuain.

'Nad urrail gaoil chan eil ach peighinn àirleis,
's e mo thochar th' an aire an laochain;
mas cealgach tha thusa, 's ann seòlta tha mise,
ri aon eile falbh 's d' fhortan bi 'feuchainn.
Tha thu cosmhail ri groide an fhiodh ud;
's mar rùsg na craoibh' lobh' anns a' chlais;
snàigidh thu bhuam mar shreang gun snaidhm,
's bruidhnidh mu dhàil ri tuillidh na mise.

Fàilte furain Nithsdale
(Nithsdale's Welcome Hame)

Tha MicUasail 's an cuideachd treun
feachd-ceumnaich thar na crìochan,
's gu turaide Tìr Eaglais thèid,
'gan cur an òrdugh, laochain,
's iad 'cur an cèill gur Tìr Eaglais grinn
an teach a roghnaich iad;

's tha gach cridhe anns an sgìreachd
toilicht' airson 'n naidheachd ud.

'S an duibhre caillear leus nan reult,
's bidh gailleann gharg a' cinntinn;
ach faodaidh uair àbhachdach 'bhith 'n dlùths
àm sochaireach 'na cinntinn;
'n dèidh oidhche fhad dè chùram 's dragh
bidh aoibhneas 's an là màireach
's tha a' chamhanach 'toirt furtachd dhuinn –
soraidh le oidhch' ar sàrach'.

Ò hò son aon is fichead, Tam
Fonn: The moudiewart
(O For Ane An' Twenty, Tam)

Ò hò son aon is fichead, Tam!
Ò hè son aon is fichead, Tam!
Seinneam do m' chàirdean òran nuadh,
nuair 'bhios mi aon is fichead, Tam.

Tha iad a' trod 's 'gam chumail sìos,
mo choslas tha air teicheadh bhuam,
ach thèid trì bliadhnain gearr mun cuairt,
an-sin thig aon is fichead, Tam.

Croit ministeir is boisean òir,
dh'fhàg m' antaidh dhomh-sa sin 'na blaom;
's chan fheòraich cead mu chàirde nuair;
a bhios mi aon is fichead, Tam.

Ùmaidh baoth th' 'ad 'cur fa m' chomhair,
ged 'nis a tha am pailteas leam;
Cluinn! Seo mo bhois, bithidh sinn pòst',
nuair bhios mi aon is fichead, Tam.

Ò tha Ceannmhor suas 's air falbh, Uilleim
(O, Kenmure's On Awa', Willie)

Ò tha Ceannmhor suas 's air falbh, Uilleim,
tha Ceannmhor air falbh le fiamh;
's e tighearn Cheannmhor as gaisgeile
a chunnaic Gallabhaigh riamh!

Soirbheas le buidhinn Cheannmhor, Uilleim,
le a chuideachd-san biodh buaidh!
Chan eil eagal Cuigsich an cridhe neach
a mharcaicheas r' a làimh.

Slàinte Cheannmhor am fion, Uilleim,
slàinte Cheannmhor am fion!

Cha robh gealtair an dàimhe Cheannmhor riamh,
no an gineil Ghòrdan treun.

'S e flaith tha 'n gillean Cheannmhor, Uilleim,
ò 's e flath tha ann gach aon!
Tha 'n lainn 's an cridh' den mhiotailt cheart,
's gheibh an nàimhdean fios air sin.

'S e buaidh no bàs 'bhios ann, Uilleim,
leo siud bithidh buaidh no bàs!
'S bi faram buaidh glè àrd 'ga luaidh,
nuair thig tighearn Cheannmhor air ais.

Seo dha-san 'tha fad air falbh, Uilleim.
Slàint' dha-san is d' a fheachd
is seo don fhlùir as toigh leam fhèin,
an ròis cho geal ri sneachd.

Ò Mhàigh cha robh do mhoich cho gast'
Fonn: The rashes
(O May, Thy Morn)

Ò Mhàigh cha robh do mhoich cho gast'
ri oidhche Dhecember dubh:
chionn loinnreach bha am fìon beò dearg.
Is uaigneach bha an seòmar dhomh:
is ise neo-ainmeil cho prìseil bha.
Cha dìochuimhn' mi a-chaoidh.
Is ise neo-ainmeil cho prìseil bha.
Cha dìochuimhn' mi a-chaoidh.

Seo dhaibh-san caoin, tha mar sin fhèin.
A phutas tiomall an deòrum.
Is slàinte dhaibh-san le 'n toigh ar math.
Mealladh iad stòr gun chùram:
seo dhaibh-san cuideachd 'bhios gun ràdh.
'S iad 's àirde bhios 'nar faram
Seo dhaibh-san cuideachd 'bhios gun ràdh.
'S iad 's àirde bhios 'nar faram.

Thar Foirth' cho ruadh
Fonn: Charles Gordon's welcome home
(Out Over The Forth)

Thar Foirth' cho ruadh, seallam don tuath;
ach ciod e 'n tuath 's a' Ghàidhealtachd dhomh fhèin?
Ach cha doir ear no deas athais do m' uchd,
no tìr fad thall, no luasgadh fairge 's tuinn!

Ach seallam don iar nuair chum fois thig m' uair
chum mo chlos 's mo bhruadair deagh-shona gum bi
chionn chòmhnaidh san iar tha esan as fhearr,
an giolla 'tha prìseil do m' phaist' is mi fhèin.

An t-Aonadh
(Such A Parcel Of Rogues In A Nation)

Soraidh 'nis le cliù Albann,
's uilc 'ghlòir ar n-àrsaidheachd;
soraidh eadhon don ainm Albainn.
Iomraideach an gaisgealachd.
Tha 'n Suairc 'taomadh thar gaineamh Sholbhaigh,
agus Tuaidh chun chuain a' ruith,
'comharrachadh mòr-roinn Shasainn –
a leithid a bhad shloightearan sa chinneach!

An nì dh'fhairtlich ainneart 'chìosnachadh,
troimh iomadh àl is linn,
tha oibricht' 'nis le cladhairean,
son duais am brathach claon,
dhèan'maid tàir air stàilinn Shasann,
tèaraint' 'nar cruadail inbheach;
ach 's e òr Shasann 'chuir aimhleas oirnn –
a leithid a bhad shloightearan sa chinneach.

Ò b' fhearr nach fhaca mi an là
sinn reict' son luach na feallsa,
no mi 'bhith sìnte sìos fon ùir,
le Brus is Uallais dìleas!
Le m' threòir 's neart, gus an tèid mi thart,
's e seo 'bhios mise 'g innseadh,
tha sinn ceannaicht' 's reict' 'n gaol òr Shasann, –
a leithid a bhad shloightearan sa chinneach!

Abhainn Afton
(Sweet Afton)

Gluais sàmhach, ò Afton, mu d' bhruthaichean grinn,
gluais sàmhach, tha mise 'gad mholadh gu binn;
tha mo Mhàiri 'na clos mu d' chrònaidh chun raon,
gluais sàmhach 's na dùisg i o bhruadair no suain.

A chalmain th' a' cuireachd ri d' chomp'nach sa ghleann,
's a lon-dubh' th' a' feadailich on droigheann le srann,

's adharcaibh bhad-uaine, thoiribh thairis de 'r sgread,
's na dùisgibh mo ghaol-sa 's i cho sona an-siud.

Ò Afton cia àrd tha do chnoic 'g èiridh suas,
's iad comh'raicht' le cùrsan, nan sruithean beag bras;
tàim faondrainn gach lath' 's a' ghrian shuas anns na dùil',
le m' fheudail 's taigh Mhàiri, an sealladh mo shùil.

Cia àlainn do bhruachain 's na lagain fad shìos,
's a-steach anns na coilltean tha 'n sòbhrach a fàs;
o 's tric sinn air sgrìob, 's feasgar tuiteam mu 'r ceann,
's na bruachain grinn beithe mu m' Mhàiri 's mi fhèin.

D' uisge criostail o Afton, cho bòidheach dol sìos,
lùbadh mun taigh 's am bheil mo Mhàiri gun phrìs;
cia tric ann do bhùrn, 's i nigheadh nan tonn.
'S a spìonadh na flùirean tha còmhdach an fhonn.

Gluais sàmhach, ò Afton, mu 'd bhruthaichean ghrinn.
Ghluais màlda chaoin shruthan m' adhbhair molaidh is seinn.
Tha mo Mhàiri na clos mu d' chrònaidh thun raon,
gluais sìothchail 's na dùisg i o bruadair is suain.

Uisge Aftoin
Dùghall MacPhàil
(Sweet Afton)

Siubhail sèimh feadh do ghlacan, a chaoin Aftoin nan lùb,
agus seinneam dhut duanag gu bhith luaidh air do chliù;
ri do thaobh tha mo Mhàiri an cadal tlàth-fhoisneach ciùin –
Siubhail sèimh 's às a bruadar na gluais i 's na dùisg.

Thusa, smùdain, d' am freagair ath-fhuaim chreag nan gleann fàs,
's thusa, lon-dubh 's glan feadag anns na preasan fo sgàil,
adharcain chlis a' chinn uaine, cum do chruaidh-sgread 'na tàmh –
na cuiribh buaireas no bruaillean air suain-fhois mo ghràidh.

Aftoin chùbhraidh, cia àillidh na beanntaibh àrd 'tha dhut dlùth,
le an caochanaibh meara, glan fallain gun ghrùid;

far am bi mi gach là nuair tha 'ghrian aig àird' a buan-chùrs',
bothag bhòidheach mo Mhàiri 's mo threud-àlaich fo m' shùil.

Cia taitneach do bhruachan 's do chluanagan caoin,
ann do fhrìth-choill chan ainmig an t-sòbhrach gheal-bhuidh' ghlan mhaoth;
nuair 'bhios braon-dhriùchd an fheasgair a' dealtradh nan raon,
bidh mise 's Màiri ri sùgradh fo bharrach cùbhraidh nan craobh.

A chaoin Aftoin, cia soilleir do shruithean criostail, gun ruaim,
'ruith 'nan lùban mun àiridh 'm bheil mo Mhàiri 'cur suas;
Cia mear iad ri failceadh casan sneachd-geal mo luaidh,
nuair 'bhios i 'luidrich feadh d' àthaibh 'tional bhlàthan mu d' bhruaich!

Siubhail sèimh feadh do ghlacan, a chaoin Aftoin nan lùb,
abhainn chùbhraidh gun fhòtas, cuspair m' òrain 's mo chiùil;
ri do thaobh tha mo Mhàiri an cadal tlàth-fhoisneach ciùin –
siubhail sèimh, 's às a bruadar na gluais i 's na dùisg.

Bruachan Dhùin (an treas tionndadh)
Fonn: Sòlas sealg Chailleannach
(The Banks O' Doon, third version)

Ò bhruachan 's bhruth'chean bòidheach Dhùin,
ò cuim' tha sibh cho ùr 's fo bhlàth?
Ò cuim' tha sibh-s' a' seinn a dh'eòin,
is mis' cho sgìth làn cùraim 's cràidh?
Tha m' chridh 'ga bhristeadh le ur ceòl,
tha sùgradh binn san droigheann tràth;
's 'gam chur an cuimhn' air sonas m' òig –
a dh'fhalbh 's nach till air ais gu bràth.

'S tric dh'imich mi mu bhruachan Dhùin,
's bh' an ròs 's an deòlag 'toinneadh cruinn,
's gach eun a' ceileireadh d' a ghaol,
's le sùrd sheinn mi do m' leannan fhèin;
le cridhe aotrom spìon mi ròs,
làn boltrach o a gheug le m' ghràdh;
ach ghoid m' ghaol cealgach bhuam mo ròis,
ach ò! Dh'fhàg e an gath 'gam chràdh.

Bruachan na Duain
Fonn: Sòlas sealg Chailleannach
Rob MacDhùghaill
(The Banks O' Doon, third version)

A bhruachan 's a bhaideil mu Dhuain nam badan,
cionnas 'tha ar cuid ghagan cho maiseach fo bhlàth?
Cia ceòlmhor 'tha sgreadan nan neòineanan beaga?
'S mo chàil-s' air a leadairt le teagamh is cràdh.
Tha mo chridh' air a bhristeadh, a chìreanaich itich,
le do bhinn-cheileir brisg-luath mu iomall nan lòn:
'toirt 'nam chuimhne gach sealan an aoibhneis 'chaidh thairis,
an aoibhneis chaidh thairis 's nach tachair nas mò.

'S tric 'ghabh mi cuairt, chiamhair, mu Dhuain ud nam fiar-lùb,
'dh'fhaicinn an ròis is na h-iath-shlait a' snìomha' nan duail,
's bhiodh gach eunan san fhiadh-ghleann 'cur sèis fo 'n guth tiamhaidh,
's mis' gu h-èibhinn a cionar 'seinn dian do mo luaidh.
Le deòthas mo chridhe bhuain mi ròs ann san t-slighe,
bhuain mi ròs ann san t-slighe dhe na sgìtheach seo fhèin,
ach nis bhuain m' òganach titheach mo ròs gu h-ain-dligheach,
's dh'fhàg e fòs dhomh an sgìtheach a' bioradh mo chlèibh.

Bòidheach aireil tha thu
(Bonnie Wee Thing)

Bòidheach aireil, sàmhach tha thu,
ò gun robh mo bhòidheag leam;
'n glaice m' uchd 's ann 'n-sin a bhiodh tu,
's nach aomadh mu neamhnaid bhuam.

Làn iomagain 's dòchas nis tàim 'sealltainn,
ann 'ad aogas bòidheach gleust';
's tha eagal 'dol troimh m' chridh' mar shaighdean,
nach dig leam mu bhòidheag gast'.

Tha aighear, gràs, gaol is àilleachd,
'dearrsadh 'n aon chomh-sholas ciùin;
'bhith 'luaidh do chliù 's e sin mo dhreuchd,
ìomhaigh m' anam bidh mo rùin.

Davies maiseach
Fonn: Miss Muir
(The Charms Of Lovely Davies)

Ciamar nì mi le sgil is brìgh,
sàr-chleachdaidh dreuchd nam filidh?
No cuspair fonnmhor, 'n amaibh àghmhor,
a dhùisgeas smuaintean diadhaidh,
feumaidh iadsan 'thoirt oidhirp tuillidh
na rinn iad riamh o thoiseach,
mun ath-aithris iad nan ranntaibh seis,
uil' ghrinneas Dhavies maiseach.

Mar thig an dùil, tha sunnd 's gach sùil,
mar Phœbus 's là aig èirigh,
an deireadh fras, nuair tha gach lus
a' sgeadachadh a' ghàrraidh,
thar tràigh tha 'n tràill, Shiberia thall,
is tuinn an teanntais èigheach
tha 'n crìonadh faireachdainn 'n àm sgarachdainn
o ghrinneas Dhavies maiseach.

'S e fiamh-ghàir' gibht o nèamh a-nuas
gur dèanadh nas mò na prionnsaichean;
tha làmh cholbhainneach is cumhachd rìgh
'm plathadh dearc a seallaidh-san,
esan tha 'n aghaidh seun 'nam ban.
Dhi-se tha ullamh nàisneach:
cniadaich e 'n t-slabhraidh 's aidich a riaghladh
is bhuadhas Dhavies maiseach.

Èireadh m' cheòlraidh gu àird a cùis!
Ach tha sin os cionn a deòin!
'S e 'm fitheach 's urra amharc suas
air lannair geur tràth-nòin;
bu math leam seinn 's a thogail fonn
an caithream binn is beusach;
balbh 's tostach tàim a' gaolachdainn
uil' sheunachd Dhavies maiseach.

An lasgair figheadair
Fonn: A' chailleach 'n taobh thall na grìosaich / The weaver' march
(The Gallant Weaver)

Far am bheil Cart 'ruith sìos chun chuain,
seach ioma lus 's craobh geugach buan,
tha giolla chòmhnaidh, Ò 's e mo rùn,
's e 's cèird don lasgair figheadair.

Bha agam leannain ochd no naoi,
's fhuair fàinnean 's ribinn o gach aoigh;
bha m' chridh' air chrith gun teirgeadh bàidh,
's thug mi e don fhigheadair.

Sgrìobh mo dhaide mo chòir air falbh,
'ga thoirt don tì 's leis grunnd na sheilbh

le m' làimh-sa bidh mo chridh' is dealbh,
's bheir mi sin don fhigheadair.

Cho fhad 's bhios eòin air gheug a' seinn,
's beachain nan geall air flùirean grinn;
's coirc a' fàs gu frasach uain;
bheir mi m' ghaol don fhigheadair.

Ò siabaidh gaol a-steach
Fonn: The Posie
(The Posie / O Luve Will Venture In)

Ò siabaidh gaol a-steach, 'n àit' nach bu chòir 'bhith idir ann,
ò siabaidh gaol san àit', thog gliocas aon uair ceann;
ach sìos ri taobh na h-aibhne thèid, troimh choillte glas' is srath,
airson gun spìon mi blàth-fhleasg, do mo rùn-gheal Màigh.

Spìonaidh mi 'n sòbhrach ghrinn, 's i ciad-fhàs na bliadhn' ùir',
spìonaidh mi cuideachd an lus-dearg, samhla mo rùin measg fhlùr;
chionn 's i 's taghach sa bhanalachd, le snuadh gun choimeas clì –
airson gu bhith 'na blàth-fhleasg, do mo rùn-gheal Màigh.

Spìonaidh mi a' bhlàitheag ròis, nuair bhios Phoebus shuas mu sheall,
tha sin mar phòg ìocshlainteach, o a beul cho gast' ri mil;
bròg na cuthaig son dìlseachd, le guirme bhuan nan dath,
sin uil' a bhith 'nam bhlàth-fhleasg, do mo rùn-gheal Màigh.

Ò tha an lili fhìor-ghlan, is mar an ceudna sgiamhach,
is ann a broilleach bòidheach, cuiridh mi 'n lili rìomhach;

th' an neòinean son simplidheachd, 'gad ghiùlan fhèin glè mhath,
sin uil' a bhith 'na bhlàth-fhleasg, do mo rùn-gheal Màigh.

Spìonaidh mi an droigheann, le chiabhag airgid liath,
'na sheasamh mar sheann-duin', aig toiseach briseadh lath',
ach cha doiream nead nan ceòladair, o thom nan àiridh bhlàth,
is sin gu bhith 'na bhlàth-fhleasg, do mo rùn-gheal Màigh.

Spìonaidh mi an iadh-shlat, nuair 'bhios 'n reult dubhraidh dlùth,
is bithidh na boinnean driùchd, mar shùilean daoimein dhi;
's th' an t-sàil-chuach son beusachd chòir, 'ga chòmhdachadh le snuadh,
iad sin gu bhith 'nam bhlàth-fhleasg, do mo rùn-gheal Màigh.

Ò ceanglaidh mi am blàth-fhleasg, le stiallan sìodach gaoil,
is air a h-uchd-sa cuiream e, 's bòideam air gach nì san t-saoghal,
gus m' ospag deireadh beath', chan fhuasglar an ceangal caol,
is bithidh seo 'na bhlàth-fhleasg, do mo rùn-gheal Màigh.

Òran a' bhàis
Fonn: Òran an aoig
(The Song Of Death)
An t-àite – Blàr-catha. Àm den là – feasgar. Tha iad-san a tha leònte agus iad-san
tha a' bàsachadh a' saoilsinn a bhith a' gabhail pàirt le chèile a' seinn an òrain seo.

Ò soraidh leat-sa là ò thalamh 's a speur,
cho greadhnach leis a' ghrian a' dol fodh';
soraidh le gaol, càirdeas 's gach ceangail is treòir,
chionn thàinig 'nis àm sir ar claoidh!
Ò rìgh thar gach uamhais 's a nàmhaid nam beò,
falbh 's cuir eagal air fealltair is tràill;
's cuir orra crithean ach biodh fios agad-s' air seo,
cha dig critheann air gaisgich nan àil!

Tha thu 'buaileadh an tuath'naich 's e 'dol às san dorch',
's cha chum eadhan ainm o dhol fodh';
tha thu 'bualadh 'n òg-fhlaith mar chuspair do ghath',
's e 'dol 'dhìth an àirde a chliù.
air magh nan àrd-chliù le 'r lainn 'nar greim teann,
chum ar rìgh agus dùthaich a dhìon –
nuair bhios buaidh aig èiridh is beatha 'ga taom,
ò cò nach tuiteadh leis na trèin!

Òran an aoig
Fonn: Òran an aoig
T D MacDhòmhnaill
(The Song Of Death)

Mo chead leis an latha, an talamh 's an speur,
cho àlainn 'n àm dol fodh' na grèin'!
Mo chead gaol is càirdeas, gach comann gu lèir –
tha 'r bith 'nis air ruith umainn fhèin.
Is thus', rìgh an uamhais, dubh-nàmhaid na beatha!
Meilich cridhe gach gealtair is tràill!
Cuir geilt air gach fear dhiubh ach biodh agad fios,
cha mheathaich thu misneach nan sàr!

Buailidh thu 'm bochd-fhear is tuitidh e sìos,
is 'ainm cha ghlèidhear an cuimhn';
buailidh thu 'n gaisgeach òg – is mòr leat a' chuims'!
Is tuitidh e 'n àrd-leus a chliù.
Air raon mòr an urraim – a' giùlan ar lann,
a' dìonadh ar dùthaich 's ar rìgh,
buaidh 'gar crùnadh 's ar beatha 'fàs fann,
cò, cò 'm fear nach tuiteadh san strì?

Cha bhi sìth ann gu bràth gus 'n till Seumas air ais
Fonn: There's few guid fellows when Jamie's awa'
(There'll Never Be Peace Till Jamie Comes Hame)

Mu stuaidhean a' chaisteil aig deireadh an là,
chualas duine a' seinn, ged bha a cheann liath:
's mar sheinn e bha na deòire a' sileadh cho bras –
cha bhi sìth ann gu bràth gus 'n till Seumas air ais.

Tha 'n eaglais 'na torr 's an stàit fo aimhreit is cron,
le mearachdan, fòirneart, mort 's cogaidh 'ga leòn:
chan fhaodar a ràdh ach 's maith 's aithne 'n cruaidh-chàs
cha bhi sìth ann gu bràth gus 'n till Seumas air ais.
Mo sheachd mic threun tharraing claidheamh 'na chòir,
'nis tha mi 'gan caoineadh 's iad sìnte san ùir!
Bhrist sin cridhe mo ghaoil 'm blàth-fheasgar a h-aois.
Cha bhi sìth ann gu bràth gus 'n till Seumas air ais.
Tha mo bhith dhomh 'na uallach 's mi crùbadh do m' dhàn,
chaill mise mo chlann 's chaill esan a chrùn:
cho fhad 's 'bhios deò annam, 's e seo 'bhios mo chùis –
cha bha sìth ann gu bràth gus 'n till Seumais air ais.

Eliza cheutach
(Thou Fair Eliza)

Tionndaidh rium Eliza cheutainn,
aon aoibh ghrinn thoir dhomh-s' a-nis,
air do leannan doilgheasach gabh truas!
'S a chridhe dìleas na bris!
Tionndaidh 'rìs, Eliza cheutainn,
's ma dhiùltas do chridhe gaol,
son truacantas, ò cum do bhinn
'steach fo chòmhdach càirdeis fhial!

'N do bhrosnaich mi thu, a cheutainn?
Ach 's e m' annsa ort mo chron:
ò am bris thu a shìth gu bràth,
dh'ìobradh a bheatha air do shon!
Cho fhad 's a phlathas beath' am uchd;
bithidh thu anns gach ospaig ghèir;

tionndaidh rium mo chaileag mhaiseach,
's aon aoibh laghach dhomh-sa thoir.

Chan e 'm beachan air an ùr-bhlàth,
ann am mòrchuis bhrèagh tràth-neòin;
is chan e an sìogach spòrsail,
fo ghealaich an t-samhraidh chaoin;
chan e 'm bàrd an àirde deachdaidh
's a shùilean 'lasadh suas le sgeun,
d' an aithne 'n tlachd 's taitneas bàigheil,
tha do làth'reachd 'toirt dhomh fhèin.

December gruamach
(Thou Gloomy December)

Fàilte dhut a-rìs Dhecember fuar gruamach!
Seadh, fàilte a-rìs làn iomagain is bròin,
's toirt 'am chuimhne 'nar dealachadh dòlasach,
dealachadh gu sìorraidh ri Nansaidh mo rùn,
's neo shubhach an tlachd do leannain 'bhith 'dealachadh!
'S dòchas 'maothachadh, car tacain, an siubhail,
's an fhaireachdainn uamhasach; ò slàn leat gu sìorraidh!
Sin spàirn gun aithne 's bàs uspag mo gheall!

Fiadhaich mar an geamhradh th' a' reubadh na coille,
's 'toirt duilleach deiridh an t-samhraidh air falbh,
mar sin th' an gailleann 'cur crithean air m' uchd-sa,
's tha m' shòlas air dhìth 's mo dhòchas 'nis balbh;
gidheadh cuiream fàilt' ort làn iomagain is bròin,
a-rìs cuiream fàilt' ort làn iomagain is bròin;
chionn 's brònach mo chuimhn' air ar dealachadh,
dealachadh gu sìorraidh ri Nansaidh mo rùn.

Glogaidh-hòmh
Fonn: What shall I do with an old man
Seumas Rothach
(What Can A Young Lassie Do Wi' An Auld Man)

Ò ciod a nì caileag, òg-chaileag, deas-chaileag,
ciod e a nì caileag de sheann-bhodach faoin?
Droch-bhuil air an earras a bhrosnaich mo mhamaidh
a Seònaid a mhalairt air fearann is maoin!

Bidh am bodach a' smùcail, a' cneadraich 's ag ùnaich,
is mise fo dhubh-bhròn 'am chrùban r' a thaobh
a' càradh nan lùireach is snigh' air mo shùilean,
a' cuimhneach nam fiùran d' an dùraiginn gaol.

O mhochthrath gu feasgar aon tàmh cha dèid air-san,
ach a' sèidil 's ag eirblich 's cast-feadraich à 'chraos;
e clod-cheannach cadlach, 's an fhuil ann iar ragadh –
Ò 's cianail 'bhith 'cadal le glag-bhodach baoth!
E frionasach mùgach, ri borbhan 's ri gnùstaich,
cheart aindeoin mo dhùrachd cha chum mi air saod;
bidh eud rium is gnoig air air eagal nan òigear –
mo bhròn! An là 'chòmhlaich mi sgleogairneach maol!

Nuair chì mi bean Lachainn 's a naoidhean 'na h-achlais,
ag imeachd don chlachan 's a tasgaidh r' a taobh,
thig reachd ann 'am bhràgad, le h-aimheal is tàmailt,
gun chàirich iad làmh rium seann-dreamsgal gun saod!

Tha truas dhìom aig Anabla, seann-phiuthar m' athar,
mar làmhas gun lean mi a h-earailean caomh;
a chùradh 's a chrannadh gu 'ghreasad fo thalamh,
's ùr-òigear a cheannach le h-earras na h-aois.

O ciod a nì caileag
Fonn: What shall I do with an auld man
(What Can A Young Lassie Do Wi' An Auld Man)

Ò ciod a nì caileag is dè a nì caileag,
ò ciod a nì caileag le seann duine faoin?
Marbhphaisg air a' pheighinn 'bhuair m' mhàthair na h-èiginn
nuair 'reic i a Sìneag son airgid is fuinn!

Tha e daonnan a' gearan o mhochthrath gu feasgar,
tha e 'casadaich 's a' brùchdail am fad latha caoin;
tha e dùr, trom is buaireil 's fhuil tha i fuarail,
ò 's fadalach an oidhch' le seann duine faoin!

Tha e 'g iarraidh 's a' torman, tha e 'prabach is 'breabach,
's cha toilichear e là aon nì fon ghrèin;
làn farmad th' am bodach, tha e pàisteil is stodach,
mo mhallachd air an là 'ghabh mi 'n seann duine faoin.

Mo sheann antaidh Ceit ghabh i truas do mo staid –
is feuchaidh mi a comhairl' a ghabhail mar shrian;
'ga shàrach' 's 'ga nàrach' bi gus am brist mi a chridh',
's ceannaichear le airgead pana taghte dhomh fhèin.

A Iacobits da 'n ainm
(Ye Jacobites By Name)

A Iacobits da 'n ainm, ò cluinnibh, ò cluinnibh,
a Iacobits da 'n ainm, ò cluinnibh;
a Iacobits da 'n ainm,
cuiream ar cron an cèill,
's mur teagasgan meall – cluinnidh sibh!

Dè tha ceart 's dè tha cearr leis an lagh, leis an lagh?
Dè tha ceart 's dè tha cearr leis an lagh?
Dè tha ceart 's dè tha cearr?
Lann ghearr 's lann mhòr,
làmh lag 's làmh làidir a bhuaileadh!

Dè nì strì euchdach iomraiteach, iomraiteach?
Dè nì strì euchdach iomraiteach?
Dè nì strì euchdach?
A fhliuchas sgian a' mhortair
's a shealgas deò pàranta le àr fuileachdach.

Nis trèigibh ur rùntain anns an stàit, anns an stàit;
nis trèigibh ur rùntain anns an stàit;
nis trèigibh ur rùntain,
sleuchdaibh do èiridh grèin' 's fàgaibh duine gun stà d' a dhàn.

Seann Rob Morris
(Auld Rob Morris)

Siud Seann Rob Morris tha 'chòmhnaidh sa ghleann,
's e 's rìgh luchd-aighear is roghainn seann daoin';
tha airgead 'na sporan, is leis crodh agus buar,
's nighean òg ionmhainn, ghràdh-sa 's mo rùn còir.

Cho ùrail 's th' a' mhadainn 's i 's àillidh am Màigh;
cho taitneach 's tha feasgar 'n àm gearradh 'n t-saidhe;
cho fosgailte simplidh ri uan 'm faich' thall,
's tha i cho prìseil do m' chridh' ri leus do m' shùil.

Tha i 'na bean oighre, 's e laird a tha 'n Rob –
bharr air gàrradh 's taigh coiteir chan eil aig m' athair-sa stob;
aig seircean do m' inbhe, chan eil buaidh sa chàs;
's an t-iomgain tha 'm falach bithidh fathast mo bhàs.

Tha 'n latha dhomh tilleadh gun sòlas do m' chòrn:
san oidhch' mar an ceudn' tha mo chlos air dol uam;
tha mi seabhaid mun cuairt san oidhche mar thaibhs';
a' cruaidh osnaich 's mo chridh' 'ga sgoltadh le cruas.

Ò gun robh ise ann an inbhe rium fhèin,
bhiodh mo dhòchas gum faighinn a gaol agus gean;
's bhiodh lànachd mo shòlais seachad aithris le beul,
ach doimhneachd mo bhuairis cha chuir cainnt sin 'n cèill.

Beasaidh 's a cuidheall-shnìomha
Fonn: Grunnd a' ghogain dighe / Sweet's the lass that loves me
(Bessy And Her Spinning Wheel)

'S toigh leam fhèin mo chuidheall-shnìomh',
's toigh leam mo chrois 's ruidhil làmh;
tha 'gam chòmhdach o cheann gu cois',
fo sgàil a dàimh san oidhch' le blàths!
Suidhidh mi sìos gu snìomh is seinn,
cho cridheil aig dol fodha grèin',
beannaicht' le bainne mìn is clòimh –
ò 's toigh leam fhèin mo chuidheall-shnìomh'.

Air gach làimh dhìom tha iomadh sruth,
a' tachairt shìos mu m' bhothan tugh',
an droigheann gheal 's a' beithe uaine,
's iad a' còmhdhail trast an linne.
'Toirt sgàil is dìon do nid nan eun,
's fasgadh iomchaidh don iasg faraon;
th' a' ghrian 'plathadh 'steach mo thàimh.
'S mis' 'cur srann air mo chuidhill-shnìomh.

Air daraich àrd tha colmain bròin,
's mac-talla 'g aithris sgeul an leòin;
's riabhagan nam bruth'chean calltainn,
togail fonn le caismeachd ealtainn;
chearc-làir cho fròmhaidh 'n saidh' seamhragach,
's 'chearc-fhraoich air it' cho faramach,
's gobhlan-gaoith' 'g oisinneach' cho caomh,
'toirt m' aire aig mo chuidhill-shnìomh.

Le meanbh r' a reic 's 'nis lugh' r' a sholar,
don uaibhreach chlaoidh 's don bheag an-shocair,
cò dh'fhàgadh an staid ìosal chòir,
son 'n stràic 's uaill tha aig a' mhòr?
Leisg measg nan dèideag loinnreach baoth,
le 'n sàrach' trom 's an solas tè,
mothaich iad 'n t-sìth 's toil-inntinn naomh.
Th' aig Beasaidh aig a cuidhill-shnìomh'.

Donnchadh Glas
(Duncan Gray)

Thàinig Donnchadh Glas air suirghe 'n-seo
ha, ha, an t-suirghe ghrinn,
oidhch' Nollaig 'sinne làn de dhigh',
ha, ha, an t-suirghe ghrinn,
thog Mairearad glè àrd a ceann,
's cò ach ise anns a' ghleann,
's sheas Donnchadh bochd air ais fo bhann;
ha, ha, an t-suirghe ghrinn.

Bha Donnchadh 'guidhe son fàbhar beag;
ha, ha, an t-suirghe ghrinn.
Bha is' cho bodhar ri Creag Ealasaid,
ha, ha, an t-suirghe ghrinn.
Bha Donnchadh ri osnaich gheur,
bh' a shùilibh dearg 'sileadh dheur,
leum thar eas' bha smuainte air;
ha, ha, an t-suiridhe ghrinn.

Tha tìm 's theagamh mar an làn,
ha, ha, an t-suirghe ghrinn.
Nì gaol air dhearmad truaghan tinn,
ha, ha, an t-suirghe ghrinn.
Am bàsaich mi son nighneag chlaon,
mar thràill 's chleib measg chloinn nan daoin'?
Rachadh i don Fhraing bhuam fhèin!
ha, ha, an t-suirghe ghrinn.

Innsidh lèigh mar thachair dhi,
ha, ha, an t-suirghe ghrinn.
Dh'fhàs Donnchadh slàn, 's is' air chrith,
ha, ha, an t-suiridhe ghrinn.
Shìos na h-uchd bha mòran och,
's bh' a h-osnaich 'tighinn fa seach;
làn anabas thu 'sùil 's a dreach!
Ha, ha, an t-suiridhe ghrinn.

Bha Donnchadh làn do ghràs is ìochd,
ha, ha, an t-suiridhe ghrinn.

Cor Mhairearad bha muladach,
ha, ha, an t-suiridhe ghrinn.
Cha b' urrainn Donnchadh 'bhith a bàs,
le truacantas a chridhe las;
làn mire 'spreig tha 'd mar bu nòs,
ha, ha, an t-suirghe ghrinn.

Air faicinn Nic a Fontenelle 'na samhla roghainneach
(Epigram On Seeing Miss Fontenelle In A Favourite Character)

Òigh ghrinn 'n dòigh àlainn chumanta,
geasach, simplidh, modhail ciùin,
do nàdair 's ann 'tha 'm buidheachas,
tha d' chluich 'gad nochdadh fhèin.

Nam biodh tu slaopach, liobastach,
mì-nàdarra, neo-ealaineach,
'cur cùl gu tur ri gràs is gaol,
'n-sin bhiodh tu teòma dèanadach.

Seo slàinte dhaibh-san 'tha air falbh
(Here's A Health To Them That's Awa')

Seo slàinte dhaibh-san 'tha air falbh,
seo slàinte dhaibh-san 'tha air falbh;
's iadsan nach guidheadh soirbheas leinn.
Mì-shealbhach biodh an dàn-san!
'S gast' an nì 'bhith glic is sunndach,
's gast' 'bhith onarach is cinnteach.
'S gast' 'bhith 'toirt furtachd do Chaledonia,
's fuireach leis 'n bhuidhe-bhàn is gorm.

Seo slàinte dhaibh-san 'tha air falbh,
seo slàinte dhaibh-san 'tha air falbh;
seo slàinte Theàrlaidh ceann-feadhna 'nam fine,
ged bhiodh a bhuidheann ach ainneamh.
'S leanadh rath a saorsa do ghnàth!
Is gliocas 'ga dìon o urchaid!

'S biodh ain-tighearnan 's droch-bheirt 'crìonadh mar cheò
fad iomrall an cùrsa don Donas.

Seo slàinte dhaibh-san tha air falbh,
seo slàinte dhaibh-san tha air falbh;
seo slàinte do Thòmais, an giollan on tuath,
tha chòmhnaidh aig cluasaig an lagha;
is loghadh dhaibh-san 'tha ri leughadh!
Is saorsainn dhaibh-san 'tha ri sgrìobhadh;
cha b' eagal riamh an fhìrinn 'bhith 'ga h-aithris,
ach iadsan le 'm b' ghràin i daonnan.

Seo slàinte dhaibh-san 'tha air falbh,
seo slàinte dhaibh-san 'tha air falbh;
seo do cheann-feadhna mhic Leòdaich urramach uasal,
bh' air 'n àrach measg shneachd bheinn àrda!
'S do 'r dàimh air gach taobh de Foirth',
's mar an ceudna gach taobh den Tuaidh;
's iadsan mì-dhìleas do Albainn 'bhios
d' a torradh na itheadh iad gu bràth.

Màiri àlainn bhòidheach
Fonn: Katherine Ogie
Seumas Rothach
(Highland Mary)

A bhruachan, uillt 's a thulaichean
mu Chaisteal Inbhir Lòchaidh!
Gur taitneach leam ur sruthanan,
's ur bruthaichean fo neòinean!
Mu 'r cuairt biodh samhradh luiseanach,
a' tuineachadh an-còmhnaidh;
oir 's ann a ghabh mi cead gu bràth
de m' Mhàiri àlainn bhòidhich.

Bu dosrach ciabh a' bharraich ghuirm,
bu chùbhraidh 'n sgìtheach blàth'or,
is mi f' a fhasgadh boltrach ùr,
's mo rùn rium dlùth 'ga càradh!
Na h-uairean òir, air aingeal sgèith

grad tharainn chaidh 'nar sòlas;
oir b' annsa leam na beatha gràdh
mo Mhàiri àlainn bhòidhich.

Le ioma bòid is mànran blàth,
mo ghràdh do rinn mi phògadh;
's a' gealltainn tric a còmhlachadh,
ar dealachadh bha brònach;
ach ò mo chreach, an reothadh bàis
a mheath mo ghràdh na h-ògan!
Gur fuar an uaigh, an t-àite-tàimh
tha 'nis aig Màiri bhòidhich!

Ge fuar sa bhàs am beulan gràidh
as tric' a bha mi 'pògadh!
Ge dùint' gu bràth a' mhìog-shùil bhlàth
'bha daonnan càirdeil dhomh-sa!
San ùir ge-tà an cridh' a' cnàmh
a thug dhomh gràdh le deòthas!
Ò 'n cridh' mo chuim bidh bith gu bràth
aig Màiri àlainn bhòidhich!

Màiri Ghàidhealach
Fonn: Katherine Ogie
T D MacDhòmhnaill
(Highland Mary)

Gach bruach 's gach sruth a tha mun cuairt
do chaisteal àrd Mhontgomery!
Ò guidheam dhuibh gach crann fo bhlàth,
's ur n-uisgeachan gu glan a' ruith!
'Nur measg-sa 's tràth nì 'n samhradh tadhal,
's 'nur measg-sa 's fhad a chèilidh;
oir 's ann ri 'r taobh ghabh mis' gu caomh
mo chead le Màiri Ghàidhealach.

Bu bhòidheach flùr a bheatha ùr,
's bu chùbhraidh blàth an droighinn,
nuair 'theannaich mi mo ghaol ri 'm chridhe,
fo sgàile dlùth nan geugan!

Air sgiathan ainglibh shiubhail gach uair
gun fhios dhomh fhèin 's do m' eudail;
bu dhomh-sa faoin an saoghal 's a mhaoin
'n coimeas ri Màiri Ghàidhealach.

Le iomadh bòid 's brìodal blàth,
gun d' dhealaich mise 's m' eudail;
's a' gealltainn coinneachadh gun dàil,
ghabh sinne cead le chèile;
ach thus', a Bhàis, gun truas 'nad ghnùis
gun d' ghabh thu tràth dhut fhèin i!
Oir 's fuar an ùir 's is uaine 'm fòd
os ceann mo Mhàiri Ghàidhealach.

Ò 's bàn bàn 'nis na bilean ruit'
bu tric a rinn mi pògadh!
'S dùint' gu bràth na sùilean blàth
a dh'amhairc cho gaolach còir orm!
A' crìonadh anns an duslach fhuar
an cridh' dha 'n robh mi glè thoigheach!
Ach mairidh ann am chom-s' ri m' bheò
mo ghràdh do Mhàiri Ghàidhealach.

Màiri Ghàidhealach
Fonn: Katherine Ogie
(Highland Mary)

Ò bhruachain 's bhruthaichean mun cuairt
sàr-chaisteal a' Mhontgomery!
Le d' choilltean glas is lusan brèagh,
's do bhùrnaidh sèimh is fìorghlan;
an-sin tha samhradh 'dùsgadh suas,
's a' leantainn ann gu mallach;
's ann 'n-sin a dh'fhàg mi beannachd le
mo Mhàiri bhòidheach Ghàidhealach.

Bha 'bheithe uain an-sin fo bhlàth,
's ùr-bhlàth 'n droighinn a' dearrsaidh,
's ann fuidh 'm fasgaidh chùbhraidh ghrinn,
a chniadaich mi ri m' uchd i!

Na h-uaire glòrmhor thar oirnn chaidh
ag itealaich cho aingleach;
's cho prìseil tha ri beatha 's leus
mo Mhàiri bhòidheach Ghàidhealach.

Le iomadh bòid is cniadan blàth,
ar dealachadh bha càirdeil;
's a' gealltainn coinn'chadh tric a-rìs,
reub sinn sinn fhèin o chèile:
mo thruaigh! thàinig reòthadh mì-fhortain chiar
is chrìon mo lusag bhòidheach;
o 's fuar an crè, 's is uain am feur,
tha còmhdach mu Mhàiri Ghàidhealach.

Tha bilean ròsach 'nis cho bàn,
a phòg mi tric le annsa;
is dùint' gu bràth na sùilean grinn
a sheall gu coibhneil orm-sa!
Na smùr san dus' tha 'n cridh' bha blàth,
's a ghràdhaich mi cho fialach;
ach 'staigh 'am innibh mairidh beò
mo Mhàiri bhòidheach Ghàidhealach.

Màiri Thuathach
Rob MacDhùghaill
(Highland Mary)

A bhruachan cas 's a chluaintean glas,
mu Chaisteil Inbhir Ruaidhe,
bidh snuadh 's mais' air ur coill 'cur snas,
's ar fìor-uisg' brais gun ruadhan;
'n-sin sgaoilidh 'n samhradh caoin a mhantal gaoil,
feadh ghleann is raointibh uaine,
oir an-sin do ghabh mi cead a chaoidh
de mo chaomhaig, Màiri Thuathach.

Bha 'm beatha cùbhraidh 'bòrcadh dlùth,
's an sgìtheach ùrar blàthmhor
nuair fo sgàile ciùin nan crann 's nam flùr,
dh'iath mi mo rùn ri m' bhràgad,

thriall na h-ialaibh oir air sgiath nan neòil,
an an-fhios dhomh-s' 's do m' ghruagaich,
oir b' anns' gu mòr na beatha 's stòr,
gràdh òige Màiri Thuathaich.

Le bòidean àigh is pògan gràidh,
ar dealachadh bha deurach,
's le gealladh tlàth sinn a' thachairt tràth,
do sgaradh sinn bho chèile:
ach o mo chràdh! An liath-chith bàis
a chrìon mo ghràdh cho luath uam,
tha fiar a' fàs tro chriadh gun bhlàthas,
an tràs mu Mhàiri Thuathaich.

Ò 's searbh-ghlas aoibh na ròs-bhil' caoin'
is tric le gaol a phòg mi,
's is dùint' a chaoidh a mheall-shùil mhaoth,
bheireadh sealladh caomhail fòil orm
's na luaithre 'fàs an suain a bhàis,
tha 'n cridh' a ghràdhaich buan mi,
ach co-shnìomht' 'nam chàil-s' gu cian nan tràth
bidh ìomhaigh Màiri Thuathaich.

Aidichidh mi gu bheil thu gast'
Fonn: I do confess thou 'rt smooth and fair
(I Do Confess Thou Art Sae Fair)

Aidichidh mi gu bheil thu gast',
is thar mo chluais gum bithinn an gaol,
ach fhuair mi 'mach, le guidh' gun suim
gum freagradh d' chridhe iarrtas caol.

Aidichidh mi d' chiatachd, ach tha thu
cho struidheil le 'd choibhneasan,
tha d' chàirdeas cho suarach ris a gaoth,
'phògas gach nì a thachaireas oirre.

Feuch a' ghucag ròis ud pailt an driùchd.
am measg nan dreas cho beusach grinn,
cia luath a dh'fhalbhas 'fhàile 's shnuadh

's e spìonta 's caithte mar nì beag faoin.

'S e sin a thachaireas dhut-sa fhathast,
ged bhitheas tu am meas an-dràst';
'n ceann tacain cuirear thu a thaobh
mar ghartlan coimheach gràinealach.

Mo chaileag choibhneil ghrinn
(I'll Meet Thee On The Lea Rig)

Nuair thar a' chnuic tha reult an ear
'toirt rabhadh mu àm fhangaich chaor';
is dàimh on bheairt thar iom'rean treabht'
'dol dachaidh fann is sgìth do rèir,
làimh ris a' bhùrn tha lusan maoth
a' dearrsadh brèagh le driùchd an-sin,
ò choinnichinn thu air an fhonn,
mo rùn 's mo chaileag choibhneil ghrinn.

No shìos an gleann aig meadhan-oidhch' dorch,
's ann 'ghabhainn sgrìob gun eagal orm.
Nam b' ann 'ad ionnsaigh 'bhithinn triall.
Mo rùn 's mo chaileag choibhneil ghrinn.
'S ged 'bhiodh an oidhch' làn gailleann 's nimh.
Is mise brùite sgìth is fann.
Ò choinnichinn thu air an fhonn,
mo rùn 's mo chaileag choibhneil ghrinn.

'S toigh le sealgair àm èiridh grèin',
a dhùsgadh fiadh air cnoc is beann.
Is shìos sa ghleann tha 'n t-iasgair deas,
ri taobh a' bhùirn a' tàlaidh ann;
thoir dhomh-s' mo thlachd san anmoch ghlas,
's e lìonas mi le aiteas binn.
Do choinneachadh-sa air an fhonn,
mo rùn 's mo chaileag choibhneil ghrinn.

Seann-duine bruthaichean Kellyburn
(Kellyburn Braes)

Air bruthaichean Kellyburn bha seann-duin' a' còmhnaidh,
hè 's tha 'n rù 's am mionnt le chèile a' fàs,
agus fad uile làith', bha a bhean dha 'na plàigh;
's tha 'm mionnt a-nis seargta ach tha 'n rù fo bhlàth.

Aon là chaidh an seann-duine suas an gleann fada,
hè 's tha 'n rù 's am mionnt le chèile a' fàs,
choinnich e 'n Diabhal dubh, thubhairt, ciamar tha 'n-diugh?
'S tha 'm mionnt a-nis seargta ach tha 'n rù fo bhlàth.

'S ann agam-s' a thriath aig am bheil an droch-bhean,
hè 's tha 'n rù 's am mionnt le chèile a' fàs,
do d' chreideas rithe-se 's e saoidh th 'annad fhèin;
's tha 'm mionnt a-nis seargta ach tha 'n rù fo bhlàth.

Air d' fhiadh no fòs air do dhamh mo mhiann cha bhi,
hè 's tha 'n rù 's am mionnt le chèile a' fàs,
thoir dhomh-sa do bhean, chionn 's ann agam-s' 'bhios i,
's tha 'm mionnt a-nis seargta ach tha 'n rù fo bhlàth.

'S e d' bheannachd a faotainn, thubhairt an seann-duine caoin,
hè 's tha 'n rù 's am mionnt le chèile a' fàs,

ma 's a coimheas thu, tha nas miosa na shaoilear le daoin';
's tha 'm mionnt a-nis seargta ach tha 'n rù fo bhlàth.

An-sin fhuair an Diabhal i suas air a dhruim,
hè 's tha 'n rù 's am mionnt le chèile a' fàs,
's thar sguid'lear mhàileid, ghiùlain e 'n t-uallach trom,
's tha 'm mionnt a-nis seargta ach tha 'n rù fo bhlàth.

Thug dhachaidh 's thilg e sìos i aig a dhoras mòr,
hè 's tha 'n rù 's am mionnt le chèile a' fàs,
rach 'steach ars' esan a ghòrag mo nàir';
's tha 'm mionnt a-nis seargta ach tha 'n rù fo bhlàth.

An tiota thagh e caogad diabhal treun às a lios,
hè 's tha 'n rù 's am mionnt le chèile a' fàs,
a sheas snas 'ga faire aig bogadh a bhois;
's tha 'm mionnt a-nis seargta ach tha 'n rù fo bhlàth.

Ach reub a' chailleach iad mar thorc le spàg,
hè 's tha 'n rù 's am mionnt le chèile a' fàs,
na chaidh troimh a cràg, theich air falbh air am màg;
's tha 'm mionnt a-nis seargta ach tha 'n rù fo bhlàth.

Bhrùchd diabhal beag 'm fallas 's e 'g amharc thar stuaidh,
hè 's tha 'n rù 's am mionnt le chèile a' fàs,
ò cuidich, a mhaighstir, no gheibh i oirnn buaidh;
's tha 'm mionnt a-nis seargta ach tha 'n rù fo bhlàth.

'N-sin mhionnaich an Diabhal air faobhar a sgian,
hè 's tha 'n rù 's am mionnt le chèile a' fàs,
's truagh a char-san tha ceangailt' ri cèile cho dian
's tha 'm mionnt a-nis seargta ach tha 'n rù fo bhlàth.

'N-sin mhionnaich an Diabhal air eaglais is clag,
hè 's tha 'n rù 's am mionnt le chèile a' fàs,
taing nèamh nach robh e pòst' ach an ifrinn 'na breòth;
's tha 'm mionnt a-nis seargta ach tha 'n rù fo bhlàth.

Air ais thàinig an Diabhal le mhàileid a-rìs,
hè 's tha 'n rù 's am mionnt le chèile a' fàs,

's d' a seann-duine bochd leag esan i sìos;
's tha 'm mionnt a-nis seargta ach tha 'n rù fo bhlàth.

'Am dhiabhal bha mi 'nis fad m' uile làith',
hè 's tha 'n rù 's am mionnt le chèile a' fàs,
ach cha robh mi 'n ifrinn ach leis a' bhean bhaoth;
's tha 'm mionnt a-nis seargta ach tha 'n rù fo bhlàth.

Ban-tighearn' Màiri Ann'
Fonn: Craigstone's growin'
(Lady Mary Ann)

Ò ban-tighearn' Màiri Ann 'g amharc thar stuaidh a' chaisteil,
air trì bhalaich bhòidheach a' cluich bha leis a' bhall;
's e 'n t-aon a b' òige 'nam measg-san bu ghasta;
siud mo bhalach bòidheach ach tha e 'cinntinn fhathast.

Ò athair! Ò athair! Dhut ma 's freagarrach sin,
cuireamaid don oilthigh e a-rìs son bliadhna ghlan;
fuaigh'maid ribin uain timcheall ada cruinn,
innsidh sin nach eil e pòst' 's e 'g amharc airson bean.

Ban-tighearn Màiri Ann 's flùir i tais le driùchd,
a bha làn fàile chùbhraidh is bòidheach bha a dreach!
'S mar 's fhaide chinneachdainn nas mìlse 'bha e 'fàs;
chionn 'n lili tha sa ghucag ri tìm nas bòidhche 'bhios.

Teàrlach òg Cochran, b' easan gineag daraich;
bòidheach bha is dreachail, dìreach gun mìr dheth carach;
air a shon-san bha 'ghrian le dearrsadh is lì,
gus 'm bi e 'n aon spaglainn air meudachd 'nam frìth.

Tha 'n samhradh air falbh nuair bha a dhuilleagan glas,
's tha na làith' mar an ceudn' san tìm a chaidh às;
's e mo dhùrachd gur fearr 'bhios an aimsir 'tha 'teachd
's tha mo bhalaich òg bòidheach 'fàs an colainn 's am beachd.

An gille gualadair
(My Collier Laddie)

Ò cà bheil d' fhuireach mo chaileag ghrinn,
is innis dhomh cia 's ainm dhut?
'S e m' ainm ars' is' Sionn coimhleabach,
's tha mi 'n lorg mo ghiollan gualadair.

Seall air na dail 's na cnoicean ud
air am bheil a' ghrian a' dearrsadh;

mo earras iad 's do chuid-sa bidh,
ma dh'fhàgas thu do ghualadair.

Thèid thu mun cuairt an earraidh bhrèagh,
cho pleatanach is rìomhach;
is fleasgaich freastail aig gach làimh,
ma dh'fhàgas tu do ghualadair.

Ged b' leat gach nì 'tha 'fàs fon ghrèin,
's tha glaist' an glaic na cruinne mhòr;
mo chùlaibh thionndainn orr' is ort-s',
son caidribh gaol mo ghualadair.

Cois'nnear leam còig sgillinn san là,
san anmoch 's guamach mo steòrnaidh air,
's mo leabaidh bi an cùil na clos,
is sìneam sìos le m' ghualadair.

Chionn m' iomlaid-sa 's i gaol son gaol
is nì bothan beag dhomh fàrdach;
's an cruinne-cè a chosnadh bìdh,
's 'bhith mealtainn 'ghnàth mo ghualadair.

Tha i beag 's tha i gasta
(My Wife's Winsome Wee Thing)

Tha i beag 's tha i gasta,
tha i foghainteach cneasta,
tha i beag 's tha i bòidheach,
mo bhean bheag mhilis seo fhèin.
Chan fhaca mise riamh tè,
cho gasta 'na dòigh 's 'na gnè,
's ri m' chridh' 'nis aomaidh mi i,
's nach caill mi m' àilleag mhaoth.

Tha i beag 's tha i gasta,
tha i foghainteach is blasta,
tha i beag 's tha i bòidheach,
mo bhean bheag mhilis seo fhèin.

San t-saoghal seo neo-fhillte,
anns a' ghleac is a' bhuailteach;
leatha-sa bidh m' toilichte,
's gach nì dìomhair do rèir.

Lesley bhòidheach
Fonn: The collier's bonnie lassie
(Saw Ye Bonnie Lesley)

Am fac' sibh Lesley bhòidheach
mar chaidh i thar na crìochan?
Dh'fhalbh i mar Alastair mòr.
'Chur tuillidh creach r' a buaidhean.

'Ga faicinn 's e 'bhith 'n gaol leath',
gun smuain air aon tè eile:
mar a chì, rinn nàdair i,
's cha d'rinn a lethbhreac tuillidh!

'S e ban-righinn thusa Lesley,
do sheirbhisich sinn 'ad làthair;
ò dìomhair tha thu Lesley,
tha cridh' gach duin' 'nad fhàbhar.

Cha b' urr' an Diabhail do leòn,
no aon nì a bhuineadh dhut,
theireadh, 's e 'sealltainn air do ghnùis,
tubaist 's olc cha dèan mi ort.

Tha na feartan shuas 'gad dhìon:
mì-fhortan cha bhuin e dhut:
chionn co-chosmhail thu riu fhèin
cron cha leig iad 'buntainn riut.

Ò till a-rìs Lesley bhòidheach,
chun Chaledon bi 'trastadh:
's nì sinn uaill mun chaileag bhrèagh,
cha robh tè riamh cho gasta.

A' bhean aig Fionnlagh Fann
Fonn: The fowler o' the glen
Seumas Rothach
(Sic A Wife As Willie Had)

Aig Fionnlagh Fann gun robh a thàmh,
san Sgàrdaich, bràighe uisge Churra;
buabastair e 'thilgeadh spàl,
's a ghoideadh snàth cho math ri urra:
bha bean aige 's i buidhe grànnd',
Meig nighean a' cheàird b' i màthair doimeig;
leith'd na mnà aig Fionnlagh Fann,
is gann gun dugainn puinneag oirre.

Tha aice sùil, leth-shùil a-mhàin,
's a dreach mar dhà shùil cait gu buileach;
fiacla meirgeach, còig, is sgorr,
gum bodhradh a clab gleadhrach muilleir:
ròibean feòsaige m' a mùig,
A smig 's a sròn a' mùidheadh conais;
leith'd na mnà aig Fionnlagh Fann,
is gann gun dugainn puinneag oirre.

Cam-speireach i, 's i luirgneach fiar,
a leth-chas bacach, trian an ciorram;
car gu deas dhi 's car dhi tuath,
'ga cumail suas ann an co-chothrom:
pait air broilleach na mnà mìne,
's air a guaillibh mill mar thorrain:

leith'd na mnà aig Fionnlagh Fann,
is gann gun dugainn puinneag oirre.

Chìtear bruchail taobh a' ghealbhain,
'nighe seann-ghnùis le 'bois dheiseil;
ach bean Fhionnlaigh suathaidh clùd,
ri 'h-ùrlainn, gur h-i 'bhrùid as speisealt;
cràgan mòra mar chlèibh òtraich,
gnùis a dhèanadh Lòchaidh brollach,
leith'd na mnà aig Fionnlagh Fann,
is gann gun dugainn puinneag oirre.

Bean Uilleim
Fonn: Tibbie Fowler o' the glen
(Sic A Wife As Willie Had)

Dh'fhuirich Uilleam uasal mu bhruachan Thuaidh,
's e ainm don àite Luinn na Tuaidh;
's e figheadair bh' an Uilleam còir,
stobhadh e ceirsle le duin' air bith;
bha aige bean bha mùgach 's doirbh –
Maidgie an Ceàrd bh' a màthair;
's airson a bhean bh' aig Uilleam còir,
cho doirinn fhèin putan oirre.

Tha aice rosg, chan eil ach aon,
tha dithis aig a' chat a cheart dath;
còig fiacla dubh' is bunan beag,
's teanga chlab'rach a bhodhradh muillear;
feusag dhosach mun cuairt a beòil,
tha smig 's a sròin 'cur mùisg ri chèile;
's airson a bhean bh' aig Uilleam còir,
cha doirinn fhèin putan oirre.

Màsan builgeach 's casan spàgach,
's aon lurg crùbach leud boise cutaich';
tha i caiste deas, tha i caiste clì,
'ga co-chumail ceart na h-uile ballaibh;
tha croit mhòr air uchd an deòir,
's a lethbhreac sin shuas air a slinnean,
's airson a bhean bh' aig Uilleam còir,
cha doirinn fhèin putan oirre.

Bidh 'n cat le sùrd ri taobh na grìosaich,
is le a spàg a gruaidh 'ga glanadh;
chan eil bean Uilleim cho speisealta,
suathaidh ise a bus le sasaig;
tha dòrnadh mòr mar chràileag inneir,
shalachadh a craos Abhainn Logain;
's airson a bhean bh' aig Uilleam còir,
cha doirinn fhèin putan oirre.

Caileag thuath'
Fonn: Thig Iain 's pòg mi 'nis
(The Country Lassie)

San t-samhradh nuair a ghearrt' am feur,
's bh' an coirc gorm 'fàs 'na achai'n fhèin,
bh' an t-seamrag 'gealachadh an fhiadhair,
's na ròis 'cur snas air oir nan raon;
ars Beasaidh sa bhàthach a' bleoghann,
bidh mise pòst' thigeadh na thig;
'n-sin fhreagair crupag shreamach i;
o dheagh-sheòladh cha dàinig dreag.

Tha agad-s' leannain ioma h-aon,
is fathast tha thu òg is maoth;
fan tacan beag 's dèan taghadh ceart,
's taigh gibeach blàth do dhàn gum bi;
sin Seonaidh a' Ghlinn Thomaich shuas,
th' a shabhal is a bhàthach làn;
gabh uam-sa seo, mo chearcag ghlas,
's e pailteas grìosaich gaol, a rùin.

Son Seonaidh a' Ghlinn Thomaich, 'bhean,
cha doirinn uiread 's aire dha;
tha e cho dinnt' 'na bharr 's 'na bhuair,
's nach eil srad gaoil aig' dhomh-s' co-dhiù;
tha plathadh soills' 'n sùil Robaidh ghrinn,
's tha anns' a ghaol dhomh mòr d' a rèir;
cha doirinn sealladh dheth airson
Sheon Ghlinn Thomaich 's a uile stòr.

A chaileag fhaoin, th' ar deò làn spàirn!
'S an car as soirbhe làn tuasaid gheur;
ach 's i 'n làmh làn as fhearr nì strì,
's e cùram dìth a thàirngeas deur,
tha cuid a' spùinneadh 's cuid ri cùinneadh,
's gabhaidh luchd doirbh an làn toil ann;
's mar ghrùideas tu mo chaileag chòir,
ceart mar sin òlaidh tu do leann.

Ò ceannaichidh beartas iom'rean fuinn,
's ceannaichidh beartas buar is sprèidh;
ach cridhe maoth tha làn de ghaol,
cha cheannaich stòras sin a chaoidh;
faodaidh sinn 'bhith bochd, Rob 's mi fhèin;
's aotrom eallach gaoil 'dol tharainn;
tha toil-inntinn 's gaol 'toirt sìth is àigh –
ciod tuilleadh tlachd th' aig bàn-righinn.

Tha 'n Diabhal air falbh
Fonn: The Hemp-dresser
(The Deil's Awa' Wi' The Exciseman)

Thàinig 'n Diabhal a' fìdhlearachd don dùn,
's dhamhais air falbh leis a' chìseadair:
's ghlaodh na caillich, "A shean-mahoun."
Guma math 'thèid dhut le 'd aibhistear.

Sèist
Tha 'n Diabhal air falbh, tha 'n Diabhal air falbh.
Tha 'n Diabhal air falbh leis a' chìseadair,
o dhamhais e air falbh, O dhamhais e air falbh,
o dhamhais e air falbh leis a' chìseadair.

Nì sinn ar braich 's grùdadh ar deoch,
seinnidh is damhaisidh cho mireagach:
's mòran taing don Diabhal mòr dubh
a dhamhais air falbh leis a' chìseadair.
Tha trithear ridhil, tha ceathrar ridhil,
tha horn-phìob is srath spè r' an cur:
siud dannsa b' fhearr a thàinig don tìr,
an Diabhal air falbh leis a' chìseadair.

Tha 'n Diabhal air falbh, tha 'n Diabhal air falbh.
tha 'n Diabhal air falbh leis a' chìseadair,
o dhamhais e air falbh, O dhamhais e air falbh,
o dhamhais e air falbh leis a' chìseadair.

Tuireadh an tràill
(The Slave's Lament)

Bha e thall an Senegal 'thug mo nàimhde mi 'am thràill,
chun fuinn Virginia, ò;
o a thràigh spìon iadsan mi 's a chladach gu bràth cha chì,
's ò mo thruaigh cho claoidhte, claoidht' tha mi!

'S fad uile 'lùbadh is 'sìneadh tràigh, reothadh agus sneachd cha laigh,
mar nì air fuinn Virginia, ò;
'n-sin tha sruthain 'ruith gun sgur agus 'sìor-bhlàth 'tha gach flùir,
's ò mo thruaigh cho claoidhte, claoidht' tha mi.

Ach 's fheudar iomchar 'n t-uallach trom, 's an sgiùrsadh aingidh 's eagal leam,
am fuinn Virginia ò;
tha 'm dheòra 'ruith à linne mo shùl 's mi 'caoidh gu geur son luchd mo ghaoil,
's ò mo thruaigh cho claoidhte, claoidht' tha mi.

Am punnd claoidhte sin de lìon
(The Weary Pund O' Tow)

Sèist
Am punnd sàrach' sin 'm punnd sàrach' sin,
'm punnd claoidhte sin de lìon;
's eagal gun dèid mo bhean-sa 'n eug
mu 'n snìomh i cead de lìon.

Cheannaich mi dhi-se clach de lìon
cho math 's a dh'fhàs air fonn;
'n uil' bharrach a thug i às sin
cha robh ach punnd bha gann.

Bha searrag stothte 'steach am fròg
taobh thall na grìosaich ghrinn,
's bheireadh i daonnan an ath-shrùb
a bhàthadh stùr an lìn!

Mo nàir', ars' mis', a bhèist gun mheas
falbh, snìomh do bhadan lìn!

Ghabh i a' chìr is sin 'na smùr
bhrist ise air mo cheann.

Mu dheireadh thar tom – a casa lom –
chaidh às mo sheal' an-sin;
's mun dùraiginn cailleach chrost' a-rìs,
bheirinn dìol a-mach le lìon.

Feuch an uair (an dara tionndadh)
Fonn: Òran gaoil
(Behold The Hour, second version) !

Feuch an uair 's th' a' bhàta an-seo!
Is tha thu 'falbh làn dèidh mo chridh',
sgairte bhuat-sa am mair mi beò?
Gidheadh 's e 'r dàn o chèil' a bhith;
ò 's tric mi sodan ri luasgadh thonn;
'toirt sanas tric don innis thall:
's ann an-seo bha ar soraidh bròin;
'n-siud chaidh a siùil gu glan o sheall.

Fad astar sreath 'n tràigh aon'ranach,
's na faoilidh sgiamhaich shuas mu 'r ceann,
thar cuairsg' is beuc na mara buirb',
don iarachd tionndam sùil is miann;
ò thoman Innseach cia sona sibh-s';
's Nansaidh ceumachd ar lèana ghuirm;
nuair tha i 'dol tron osaig thlàith,
innsibh a bheil i 'smuaineach orm.

Ait bha mi air a' chnocan ud
Fonn: Leigearam cùis / The Quaker's wife
(Blythe Hae I Been)

Ait bha mi air a' chnocan ud,
mar na h-uain bha làimh rium;
neo-chùramach bha gach smuain,
mar a' ghaoth dol tharam;

nis cha toilich cluich is spòrs,
cleasachd no mire mi;

's Lesley cho bòidheach beusach,
bhuail cùram 's àmhghair mi.

'S cudromach tha 'n obair sin,
'bhith 'g aithris gaol gun taing:
's nis chan urra dhomh ach spleuchd,
athadh goirt, 's acaineachd!
'S mu nach toir i athais ghrad
do m' chridhe cràite truagh,
's ann fon fhòid is uaine feur
an tiota bhios mi 'n lùb.

Bha caileag ann
Fonn: Bonnie Jean
(Bonnie Jean / There Was A Lass)

Bha caileag ann is bha i brèagh,
chum fèill is eaglais thigeadh cruinn;
'n-sin bhiodh na h-òigh bu mhaiseach gnè,
's an tè 's bòidhche dhiubh b' i Sionn.

Is obair a màthair daonnan rinn,
's i 'sheinn cho sunndach mireagach;
an t-eun bu bhinne air geug nan coill,
cha robh nas cridheile 'na cheileireachd.

Ach creachaidh 'n speireag sìth is aoibh,
th' a' grianadh nead na h-uiseig caoimh';
seargaidh 'n reothadh na flùir as àillidh dreach,
's brisidh gaol an fhois as teinne pràmh.
B' e Robaidh òg neart 's mòrchuis chàch,
's fad a' ghlinn b' e a b' fhoghaintich;
bha aige caoraich, daimh is bà,
's de eich lùthmhor naoidh no deich.

Chaidh Sionn 's e fhèin le chèil' don treast,
's dhanns' iad cho cridheil air a' bhlàr;

's mun robh ceart fios aig Sìne fhaoin,
bha cridhe siabt' air falbh gu tur.

Mar sgàile gealaich air uchd nan sruth,
tha laigh' cho sèimh san fheasgar chiùin;
cho fìor ri sin bh' an ùr-ghaol blàth,
sìoladh an cridhe fìorghlan Shionn.

'S fhathast tha i 'dèanamh obair a màthar gaol,
's daonnan 'g osnaich le cùram 'sgìos;
gun fhios ro mhath gu dè tha cearr,
no ciod a dhèanadh ceart i 'rìs.

Feuch thus' cho clis 's leum cridhe Shionn,
bha aoibhneas dearrsadh 'mach a sùil;
nuair thachair i air Rob sa mhachair ghlas,
's 'na cluas dh'aithris e an cagar gaoil.

Bh' a' ghrian 'dol fodha anns an iar,
's na h-eòin a' seinn cho grinn sa phreas;
phòg e a gruaidh le bhilibh blàth',
's e 'g aithris dhi a ghaol 's a ghràs.

"A Shionn a ghaoil tha thu cho prìseil dhomh!
Ò 'n urrainn thu dèidh a ghabhail dhìom?
'S am fàg thu do mhàthair, 's am bothan beag,
'chur òrdugh anns na bailtean leam?

Am bàthach no sabhal cha dèan thu strì,
no nì a rùn nì dragh no pian;
ach sràidimeachd am blàth an fhraoich,
's a' sealltainn air sìneadh coirc' leam fhèin."

'Nis ciod dhèanadh Sionn neo-chiontach?
Cha b' urra i – cha dèid – a ràdh;
's cho athach dh'aontaich i a toil,
's fìor ghaol bha eatarra de ghnàth.

An Geal Àth
(Braw Lads O' Galla Water)

Air bruthaichean Yarrow tha gillean brèagh,
a' caismeachd cho lùthmhor thar an fhraoich,
chan eil bruthaichean Yarrow no tomain Eadaraig glas
cho brèagh ri gillean a' Gheal Àth, gillean brèagh, brèagh.

Tha aon an-sin, ainm ceilidh mi,
os cionn gach aon, leam fhèin as àillidh;
bidh mis' aige 's esan agam-s,
an gille brèagh on Gheal Àth, gillean brèagh, brèagh.

Is ged nach laird a dhaide ghrinn,
no agam-s' tochar 'thoirt do m' ulaidh;
ach beartach ann an gaol bidh sinn,
buach'lleachd ar sprèidh mun Gheal Àth, gillean brèagh, brèagh.

Ò cha b' e stòr, ò cha b' e stòr,
a cheannaich suaimhneas 'sìth gun bhuaireas!
Ach gaol an glaice beannachd bhuan,
san t-saoghal 's i as àirde stòras, gillean brèagh, brèagh.

Mu shruthan Alain
Fonn: Allan Water
(By Allan Stream)

Taobh sruthan Alain ghabh mi sgrìob,
chaidh 'ghealach fodh' air cùl Bheinn Leitir;
bha blàth na gaoith' am measg nan craobh,
's bh' an coirc' buidh' deas airson na buainidh
sheas is dh'èist mi ri òran gaoil.
Bha m' smuain air spòrs nan òigridh ait

is daonnan bha fuaim nan coill' ag ràdh
"Ò Anna rùn is mòr mo ghaol dhut.

Cia son' a bhith 'n toman na deòthlaig
gun taibhs' a bhith 'cur fiamh air aon.
No tùirse cridh' 'cur sgannail air

an t-àm 's an t-àit a thachair sinn,"
air m' uchd iomagaineach leag i ceann
's bhrùchd i 'mach, "'S leat mi gu bràth;"
'S le iomadh pòg ar bòidean sheulaich sinn,
'gealltainn nach briseamaid iad gu bràth.

Àit' taghadh earraich 's i 'n gealbhan-bhruaich,
is cuspair samhraidh nan treud 'bhith leantainn;
cia inntinneach san là gearr foghair ait
measg diasan buidh' a bhith 'fantainn;
cha mhùth iad sin an cridh' th' air ghleus.
No 'n t-anam 'ghlasadh le tlachd do labhairt.
No deachdadh teud gu àrd-aoibhneas,
bidh stòras m' uchd-s' a bhith 'tachairt.

Thig-sa gu caidreamh m' uchd a ghaoil
Fonn: Cauld kail
(Come Let Me Take Thee To My Breast)

Thig-sa gu caidreamh m' uchd a ghaoil,
's geallamaid nach sgarar sinn;
'n-sin tarcais nì m' air saoibhreas saoghail,
sa ghreadhnachas mar dhus' an fhonn':
's an cluinneam guth Shionn ag aideachadh
faireachdainn co-shòlas dùil?
'N-sin iarram beath' gu maiream beò
a shìor-shealbhachadh mo ghaol.

Le d' uile sheun, 'am ghlais cho blàth,
glacam mo leug do-labhairt;
's chan iarr o nèamh ach na tha
aon tiota toil-inntinn 'tabhairt;
is air do shùil cho bòidheach gorm,
dìlseachd sìorraidh bòideam dhut:
is air do bhilean seulaicheam
'n phòg nach bristear leam mo bhòid.

Daibhidh ciatach
(Dainty Davie)

Tha 'n Cèitean ruiteach 'teachd le flùir.
'Còmhdach gach doire cho glasmhor ùr
's toirt dhomh-sa àm toil-inntinn chòir
'bhith 'mach air chuairt le Daibhidh.

Sèist
Ò coinnich mi air cnoc nan draoidh.
A Dhaibhidh ciatach, Daibhidh gasta.
'S fanam 'n-sin fad latha gaoil.
Le m' Dhaibhidh ciatach gasta.

Tha 'n t-uisge fìorghlan glugan sìos,
's eunlaith mireach ri gaol san lios,
tha 'n osag chùbhraidh 'sèideadh deas,
mu m' thimcheall fhèin is Daibhidh.

Nuair dhùisgeas madainn dearg air raon,
am maigheach 'dhol airson a lòn;
a-mach troimh 'n driùchd 'n-sin thèid mi fhèin
'n còmhdhail mo Dhaibhidh dìleas.

Nuair anns an iar tha 'n là 'dol dhìth,
's cùirtein nàdair 'toirt fois is sìth,
chum achlaisean an-sin thèid mi
's e sin mo Dhaibhidh ciatach.

'Fhleasgaich fhaoin
Fonn: The collier's daughter
(Deluded Swain, The Pleasure)

'Fhleasgaich fhaoin cà bheil 'n toil-inntinn,
as urrainn mais' a thoirt dhut;
chan eil ach ionmhas sìogach annta sin,
bheir an dùil cridhe goirt dhut.
Na tonna baoth' air luasgadh cuan,
's a' ghaoth 'th' a' sèideadh luaineach,

is gluasad neo-chinnteachail nan neul,
gnè samhlaidh iad air boireannaich.

Ò rìgh nach eil nàire ort,
'bhith 'cur do dhèidh air coslas?
Am b' mhath leat fhèin 'bhith duinealach,
cuir 'n truaghan faoin an suar'as.
Gluais 's faigh còmhlan onarach!
'S fìon math 'nar comairidh!
'S cum aige gus am bi sibh làn,
's do 'r leabaidh air an daoraidh!

Altachadh ro ghabhail biadh
(Grace Before Meat)

Ò Dhia, nuair bhios oirnn acras goirt
dèan solair ruinn gach tràth,
's cobhair thoir a-mach o d' stòr
d' ar dìth, ceann muilt no reith'.
AMEN

'N robh agam uamh
Fonn: Robin Adair
(Had I A Cave)

Ò an robh agam uamh air tràigh fad thall,
's gaoth ànraich spàirneachd troimh thonn is steall;
son m' àmhghair dhèanainn gul,
iarram mo chlos a chaidh air chall.
Gus an dùin bròn an t-sùil,
nach dùisg gu bràth.

Àrd-chealgaich' am measg bhan an aithris thu
ò gheallan gaoil th' a' dol as mar cheò.
Gabh as do d' leannan ùr,
's thar d' eitheach dèan-sa gàir
'n-sin forfhais do d' chridhe fhèin
a bheil sìth an-sin!

Òraid do Sheanailear Dhumourier
Atharrais air Robin Adair
(On General Dumourier's Desertion)

Cuir fàilt' air ainneartaich, 'Dhumourier;
cuir fàilt' air ainneartaich, 'Dhumourier;
dè tha Dampiere a dèanamh?
'S Bourn'ville mar an ceudna?
Carson nach dàinig iad mar riut, 'Dhumourier?

Tuasaidear leinn an Fhraing, 'Dhumourier.
Tuasaidear leinn an Fhraing, 'Dhumourier.
Tuasaidear leinn an Fhraing
's gabham mo thàrladh leat-sa,
air m' anam dannsaicheam gàbhadh leat, 'Dhumourier.

'N-sin sabaididh sinn mun cuairt, 'Dhumourier!
'N-sin sabaididh sinn mun cuairt, 'Dhumourier!
'N-sin sabaididh sinn mun cuairt,
's an dìthich saorsa às,
'n-sin sgriosar sinn, gun ag, 'Dhumourier.

Bruthaichean Logain
Fonn: Logan Water
(Logan Braes)

Ò Logain cia caomh a ghluais do shruth,
'n là do Uilleam bha mi 'm bhean òg;
chaidh bliadhntain sian thar oirnn 'nis.
Mar Logan caomh do ghrian is tràigh.
Tha do bhruachain lusach dhomh-s' a-nis
mar gheamhradh dorch', gun bhrìgh gun mheas;
ach 's fheudar do m' rùn-sa seas r' ar nàimh,
fad bhuam-s' 's bruthaichean Logain chaoimh.

Tha Màigh air teachd le aighear 's beus,
tha gach cnoc is srath le lùth air gleus;
cho sunndach tha eòin 'm preas duilleagach,
's na beachain 'crònan mu fhlùran fàileagach;
th' a' mhadainn 'fosgladh 'sùil ròsach ghlan,

's th' am feasgar 'sileadh boinnean gean',
neo-thlachdmhor th' 'ad do m' anam pràmh.
'S Uilleam 'm fad o bhruthaichean Logain chaoimh.

San tom sgìthich ud cho geal ri clòimh,
th' an smeòrach le a h-àl 'na suidh';
le comp'nach riaraich a h-obair gaoil,
no 'toirt a h-aire le chluais air chiùil.
Ach mis' le m' dhaltain phrìseil 'n-seo,
gun chuideachd cèile 'thoirt misneach dhomh.
Le oidhchean bantra'il 's làithean dubhach trom,
's Uilleam fad o bhruthaichean Logain bhuam.

Mo mhallachd oirbh prìomh dhaoine an stàid,
tha brosnaich bhràithre chum cuthach cràit';
mar lìonas sibh cridheachan làn de bhròn,
gum pilleadh ur gamhlas oirbh 'gur leòn;
cuim' 's toigh le 'r cridheachan ailbhinneach
deòire bantraich 's caoidh nan dìlleachdain?
Thig ò shìth! 'S làithean sona naomh;
's Uilleam air ais gu bruthaichean Logain chaoimh!

Tighearna Ghreagoraidh
(Lord Gregory)

Cia dorch', dorch', th' am meadhan-oidhche seo,
làn gailleann agus ròcas;
tha seachranach a' sireadh d' fhurtachd,
Thriath Ghreagoraidh, fosgail 'n doras!

Seo fuadan truagh o thaigh 'h-athair,
th' air d' àill-sa gaol a cridhe;
is o nach gabh thu truas do m' staid,
ma 's gaol nach fhaod a bhith.

A Thighearn' 'n cuimhneach leat an doire,
mu bhruachain Irbhinn sèimh.
'S ann 'n-sin 'dh'aontaich mi m' dhlighe dhut;
'dhiùlt mi cho tric o d' làimh.

Cia tric a gheall 's a mhionnaich thu,
gur tu mo rùn de ghnàth;
's aig mo chridhe dèidheil dìleas,
earbs' annad gun teagamh bha.

Ò 's cruaidh do chridh', Thighearn' Ghreagoraidh.
Tha d' uchd mar chloich gun chruas;
a shaighead nèimh tha 'sradadh seach,
nach doir thu dhomh-sa fois!

A thàirneanaich ri faram shuas,
seo dhuibh ar n-ìobairt shèimh!
Ach maith, 's caomhnaibh mo ghaol mì-dhìleas,
's eucoir orm-sa agus nèamh!

Deasaidh
Fonn: Adew Dundee
(Young Jessie)

Glan chridheach bha e, an sonn dubhach bho Yarrow,
's mu Àir tha na h-òighean cho bòidheach glan grinn;
ach mu bhruachan gorm' àillidh sruth Nid tha 'ruith sèimh,
tha leannain cho dìleas is òighean cho grinn.
Son coimheasg do Dheasaidh, rannsaich fad Albann;
son coimheasg do Dheasaidh, bidh do thuras gun bhrìgh.
Bha i cho snuadhmhor is àlainn, 's deas ghaolach 'na dòigh,
's th' a h-òg-bheusan banail a' glasadh gach nì.

Cia ùrail th' an ròs 'measg driùchd madainn àillidh,
is grinn th' an lili nuair th' a' ghrian a' dol fodh';
ach 'n làthaireachd phearsa gheal bhòidheach òg Dheasaidh,
chan fhaicear an lili 's aig an ròs chan eil snuadh.
Tha gaol ann a h-aoibh 's tha piseach neo-choireach,
'na shuidhe mar bhreitheamh làn lagh 'steach 'na sùil;
'na coigreach tha i fhèin dha cùramach 's dha beusaibh,
's e a' gluasad neo-choireach leug phrìseil 'n dùil.

Peigi a' Mhuilinn
Fonn: Jackie Hume's lament
(Meg O' The Mill)

A bheil fhios agad dè fhuair Peigi a' Mhuilinn,
's a bheil fhios agad dè fhuair Peigi a' Mhuilinn?
Fhuair i seann-bhodach faoin 's glac airgid 'na dhòrna,
's mar seo bhrist i cridhe maoth a' mhuilleir eòrna.

Bh' am muillear cho foghainteach 's bh' am muillear cho grianail,
bha a chridhe cho uasal sa shnuadh cho banail;
's e suarag bheag spliugach a bha anns an laird,
ach dh'fhàg i 'n sonn aoibhinn is ghabh i 'n dearg-cheàrd.

B' e cridhe blàth gaolach dhi ofrail a' mhuilleir;
gun d' bhuadhaich maoin an laird do chàch bha seo soilleir,
's e each smiorail deas is srian dearrsadh le gilead,
's cuipeag mu taobh 's air dìollaid-taoibh 'bhith suidhicht'.

Mo mhallachd air 'n airgead, tha daonnan 'toirt buaidh!
Mo mhallachd air a' ghaol air baile fearainn 'tha luaidh;
cha mhò do ghaol dìleas meall tochair 's bi falamh,
thoir dhomh-sa mo ghaol 's cha doir mi fiogais son talamh!

A chèile, a chèile
Fonn: My jo, Janet
(My Spouse Nancy)

"A chèile, a chèile, sguir de d' strì,
's na bi gun stad air bhoil a dhuine;
chionn ged 's mi do bhean phòsta fhèin,
gidheadh cha bhi do thràill a dhuine."
"'S fheudar aon do dhithist gèilleachdainn,
Nansaidh, Nansaidh!
'n e 'm fear no 'bhean, abair fhèin,
mo mhairisteana Nansaidh?"
"Mas e 'm facal mòrchuiseach 'tha ann;
seirbhis is caomhalachd;
trèigeam an-sin mo thighearna,
soraidh 'n-sin le ùmhlachd dhut."
"Tùirseach bìom 'am aonaranachd,
Nansaidh, Nansaidh!

ach feuchaidh mi dòigh eile air,
mo mhairisteana Nansaidh."

"Mo chridhe bochd bithidh briste truagh,
's m' uair dheireannach dlùth dhomh fhèin;
faodaidh tu mo shìneadh anns an dus'
's feuch ciamar ghiùlaineas tusa sin."
"M' uil' earbsa 's dòchas tha an nèamh,
Nansaidh, Nansaidh!
treun spionnadh d' a ghiùlan 'bheirear dhomh,
mo mhairisteana Nansaidh."

"A-nìos on uaigh 'n-sin èiream suas,
dhuine a chuir sgèimh ort;
's timcheall do leabaidh sa mheadhan-oidhch'
le taibhs' cuiream uabhas ort."
"Pòsam tè eile cosail riut,
Nansaidh, Nansaidh!
'n-sin teichidh ifrinn fhèin le sgèan,
mo mhairisteana Nansaidh!"

On robh mo ghaol
Fonn: Hughie Graham
(O Were My Love Yon Lilac Fair)

O 'm b' e mo ghaol an liathag bhrèagh,
gucag fhlannach don earrach mhaoth:
's mise eun faotainn fasgadh, nuair
bhithinn fann a-mach air sgiath.

'S nam biodh e leònt' 'n sin dhèanainn bròn,
'n àm foghair fhiadhaich 's geamhradh doirbh
ach dhèanainn seinn air sgiath cho binn,
nuair thilleadh Màigh 'n ùr-fhàs cho soirbh.
On robh mo rùn an ròsag dhearg
a tha air balla chaisteal fàs,
is mise fhèin am boinne driùchd,
thuiteas air a h-uchd bòidheach sìos.
Beannaichte thar do-labhairt bhiom,
rè 'n oidhche cumail fleadh nan sgèimh:

glaist' 'na fillidh sìoda fois,
gus 'n clisg Phœbus mi à 'h-achlais chaomh.

Freagairt do aon a dh'fheòraich carson rinn Dia Mrs D cho beag agus Mrs A cho mòr
(On being asked why God had made Miss D so little and Mrs A so big)

Carson rinn Dia an leug cho beag
's na stùcan gaireil mòr?
Ò! 'S ann a chum gun cuireadh sinn
a' bharrachd suim fa 'comhair.

Ò fosgail an doras
(Open The Door To Me, O)
Fonn: Open the door softly

Ò fosgail an doras is gabh-sa truas,
ò fosgail an doras dhomh fhèin!
Ged tha thusa mì-dhìleas, bitheam-sa dìleas,
ò fosgail an doras dhomh fhèin!

Ò 's fuar th' an doineann air m' leth-cheann-sa 'teachd,
nas fuaire do ghaol-sa de ghnàth;
chan eil 'm fuachd 'tha 'bioradh m' bheath' o m' chridh'
cho geur ri mo phian air do sgàth.

Th' a' ghealach 'dol sìos air cùlaibh nan tonn,
tha aimsir 'dol thairis orm fhèin!
Droch-chàirde 's droch-ghaol san triomh-s' a-nis,
tha mi 'cur cùl ri talmhaidh 'n cèin!

'N-sin dh'fhosgail i 'n doras, farsaing is rèidh,
is chunnaic i 'chorp air an fhonn!
'N-sin ghlaodh! Mo ghaol! is thuit i r' a thaobh,
's chan èiridh gu bràth le a sonn!

Phillis nan seud
Fonn: Robin Adair
(Phillis The Fair)

'N tràth bha uiseag 'nan sgiath bheag, a' gaothranachd na sìd',
'blaiseachdainn an t-earrach tlàth, 'mach ghabh mi trìd.
Bu bhrèagh bha sùil na grèin',
'g amharc thar àird nam beann;
"mar siud do mhadainn," thubhairt mi, "Phillis nan seud."

Ann an sgeul cheilearaich na h-eòin, bha agam-s' cuid!
Nuair measg nam flùr fiadhaich sin, ghluais mi trìd;
sòlasach don òg-là chaomh,
th' an ùr-ròs crom le driùchd nèimh;
"mar sin," ars' mis' "tha dreach is aoibh, Phillis nan seud."

Shìos an casan fasgach ciùin, gaol chalman chìt'.
'S chunnaic mi 'n croman dàn', an ribe glact'.
Mar sin dèanadh fortan caoin,
an crannchur is an dàn,
ort-sa a dhèanadh cron, Phillis nan seud.

Sìos Nid nam fiar
Fonn: The muckin o' Geordie's byre
(Phillis, The Queen O' The Fair)

Sìos Nid nam fiar ghabh mise sgrìob,
a ghabhail beachd air lusain ghrinn,
sìos Nid nam fiar ghabh mise sgrìob,
smuaineach' air Phillis is a sheinn.

Sèist
Air falbh le ur nighneagan gasta,
rithe-se cha choimeasar iad;
ge be bith e a thachair air Phillis,
thachair e air banrigh nan seud.

Thionndaidh m' aire 'n-sin air an neòinein,
cho iriosal singilte caoin;

's cruth-choslas thusa do mo Phillis,
air is ise aon-fhillteachd nan daoin'.

Tha 'n ròs mar athadh mo bhean gheasaidh,
's i bileagan maoth bhlàth 'nam pòg;
cia fìorghlan 's cia bòidheach tha 'n lili,
nas fìorghlaine broilleach m' ghaol òg.

Am bad flùragan brèagh san lios ud,
cha choimeasar iad ri mo dhùil;
tha 'h-anail mar fhàile na deòthlaig,
's e boinne driùchd daoimean a sùil.

Tha a guth mar fhonn a's a' mhadainn,
tha dùsgadh gach doire is caol;
nuair tha Phœbus a sealltainn thar mòintean,
air caochladh toil-inntinn is gaol.

Ach maiseachd cia faoin is neo-sheasmhach,
mar là samhraidh 'na dhreach agus teas;
ach òirdhearcas inntinn mo Phillis
seasaidh mar sholas nach tèid às.

O ghoinne fuachd
Fonn: Cauld kail
(O Poortith Cauld)

Ò ghoinne 's fuachd is iomagain gaoil,
eadaraibh tha m' shìth-s' a' crìonadh;
ach bheirinn maitheanas do ghoinne 's fuachd,
mur bhitheadh e son Shionn.

Sèist
Ò cuim' tha tlachd aig tubaist dhoirbh
'bhith 'gearradh bannaibh beatha;
no lus cho tlachdmhor ri gaol
bhith 'n earbsa dearrsadh latha?

Nuair bheachdaich mi air sòghas saoghalt',
's a' mhòrchuis tha 'toirt uaill dha;

mo nàir' air duine amaideach,
gum bitheadh e 'na thràill dha.

Th' a sùilean gorm' ag innseadh fìor
mar tha i 'gabhail m' annsa;
's cho faichilleach a bhruidhneas i,
mu fhasain agus phrionnsan.

Ò cò air thuaiream smuainicheas,
is caileag ghast' 'ga thaobhais?
Ò cò air thuaiream smuainicheas,
's e teann an gaol mar mise?

Cia beannaicht', cor a' choiteir chòir!
bhuidhneas a leannan gaolach;
cha chuir saoibh'eachd saoibhreas amaideach,
no 'm brèaghachd orra amhluadh.

Albannaich a chaill ur fuil
Gun urra
(Bruce's Address To His Army At Bannockburn)

Albannaich a chaill ur fuil,
fon laoch Uallas is fo Bhrus,
fàilt' do shuain ur bàis an-diugh –
no do bhuidhinn strì!

Feuch an latha, seo an uair;
faicibh gnùis a' bhlàir fo ghruaim;
feachd righ Èideard 'teachd le uaill –
's geimhlean cruaidhe dhuinn.

Cò bhiodh lùdasach sa chath?
Cò 'n uaigh gealtair a bhiodh taisgt'?

Cò a bhiodh 'na thràill fo smachd?
Teich gu grad 's na till!

Cò as leth tìr àrd an fhraoich
'thàirneas claidheamh treun na saors'?

Le 'n fhearr bàs na gèill' do h-aon,
thig don raon leam fhèin.

Le gach truaighe fuaight' ri daors'!
Le cuing thruaillidh cloinn ar gaoil!
Dòirteamaid ar fuil na taom,
ach sàr-shaor bidh sinn!

Sgriosaibh na fir fòirnidh dhàn'!
Tuitidh aintighearna 's gach nàmh!
Anns gach beum tha saors' an àigh!
Buaidh no bas biodh leinn!

Albannaich a chaill ur fuil
S. A.
(Bruce's Address To His Army At Bannockburn)

'Fheachd Alba, 'thug le Uallas buaidh,
's tric fo Bhrus bha 'n cogadh cruaidh,
fàilte dhuibh gu fois na h-uaigh –
no gu buaidh is sìth!

Seo an latha, an uair seo tha;
feuch fo 'n cruaidh a-nuas mar sgàil;
feachd na h-uaill fo Ionbhar dàn' –
'dhèanamh thràillean dhinn!

Cò 'na shlaightear feallta fuar?
Cò 'na ghealtair 'dh'iarradh uaigh?
Cò 'na thràill fo shàil luchd-fuath?
Clis bi bhuam fhir chlì!

Cò as leth a thìr 's a còir,
'thàirneas stàillinn chruaidh 'na dhòrn?

Buaidh an àird no bas le glòir,
lean a dheòin do Rìgh.

Air ar bruid fo shluagh neo-chaomh!
Air ur n-àl an sàs san daors'!

Tràighidh sinn ar fuil san raon,
bheir sinn saors' d' ar linn!

Sìos na coimhich bhorb gur bàs!
Sreath gun iochd gach ceann thig 'bhàin!
Saorsa thig an lorg gach stràic!
Buaidh no bàs ma 'n till!

Blàr Bhannockburn
Fonn: Hey tutti taiti
(Bruce's Address To His Army At Bannockburn)

Alb'nnaich sheas le Uallais treun,
Alb'nnaich a lean Brus faraon;
seasaibh gu ur leabaidh chaol,
no gu buaidh san strì.

Seo an là, 's e seo an uair;
seallaibh toiseach strì is àr;
siudaibh feachd Rìgh Èideard mòr –
geimhlein 's daorsa chruaidh.

Cò bhios 'na fhear brathaidh ann?
'S lìonas uaigh a' ghealtair fhann?
Cò 'na thràill a thèid am bann?
Teicheadh e air falbh.

Cò son Albainn, rìgh is còir,
thàirngeas lann ar saorsa 's treòir;
sìos no suas chlann fine saor?
Leanaibh uile mi!

Le piantain cruaidh-chàs ànradh 's leòn;
le ur mic an cuibhrich teann;

traoghaidh sinn o 'r cuisl' gach braon.
Ach bidh iad uile saor.

Leag nan splait luchd-fòirneirt breun,
's buail gu bàs aintighearnaich dàn'!

Tha saorsa le gach buille dhian!
'S bidh e buaidh no bàs!

Brosnachadh Bhrus
Fonn: Hey tutti taiti
An t-Urr. Aonghas Mac an t-Saoir
(Bruce's Address To His Army At Bannockburn)

Threun', le Wallace, dh'fhuiling creuchd,
's le Brus chaidh dàn' gu àr nan euchd,
nis iarraibh bàs am blàr nam beum –
no buaidh gu treun san strì!

'S e latha 'chruais, an uair tha làth'r;
feuch feachd fo 'n cruaidh air cluan an àir;
a' teachd le 'n uaill gu buaireas blàir –
a dhèanamh tràillean dhibh!

Cò thig don strì neo-dhìleas, claon?
Cò dhèanadh uaigh ach cluan an raoin?
Cò strìochdadh sìos gu dìblidh faoin?
Air cùl nan claonair clì?

Cò 'n càs an rìgh, a rìogh'chd 's a reachd,
'bheir beum nan geur-lann treun an gleac,
gu buaidh am blàr no bàs 'na bheachd,
an gaisgeach leanadh mi.

Ar truaighe 's teinn, ar n-ainneirt chruaidh,
's ar sliochd an sàs nan tràillibh truagh!
O 'r cuislibh tràight' air sgàth ar sluaigh,
thig saorsa bhuan le sìth!

Biodh uaibhrich sleuchdt' fo 'r beuma bàis!
Fear ainneirt dh'eug nuair ghèilleas nàmh!
Tha saorsa fhèin am beum ur làmh!
Nis buaidh no bàs san strì!

Brosnachadh-catha Raibeart de Bruce latha Blàir Allt nam Bonnach
Fonn: Hey tutti taiti
Rob MacDhùghaill
(Bruce's Address To His Army At Bannockburn)

Fhir Alb' 'bha le Wallas 'sileadh chreuchd,
fhir Alb' a dhearbh le Bruce ur n-euchd
's e ar beatha gu bàs san streup
no gu buaidh mar thrèin san strì!

Seo nis an là, seo nis an uair,
faic tùs a' bhlàir ag aomadh 'nuas,
feuch ìomhar àrd-innt'nneach le 'shluagh,
an tràilleachd bhuan 'gar cur fo chìs!

Cò ghabhadh duais 'n fhir-bhrathaidh fhaoin?
Cò lìonadh uaigh a' chladhair' bhaoith?
Cò a bhiodh 'na thràill a chaoidh?
A chladhair', a thraoidhteir fàg an tìr!

Cò airson rìgh is lagh na h-Alb'
'bheir lann na saors' o thaobh gu calm'?
Seasadh 'n saor-dhuin' na tuiteadh marbh
Albainn! Bi sìos le d' rìgh!

Airson piantan 's truaighe fòirneart dhaoin'
airson ur cloinn an slabhraidh dhaoir,
tràighidh sinn ar fèithean gaoil,
ach bidh iadsan saor, saor gun crìch.

Sìnibh 'n t-an-shealbadair 'na uaigh,
tuiteadh an-tighearnaibh sìos 'nan luaithr',
buannaichibh saors' le 'r lannaibh cruaidh;
's faighibh bàs na buaidh san strì.

Tilleadh an t-saighdeir
Fonn: The mill, mill, O
(The Soldier's Return)

Nuair chaidh sgal millteach cogaidh seach
is inbheachd sìth a' pilltinn,
le ioma pàist' 'na dhìlleachdan
is mòran bhantrach 'caoineadh,
dh'fhàg mi 'n t-achadh bùthach sreathach,
's an robh mi 'm fad 'am aoighear,
b' e m' mhàileid m' uile stòras faoin –
bh' aig truaghan ionraic saighdeir.

Bha cridhe dìleas blàth 'am chom,
mo làimh bha saor o spùinneadh;
's air ais ais do m' Albainn ghaoil,
bha m' luirg le sòlas sìneadh.
Air bruachain Chaol mo smuainte bha
's ann 'n-sin air Nansaidh dhòigheil;
's air an aoibh bhòidheach a chur seun
air m' aignean tiomach òigeil.

Mu dheireadh ràinig mi an gleann
's an d'rinn mi spòrs is aighear;
fàisg 'n mhuilleann 's tom dhris 'na còmhla,
's tric mo Nansaidh 'bha mi 'suirgh';
cò chunnaic mi ach òigh mo rùin,
taobh fàrdach a màthar aosta:
thionndaich mi a dh'fhalach uaip'
na tuilt' 'am shùil bha 'brùchdadh.

Mo nighneag chòir, le atharrach guth,
thubhairt mi ris an òigh mhaoth,
ò sona sona bitheadh e
do d' chridhe-sa as dlùithe!
Tha m' sporan beag 's tha 'n t-astar fad',
ann d' fhàrdach faigheam tèarmann;
do m' rìgh is tìr rinn òglachas –
ò gabh-sa truas air saighdear.

Bheachdaich i orm gu aireachail,
nas bòidhche 'ghnàth bha h-aogais;
ars' is', le saighdear bha mi 'n gaol,
'n dìochuimhn' gu bràth cha bhi e;
ar bothan suarach cho math 's ar lòn
's e d' bheannachd-sa am mealtainn,
son comharr' suaicheantas nan treun
'am thaigh-sa gheibh thu fàilt' ann.

Spleuchd i orm 's dh'fhàs i dearg mar ròs –
'n-sin dh'fhàs i bàn mar lili!
Thuit i 'm ghlacaibh agus ghlaodh,
'n tu Uilleam, mo rùn, mo chèile?
Air-san a chruthaich grian is speur,
's air gaol gun ghò 'toirt suim,
's mis' an duine 's gum fada bhios
dìol do leannain anns gach àm.

Chaidh na cogaidh seach, 's tha mis' ais m' ais,
'gad fhaotainn slàn is dìleas;
ged 's gann ar stòr, ar gaol tha pailt,
's cha sgarar sinn gu sìorraidh,
dh'fhàg m' sheanair ars' is' beartas dhomh
taighean gast' tha rìomhach brèagh';
o thig, mo ghiollan saighdeir treun,
'gam mealtainn 's e d' bheannachd e.

Tars'naidh marsant' an cuan son òr,
is rèidh le tuath'nach treabhtear;
's e glòraidh taitneas mic nan treun,
's e onair stòr an t-saighdeir;
's na dìmeas thus' an saighdear bochd
mar choigreach no mar fhuaran;
cuimhnich gur esan cùl-taic a thìr
an àm is uair a dòrainn.

Òran is leat-sa mi
Fonn: The Quaker's wife
(Thine Am I)

'S leat-sa mi mo mheasag bhòidheach,
do chuid-sa Nansaidh chaomh!
Gach plosgadh beò troimh m' chuisle
's gach dèidh iomrallach 'am chnàmh.

Ri d' uchd-sa aomam m' chridhe blàth,
's gach ospag ann a' crìonadh!
Ged dh'fhàsgadh eu-dòchas iongair teth,
leigh'seadh siud e 'n-còmhnaidh.

D' bhilean ròsach thoir air falbh,
's iad taisgt', le ìocshlaint luachmhor!
'S tionndaidh bhuam do shùilean gaol,
no eugam le bàs sòghmhor.

Ciod e beath' as eugmhais gaol?
no oidhch' gun mhadainn sgiamhach!
'S e gaol grian shoilleir 'n t-samhraidh fhial,
nì aghaidh nàdair rìomhach.

Dh'fhàg thu mi gu bràth a Sheumais
Fonn: Fee him, father, fee him
(Thou Hast Left Me Ever, Jamie)

Dh'fhàg thu mi gu bràth, a Sheumais,
ò dh'fhàg thu mi gu bràth.
Dh'fhàg thu mi gu bràth a, Sheumais,
o dh'fhàg thu mi gu bràth:
's tric 'bhòidich thu gum b' e bàs
a-mhàin a sgaradh sinn;
dh'fhàg thu do luaidh gu sìorraidh 'nis –
's gu bràth chan fhaic mis' thu a Sheumais,
ò chan fhaic gu bràth.

Thrèig thu mi gu tur, a Sheumais,
o thrèig thu mi gu tur!

Thrèig thu mi gu tur, a Sheumais,
o thrèig thu mi gu tur.
Faodaidh thu aomadh ri leannan ùr,
's mo chridh'-sa 'ga sgoltadh;
glè luath bithidh mo shùile dùint',
anns a' chlos nach dùisgear, Sheumais,
nach dùisgear idir!

Thud a-seo, thid a-sin
Fonn: Here awa', there awa'
(Wandering Willie)

Thud a-seo, thid a-sin, a' faondrainn Uilleam,
thud a-seo, thid a-sin, thig dhachaidh tràth;
thig agus dlùthaich ri m' uchd-sa, ò m' eudail,
's dearbh gu bheil Uilleam fathast dhomh-sa mar 'bha.

Bha gaothan a' gheamhraidh cho fuar nuair 'dhealaich sinn,
's thug m' eagal son Uilleam na deòir o mo shùil;
gràs ort a shamhraidh, is slàinte do m' Uilleam,
an samhradh do nàdair, 's dhomh-s' Uilleam mo ghaol!

Ò a stoirm! Gabhaibh clos an uaimhean ur cadail,
tha eagal ur beucaidh ann 'am chridhe sìor snàmh;
ò dùisgibh ò osagan, 's bi'bh sìochail a thonnan,
is stiùiribh mo leannan gu m' chridhe 's gu m' làmh.

Ach ò ma bhitheas e mì-dhìleas do Anna,
luaisg eadarainn gu garbh doineannach ò chuain;
na faiceam e, 's guma fad o mo smuaintain e,
's gun caochail mi 'creidsinn Uilleam 'bhith dìleas d' a rùn!

Cà 'm bheil na h-aoibhneis?
Fonn: Saw ye my father?
(Where Are The Joys I Have Met?)

Cà 'm bheil na h-aoibhneis a fhuair mi sa mhadainn
bha 'dannsadh don uiseag cho tràth?

Cà 'm bheil an t-sìth bha 'feitheamh ceann m' allabain
's na coill' fhiadhaich san fheasgar cho blàth?

Tuillidh cha chuartlan mi cùrsa an abhainn ud,
comharrachadh fàile 's dreach nam flùr;
chan àraich mi lorgachaidh eutrom toil-inntinn,
ach doilgheis is acainnich gheur?

An e gun do chuir samhradh cùl ri 'r glaicean
is geamhradh doirbh tigh'nn oirnn cho dian?
Chan e ach am beachain mun ròs le 'dhranndan,
cuir an cèill àm mòrchuis a bhliadhn'.

Gu deònach dh'fhalaichinn na 's eagal leam fhaicinn,
ach 's fhada on b' aithne dhomh fhèin:
cùis adhbhair an lèirsgrios tha ann 'am uchd-sa
son Shionn, Sionna bhòidheach mo rùn.

'N-seo, chan eil athais do m' mhulad neo bhàsmhor,
no dòchas 'thoirt comhurtachd dhomh;
thig, nis, m' annsa, agus adhbhair do m' aimhreit,
's toil-inntinn ann am àmhghair gheibh.

Dèan fead
Fonn: Mo rùn a Sheònaid
(O, Whistle An' I'll Come To Ye My Lad)

Sèist
Dèan fead is thig mi 'ad ionnsaigh a ghaoil.
Dèan fead is thig mi 'ad ionnsaidh a ghaoil.
Rachadh athair is màthair air chuthach gun dàil.
Dèan fead is thig mi 'ad ionnsaigh a ghaoil.

Ach thoir thus' an aire nuair 'thig thu an àird,
gum bi 'n geata cùil leth-fhosgailte ceart;
'n-sin suas an staidhir-chùil, 's na faiceadh aon beò.
Is thig mar nach digeadh tu idir fo m' chleith,
is thig mar nach digeadh tu idir fo m' chleith.

Aig eaglais no faidhir nuair 'thachras sinn clis,
gabh seachad mar nach biodh tu a' smuaineach air mis';
ach seall orm le priobadh o d' shùilean dubh-gheur,
is seall mar nach biodh tu ag amharc fa m' chomhair.
Is seall mar nach biodh tu ag amharc fa m' chomhair.

Ach mionnaich is àichidh nach toigh leat fhèin mi.
Is thoir mar do bharail gu bheil m' bhòidhchead an dìth
's na dèan suirgh' an spòrs air eagal a rùn
gun iompaich iad d' aire o 'bhith 'smuaineach orm fhèin,
gun iompaich iad d' aire o 'bhith 'smuaineach orm fhèin.

Dèan fead is thig mise 'gad ionnsaigh a luaidh
Eanraig MacGilleBhàin "Fionn"
(O, Whistle An' I'll Come To Ye My Lad)

Sèist
Dèan fead is thig mise 'gad ionnsaigh a luaidh,
dèan fead is thig mise 'gad ionnsaigh a luaidh;
biodh m' athair 's mo mhàthair 's na càirdean an gruaim,
dèan fead is thig mise 'gad ionnsaigh a luaidh.

A' tarraing 'gam fhaicinn bi faicilleach ciùin,
's na dig nuair a chì thu a chach'leith dùint';
gabh 'nìos am frith-rath'd is ceil air gach sùil,
gu bheil thu a' tighinn 'gam fhaicinn-se 'rùin.

Aig fèill no sa chlachan ged chì thu mi ann,
na seas rium a bhruidhinn 's na crom rium do cheann;
thoir sùil thar do ghualainn 's rach seachad le deann
's na gabh ort gun d'aithnich thu idir cò bh' ann.

Gur dòcha leat mise, sìor-àicheadh gu dlùth,
's ma 's fheudar e, labhair gu tàireil mu m' ghnùis;
ach feuch ri tè eile nach tog thu do shùil,
air eagal 's gun tàlaidh i thusa a rùin.

Am measg nan craobh
Fonn: The King of France, he rade a race
(A Fiddler In The North / Amang The Trees)

Am measg nan craobh bha beachain 'seinn
's ri ùr-bhlàth 's flùir bha 'd 'crochadh tiugh.
Tharraing seann Chaledon a pìob,
's bha i ri seinn is tormanaich:
b' iad pibroch, 's dàn, srath spè is ridhil,
is chluich i iad cho spealanta.
'N-sin thàinig sgriach de ghlaodhraich ghalld'
chuir buaireas air a tàlanta.

Neo-iomlan gnè 's am baoisg ha, ha,
ar cluasan bha seachd searbhta leo:
mar chaornag chrost', le sgròb is sgread
bha sinne sgìth is breòthte leo:
bha taibhseach rìoghail ochd bliadhn' deug
'na phrìos'nach glaist' o fhonn is meud,
chuir fìdhlear air ghleus san àirde tuath
a chuir gliong-bhuaireas air an treud.

An ròs dearg
Fonn: Major Graham
(A Red, Red Rose)

Tha 'm ghaol-sa cosmhuil ri ròs dearg
san Ògmhios tha 'togail ceann;
is cosmhuil ri ceileiridh,
air chluich gu ceòlmhor binn.

Cia àlainn grinn tha thusa 'ghaoil,
's cho trom an gaol tha mi:
is gràdhaichidh mi thu a ghaoil;
ged rachadh cuain an dìth.

Ged rachadh cuain an dìth a ghaoil,
's ged leaghadh creagan as;
is gràdhaichidh mi thu a ghaoil,
fad tìm gu latha bàs.

Ach beannachd leat-sa 'nis a rùn,
o beannachd leat an-dràst';
ach tillidh mi ged bhiodh a rùn
deich mìle mìltean trast.

Tha gruaidh mo rùin-sa mar an ròs
Fonn: Major Graham
T D MacDhòmhnaill
(A Red, Red Rose)

Tha gruaidh mo rùin-sa mar an ròs,
nuair 's bòidhche i fo bhlàth.
'S tha guth mo rùin mar ceòl nam port,
air na teudan 's binne 'tha.

Tha thu cho grinn, mo rìbhinn chaomh,
's tha meud mo ghaol cho blàth;
's gum mair e gus an tràigh an cuan,
'sìor-dhol a mheud gach là.

Gum bi gach cuan 'na thalamh chruaidh;
's gach creag le teas na grèin'
a' ruith gu neoini 's gus an uair
'n dig ceann an t-saoghail fhèin.

Ach soraidh leat an-dràst', mo luaidh!
Ò soraidh leat an-dràst'!
Thig mise 'rìst 'gad amharc, a luaidh,
ged b' ann 'n ceann mìle là.

Aisling
Fonn: Cumnock Psalms
(A Vision)

'N tràth sheas mi làimh ri tùr gun druim.
bha 'n stuadh-lus boltrachadh an t-sìth.
'S a chailleach-oidhch' 'caoidh 'm bùth eidheannach.
'G aithris don ghealach a dragh 's a spìd.

Bha na gaothan socraicht', bha 'n adhar ciùin,
's reulta spreadhadh trast nan speur;
bha 'n sionnach 'nuallain shuas air beann,
's mac-tall' a' ghlinn freagairt d' a rèir.

A-nuas a chùrsa challtainneach
seachad air làrach balla sean,
bha 'n sruthan ruith gu grad gu Nid,
cluinnear am fad a bheuchdaich dian.

Bha 'n àirde tuath, cur 'mach gu luath,
a lasair chlis le srann is sèid;
luaineach breab trast speur mar fhortan,
neo-shuidhichte, mar ghaoth gun àit'.

Gun suim thionndaidh mi air mo shàil,
is le gath gealaich, chunnaic mi;
taibhs' foghainteach aig èirigh suas,
èidicht' mar b' àbhaist do chleasair 'bhith.

Ged robh mi 'n dealbh clach shnaidhte lìomh,
chuireadh 'n t-sùil dàn' ud geilt 'am chridh';
is deachdadh air a bhonaid bha
am blàth-ràdh diadhaidh – saorsa sìth.

'S a chlàrsach mach dh'iadh seudaibh fonn,
a dhùsgadh mairbh o' n cadal suas:
ach ò, b' e sgeul as truaighe thuit
air claisteachd Bhreatnach riamh a-bhos.

Cho sunndach sheinn na làith' a bha,
ach ghuil gu goirt mun àm 'tha ann
ach ciod a thubhairt – chan eil e ceart –
r' a aithris, no chuir sìos 'am rann.

Bonnach min-eòrna
Fonn: The Killogie
(Bannocks O' Bear Meal)

Bonnaich mhin-eòrna,
bonnaich do eòrna;
seo don ghaisgeach Ghàidhealach
's a bhonnaich min-eòrna!

Cò ann an ùpraid
'chumas a dhòrna?
Cha b' e riamh gillean
nam bonnach min-eòrna.

Bonnaich mhin-eòrna,
bonnaich do eòrna;
seo do na trèin air an àrach
air bonnaich min-eòrna.

Cò 's na làithean diomb
bha dìleas do Theàrlaidh?
Cò ach na gillean leis
na bonnaich min-eòrna.

'S am fàg thu mi mar seo, a Cheit?;'S am fàg thu mi mar seo
Fonn: Roy's wife
(Canst Thou Leave Me Thus, My Katy)

Sèist
'S am fàg thu mi mar seo, a Cheit?
'S am fàg thu mi mar seo, a Cheit?
'S math 's aithne dhut mo chridhe goirt,
's am fàg thu mi mar seo gun truas?

'N e seo do ghealladh dèidheil gràidh,
an sgaradh aingidh seo, a Cheit?
'N e seo do dhuais do d' fhleasgach caoimh –
cridhe briste brùite, Cheit!

Soraidh! ach na reubadh cràdh
do chridhe mùiteachail, a Cheit!
Theagamh gum faigh thu na bheir mòr-ghràdh –
ach cha chosmhuil e ri m' ghràdh-sa, Cheit.

Toilicht' le beagan
Fonn: Lumps o' Puddins
(Contented Wi' Little And Cantie Wi' Mair)

Toilicht' le beagan is aighearach le tuillidh,
nuair thachaireas orm dragh no cùram nam filidh,
bheiream sgailc dhaibh mar th' 'ad 'tachairt orm fhèin
le cogan teth dhibh, is dranndan sheann dàn.

Le m' chudrom air m' uileann bìom smuaineach de ghnàth
ach 's e saighdear an duine, 's e 'bheath' am blàr rèis;
tha m' aighear 's gean-math mar airgead 'am sporan,
mo shaorsa sin m' oighreachd nach fhaod rìgh 'chur car ann.

Bliadhna de thrioblaid, nam b' e sin mo chrannchur,
ach tàthaidh gean-math 'n oidhche tha fonnmhor;
's nuair 'ruigear ceann ciatach ar turais mu dheireadh,
cò 'n diabhal 'bhios a' criomachar mun rathad 's mun fhàradh?

Th' an teagamh mar dhall, 'dol gu stodach air a shlighe,
ach dhomh-s' no bhuam-s', thoir don chrupaig a dhlighe;
thigeadh athais no ùpraid, toil-inntinn no cràdh,
mo ràdh 's miosa 's e 'bheath' a' teachd 'm ionnsaigh de ghnàth!

Soraidh, ò shruthain
Fonn: Nancy's to the greenwood gane
(Farewell, Thou Stream)

Soraidh, ò shruthain th' a' fiaradh mun cuairt
an àit' tha Elisa 'na còmhnaidh;
ò chuimhne! Caomhain na h-ospagan goirt'
'steach 'am uchd-s' th' ag èiridh;
cuibhricht' le slabhraichean eu-dòchais,
's e m' dhàn 'bhith 'fulang 'n uaigneas,

gus a bheil losgadh anns gach cuisle,
's nach fhaod mi aithris mo bhuairis.

'S mi 'n truaghan, as truaighe, neo-aithnicht' aig gaol
b' fhearr mo bhròn 'bhith às sealladh;
'tha 'na brùchdainn gheur, 's nan och, gun deur,
'bràthadh a' ghaoil gun ghealladh,
do eu-dòchas dhìt thu mi gu tur,
's fath'm's cha doir 's chan urrainn;
ò truas Elisa, 's èist guth m' achanaich
's maith dhomh cùis mo choirean.

Gun fhios dhomh fhèin thug fonn do ghuth,
am bràighdea's mi le 'chàrnadh;
sealladh do shùl' cha b' eagal leam,
's cha b' urrainn clisg mo theàrnadh;
am maraich' neo-fhaireil le uamhas chì
an fhaochag chas 'ga tharraing,
's na h-uamhasan 'ga dheoghail fodh'
an lèir-sgrios tuil 'ga dhòrainn.

Mu dhuin'-eigin
T D MacDhòmhnaill
(For The Sake O' Somebody)

Och ò! Mo chridh' – 's chan fhaod mi inns' –
ged tha e 'n geall air duin'-eigin;
dhèanainn caithris fad na h-oidhche
air sgàth mo dhuin'-eigin.
Ò hei, mo dhuin'-eigin!
Ò hì, mo dhuin'-eigin!
Shiubhlainn-sa an saoghal mun cuairt,
air sgàth mo dhuin'-eigin.

Gach nì nì soills' air gaol gun fhoill,
ò, soillsichibh air duin'-eigin!
Bho h-uile cunnart cum e saor,
's thoir dhomh air ais mo dhuin'-eigin!
Ò hei, mo dhuin'-eigin!
Ò hì, mo dhuin'-eigin!

Dhèanainn-sa gach nì – ciod e
nach dèanainn airson duin'-eigin?

Tha 'm chridhe goirt
Fonn: Soraidh an fhreacadain Gàidhealach
(For The Sake O' Somebody)

Tha m' chridhe goirt – chan fhaod mi ràdh.
Tha m' chridhe goirt son aon-eigin;
lu'd oidhche geamhraidh 's mi gun chlos.
Airson a sgàth-sa aon-eigin.
O chòin ! Son aon-eigin!
Och he ! Son aon-eigin!
B' urrainn dhomh triall an saoghal cruinn
airson a sgàth-sa aon-eigin.

Ò fheartan caomh thug buil air gaol,
ò seall gu caomh air aon-eigin!
O uile dhòrainn glèidh e saor.
Is cuir 'am ionnsaidh m' aon-eigin.
O chòin! Son aon-eigin!
Och he! Son aon-eigin! Dhèanainn – ò dè nach dèanainn-sa!
Airson a sgàth-sa aon-eigin!

Cia fhad is muladach
Fonn: Cauld kail
(How Lang And Dreary Is The Night)

Cia fhad is muladach th' an oidhch',
is mis' air falbh o m' rùnag;
o dhubh gu leus gu mì-fhoistinneach tha
's mi 'm laigh' le sgìos 'am shìneag.

Sèist
Chionn th' a h-oidhchean cho aonranach.
'S a bruadaran làn uamhais;
's th' a cridhe bantrachail cho goirt
tha dealaicht' o a dòchas.

Nuair smuainicheas mi mu n' làithean grinn'
a chaith mi le mo rùnag,
tha cuantan 'beucaich eadarainn 'nis,
's chan fhiù dhomh 'bhith ach brònach!

Uaire trom', cia mall a shiùbhlas sibh;
's na làithean dorch' làn cruadail;
chan ann mar sin a ghluais sibh seach
an nuair 'bha mi le m' eudail!

Na bitheadh bean
Fonn: Duncan Gray
(Inconstancy In Love)

Na bitheadh bean a criomachar
mo ghaol a bhith gun chionail!
Na bitheadh bean a criomachar,
mu chlaonadh duine luaineach;
seall a-mach troimh 'n chruinne-cè,
's nàduir 'g atharrachadh 'n-diùgh 's an-dè;
bhaintighearnan b' iongantach e
gum biodh 'n duin' 'na uile-bheist?

Gabh-sa beachd air gaoth is speur,
lìonadh 's traoghadh cuan d' a rèir.
Dol fodh' 's èiridh ràth 'nan uair;
tha àm 's tràth sìor-dhol mun cuairt.
Carson 'dh'iarrar o dhuine faoin
'chur bac' air cùrsa nàdair caoin?
Bidh sinn dìleas mar 's urra dhuinn –
cha chomas 'bhith nas mò na seo.

An soraidh
(It Was A' For Our Rightfu' King / The Farewell)

B' ann airson an rìgh dligheach ceart,
dh'fhàg sinn cladach Albann;
b' ann airson an rìgh dligheach ceart,
a ràinig sinn air Èirinn,

a ghaoil –
a ràinig sinn air Èirinn.

Bha gach nì dèant' a b' urra 'bhith,
gidheadh bha 'r saothair faoin;
soraidh a ghaoil 's tìr dùthchasach,
's fheudar dhomh 'dhol thar cuan,
a ghaoil –
's fheudar dhomh 'dhol thar cuan.

Sheall e mun cuairt air, air gach taobh,
air tràigh Èireann 'n aramach;
chrath srian a steud is ghlaodh gu h-àrd,
ò soraidh leibh gu bràth,
a ghaoil –
ò soraidh leibh gu bràth.

Tha 'n saighdear 'tilleadh o 'na blàir,
's an seòladair on lear a-rith'st;
ach ri m' leannan dhealaich mise,
's cha tachair sinn am feast,
a ghaoil –
's cha tachair sinn am feast.

Nuair shìolas là 's tha 'n oidhch' air teachd,
is càch an sonas suain;
ri gul is caoidh tàim fad na h-oidhch',
's ann air-san tha mo smuain,
a ghaoil –
's ann air-san tha mo smuain.

A' chaileag leis an lìon-gheal ghruaig
Fonn: Rothiemurchie's rant
(Lassie Wi' The Lint-White Locks)

Sèist
A' chaileag leis an lìon-gheal ghruaig,
mo chaileag ghast' mo bhòidheag,
an dig thu leam a bhuachailleachd sprèidh?
'S am bi thu fhèin mo ghràidheag?

Tha nàdar 'cur gleus is snas air raon,
th' 'ad òg is taitneach mar thu fhèin;
thig 's mealamaid sòlasan faraon,
is geall gum bi thu m' ghràidheag?

'S nuair 'thig frasan furain samhrail teas
cuir seud is blàths air flùr is dreas,
thèid sinn don doire iadh-shlat sìos
aig bruthainn nòin mo ghràidheag.

Nuair dhearcas Cynthia 'nuas cho geal,
'toirt leus do bhuanaich dhachaidh 'dol,
troimh achain abaich thèid car seal',
a' bruidhinn air gaol, mo ghràidheag.

'S nuair 'dhùisgeas donnalaich geamhrail càs
mo rùn aig meadhan-oidhch' o chlos;
an caidreamh m' uchd o dhragh is sgìos,
cuiream suaimhneas air mo ghràidheig.

Nìonag bhàn nan cuailean rèidh
Fonn: Rothiemurchie's rant
T D MacDhòmhnaill
(Lassie Wi' The Lint-White Locks)

Sèist:
Nìonag bhàn nan cuailean rèidh,
an dèid thu nìonag, ò mo nìonag,
an dèid thu 'bhuachailleachd na sprèidh?
An dèid thu leam, a nìonag?

Tha 'n samhradh 'nis a' tighinn fo bhlàth,
gach nì ag ùrachadh 's a' fàs,
na h-eòin le sùrd a' seinn dhuinn dàn;
Ò 'n dèid thu leam, a nìonag?

Nuair thig an fhras 's an fheasgar chiùin,
a' sàsachadh le deoch gach flùr,
suidhidh sinn fon sgàileadh dhlùth,
a' luaidh air gaol, mo nìonag.

San fheasgar fhoghair, an dèidh na buan',
san achadh eòrn' gun gabh sinn cuairt,
is coimheadaidh 'ghealach oirnn a-nuas,
is air mo ghaol-s' do m' nìonaig.

'S nuair 'thig a' ghailleann gheamhraidh fhuar
le sneachd, le uisg' 's a' ghaoth gun truas,
fo m' bhreacan-guaill', ri' m bhroilleach dlùth,
gun cum mi blàth mo nìonag.

Tha m' Anna air falbh
Fonn: There'll never be peace
(My Nannie's Awa')

Tha nàdar 'na bhrat uaine còmhdaicht' a-nis,
's na h-uain air na bruthaichean 'briosgadh cho clis,
's na h-eòin anns gach tom air fonn a' toirt seilbh;
ach dhomh-s' th' 'ad neo-thlachdmhor – tha m' Anna air falbh.

Th' a' ghealag-làir 's an t-seòbhrach 'cur choilltean fo bhlàth,
's th' an dail-chuach 'ga glanadh an taiseachd an lath';
ach tha iad 'gam phianadh le 'm fàile 's an dealbh,
'toirt Anna 'am chuimhne, is m' Anna air falbh.

An uiseag a dh'èireas on driùchd chum nan speur,
a dhùisgeas am buachaill' sa mhadainn gu lèir,
's an smeòrach an sèis ri àm feasgair bi balbh,
son truas thoir thairis, tha m' Anna air falbh.

Tha foghar a' tighinn ro ghlas buidhe brèagh,
'toirt sanais gu bheil nàdar 'dol eug 's i 'nis liath;
an geamhradh dubh sgrèanach, 'cur sneachd le cathadh,
's iad mo thoil-inntinnean, tha m' Anna air falbh.

Mo Chloris
Fonn: On the cold ground
(My Chloris Mark)

A Chloris, comharraich an doire glas,
's na bruachain sòbhrach grinn!
Is osag ìocshlainteach nan lus,
tha luasgadh d' fhalt mar lìon.

Seachnaidh an uiseag an lùchairt bhrèagh,
's thar bothan bithidh seinn;
chionn tha nàduir dèanamh faiteas caomh,
don chìobair 's rìgh faraon.

Tha 'n clàrsair thar sreang le ealan meur
cur fonn, sna taighean mòr';
's tha 'n cìobair nuallain fheadan faoin
sa challtainn shìos mar 's còir.

Tha 'n ruidhtear prionnsail le sgeig cur tàir
ri 'r dannsaidh dùthchail fhèin;
ach 'm bheil an cridh' cho caithreamach
fon droigheann geal maraon!

Nì 'n cìobair shìos an gleann nam flùr
suirgh' san dòigh is còir;
innsidh an cùirtear sgleò àralach
ach 'm bheil a chridh' cho fìor?

Spìon mi na flùrain fhiadhaich 'n cur
air d' bhroilleach canach glan,
faodaidh leug a' chùirtear 'thoirt fianais gaoil –
chan ann mar 'bheiream fhèin.

Air na cuain tha fada thall
Fonn: O'er the hills and far away
(On The Seas And Far Away / How Can My Poor Heart)

Ciamar 'bhios mi eutrom còir,
's mi dealaicht' 'nis o m' sheòladair?
'S ciamar dhìbreas mi an smuain,
'S es' an tòir an nèimh air cuan?
Ò leig leam fuadan, 's leig leam faondrainn.
Tha m' chridh' le m' rùn 'th' air m' ionndrainn,
m' aisling oichdh' is smuain san là,
air-san 'ghnàth air falbh a tha.

Sèist
Air na cuain tha fada thall,
air cuantaibh crosta fada thall;
m' aisling oidhch' 's mo smuain san là
tha daonnan leis-san tha air falbh.

Aig meadhan-là samhraidh 's mi cho fann,
's m' fheudail sgìth 's iad 'g an'laich teann
theagamh sa ghrian loisgeach gheur
's e torranaich le 'ghunnan mòr;
a pheilearan, caomhnaibh mo mhùirnean caoin!
A pheilearan caomhnaibh mo bhalach fhèin!
Thigeadh na 's dàn dhomh fhèin
ach caomhnaibh esan 'tha fad air falbh.

'S a mheadhan-oidhch' gun reult, gun soills',
's e riaghlas geamhradh cho an-fhadhsail;
's gailleann 'reubadh 'nuas nam frìth,
's tàirneanaich 'sracadh a' chè air chrith,
'g èisteachd ri sgairteachd dhùbailt' gaoith'
th' a' luasgadh thonn air creag is tràigh.
Na 's urrainn le deur 's ùrnaigh dealbh
d' a shoirbheas-san tha fad air falbh.

Ò shìth, sìn d' shlat suaicheantais,
's òrdaich do chogadh leòntail stad,
is daoine teachd mar bhràithrean caoin',
'cur furan air a' chinne daonn'!

'N-sin faodaidh nèamh le gaoith àghmhorail
siùil m' sheòladair lìonadh cho taitneachail,
's chun m' achlais 'cur mo ghaol an seilbh,
m' sheircean prìseil tha fad air falbh.

Sèist
Air na cuain tha fada thall.
Air cuantaibh crosta fada thall.
M' uil' aisling oidhch' 's mo smuain san là,
tha daonnan air-san air falbh a tha.

O Philly
Fonn: The sow's tail
(Philly and Willie / O Philly, Happy Be That Day)

ESAN
Ò Philly beannaicht' gu robh là mo ghlòir,
nuair chaidh sinn troimh na curraic fheòir,
bha m' chridhe òg air ghoid gu tur,
öe d' sheun-sa 'n-sin a Philly.

ISE
Gu sìorraidh beannaicheam an coill,
Uilleam, far 'n d' aidich mi m' ùr-ghaol,
's 'g èisteachd ri d' bhòid ri nèamh is saoghal
gur tu mo rùn-sa Uilleam.

ESAN
Mar cheòl luchd-seinn na bliadhna ùr,
nas fonnmhoire gach là 'ga chur,
nas prìseile tha gach là d' a rèir
mo chaileag àlainn Philly.

ISE
Mar air an dreas tha a' ghucag ròis,
nas àilidh sèid nas grinne snas,
mar sin 'am uchd-sa suas tha 'fàs
mo ghaol do m' rùn-sa Uilleam.

ESAN

'N ghrian-teas bàidheil 's na speura gorm
tha 'crùnadh m' fhoghar làn taitneas orm,
cha doir iad urrad soills' is seirm
ri sealladh dhìot-sa Philly

ISE
An gobhlan-gaoith' air sgiathag deas,
tha 'g iomchar luath thar tom is dreas,
dhomh-s' cha dug sgeul cho prìseil leis
ri còmhlachadh ri m' Uilleam.

ESAN
Am beachan tha ri grian is uair
a' deoghal mìlseachd às gach flùr,
coimeas ri m' shòlasa' cha chuir,
ri mil-bhlas bilean Phily.

ISE
An deòthlag ghlas tha fliuch le driùchd,
is sgàil na h-oidhch' tigh'nn nìos a-nochd,
cho cùbhraidh milis chan eil gu beachd
ri 'n phòg 'gheibh mi o Uilleam.

ESAN
Ruitheadh rothan fortan tubaisteach,
amadain 'call, 's cealg'rean buidhinn a chreach,
tha m' dhùil-sa ceangailte air neach,
sin is' m' aon-mholta Philly.

ISE
Ciod e 'n sòlas 'bheir stòras baoth;
don smuain cha doiream urrad 's deò;
's e rùn mo chridh' as seisean dhomh
's e sin mo ghaol-sa Uilleam.

Peigi bhòidheach
(Pretty Peg)

Mar thàinig mi 'steach ar geata fhèin,
bha 'n là dhomh trom fadalach,
cò thàinig caismeachd 'nuas an t-sràid
ach Peigi ghast' mo ghaolag!

Bha 'gnè cho grinn 's a dealbh cho mìn,
cha robh aon nì 'n dìth oirre;
cha robh banrigh gaoil deasaicht' riamh
an siubhal gast' is maisealachd.

'N greim làimh a chèile chaidh sinn sìos
cladach mìn na h-abhainn ud:
cha dìochuimhn' mi gu bràth an uair
bha mi an suaimhneas dìomhair leat.

Ò 'm faca sibhs' mo Philly chòir
Fonn: When she cam' ben she bobbit
(Saw Ye My Dear, My Philly?)

Ò 'm faca sibhs' mo Philly chòir?
Ò 'm faca sibhs' mo Philly chòir?
Tha i shìos san lios, shìos le leannan ùr,
's dhachaidh cha till i 'rìs chun Uilleam.

Gu dè a deir, mo rùn, mo Philly?
Gu dè a deir, mo rùn, mo Philly?
'S e toil ràdh riut gu bheil thu air dhìth gun dad,
's gu bràth tha i 'cur cùl r' a h-Uilleam.

Ò nach fhaca mi riamh thu Philly!
Ò nach fhaca mi riamh thu Philly!
Neo-sheasmhach mar ghaoth, mì-dhìleas is baoth,
's a-nis bhrist thu cridhe bochd Uilleim.

Gur toigh leath' mi thar chàch gu lèir
Fonn: Oonagh's waterfall
(She Says She Lo'es Me Best Of A')

Bh' a dualagan lìn mar chanach,
's a mala nas doirche dubh gnè,
a-mach o a drochaidean geasadaich,
th' a sùilean gorm' 'priobadh de ghnàth,
th' a fiamh-ghàir, sìogach aoibh'easach.
Bheir air truaghan dìoch'neachadh a bhròin;
ò cia 'n toil-inntinn stòrasach.
Do na bilean ròsach sin th' an dàn!
B' e siud aodann bhòidheach Cloris.
Mo chiad seall do a h-aogas còir,
's e seud as prìseile aig Cloris ghaol,
gur toigh leath' mi thar chàch gu lèir.

Mar cho-chòrdadh àlainn th' a' gluasad;
's gach adhbrann aic' 'na bhrathadair
'nochdadh co-fhreagarrachd meudachd gast'
'mhealladh saoidh o 'bhith 'na speuradair;
cho aitneach 's cho taitneach –
tha dealbh neo-choireil 's dòigh cho modhail;
th' a nàdair 'g ràdh nach b' urra dha
le eòlas tè nas fhearr a dhèanamh;
's e cumhachd slabhraidhean toileach gaoil.
Glacadh àrd-uachdranachd àilleachd 's còir;
daonnan 's e 'n seud prìseil Cloris ghaol,
gur toigh leath' mi thar chàch gu lèir.

Tha tlachdas chuid sa bhaile-mhòr,
le rìomhachd fhaoin sa mheadhan-lath',
thoir dhomh-s' na glaicean aonranach
am feasgar driùchdail 's a' ghealach thlàth
a' plathadh 's ag rudhadh –
th' a dearrsadh 'measg nan geugan gorm';
a' tuiteam 'nuas 's ag ath-ghairm –
'n smeòrach 'cur crìoch air a cho-sheirm.
An-sin thig-s' a-mach a Chloris ghaoil,
mu shruthain chròn'ach lusach feòir,

is cluinn mo bhòidean ionraic gaoil
's abair gur toigh leat mi thar chàch gu lèir.

Mìos àlainn 'Mhàigh
Fonn: Daintie Davie
(The Charming Month of May)

Ò b' e am mìos àlainn 'Mhàigh,
mar bha na flùran ùrail brèagh.
Agus a' mhadainn mu bhristeadh là,
an òg-òigh àlainn Chlöe,
dh'èirich o 'cadal sìtheil suas,
chuir oirre brat 's a stocaidh ghlas,
is thar na h-achain ghabh i suas,
an òg-òigh àlainn Chlöe.

Sèist
Grinn bha i sa mhadainn mhoich
Chlöe òigeil, Chlöe àlainn,
coisrigeadh na h-achain glas,
tha 'n òg-òigh àlainn Chlöe.

Bha sìol 'nan it' le' n àl a-mach
'nan suidh' air geugan spàrdanach,
le furan binn cho sùrdanach
cur fàilte mhaith air Clöe.
'Nis tha 'ghrian na h-uile glòir,
thar speur an ear 'cur dathadh òr,
nas soilleire tha dearcadh geur
m' òg-òigh àlainn Chlöe.

Bruachain Chrìoch
Fonn: Banks Of Cree
(Banks Of Cree / Here Is The Glen)

'S e seo an gleann 's e seo am preas,
's-teach fo sgàil tom beithe coibhneil:
ghliong clag a' bhaile 'n uair a-mach,
cuim' maille mo chaileag aoibhneil?

Chan e cagar mo Mhàiri 'tha tigh'nn 'am chluais;
ach osag thlàth-ghaoith' aig iadh,
tha measgte le ceileir fonn eun,
tha furan an driùchd-reul air sgiath!

'S e guth Mhàiri tha m' 'cluinntinn a-nis;
mar ghairm riabhag-choille a' seinn.
'S e 'cur sunnd air a' chompanach bheag
's e ceòl is gaol tha dhomh-sa ann.

An dàinig thu? 'S a bheil thu dìleas dhomh?
Ò fàilt' a ghràidh, do ghaol is mis'.
'S ùraichidh sinn ar bòidean uil' a-rìs,
mu bhruachan lusach gleusach Chrìoch!

Tuireadh na bantraich Gàidhealaich
(The Highland Widow's Lament)

Ò thàinig mi 'nuas don Ghalltachd,
ochòin, ochòin, och rì!
Gun sgillinn ruadh anns mo sporan
a cheannachadh tràth-bìdh.

Cho robh mi mar seo sa Ghàidhealtachd,
ochòin, ochòin, och rì!
Cha robh bean air leud na dùthcha
cho sona 's a bha mi.

An-sin bha agam fichead bò,
ochòin, ochòin, och rì!
Aig àraich air àird nan cnoc,
's 'toirt bainne math do m' dhìth.

'S bharr air sin trì fichead òthaisg,
ochòin, ochòin, och rì!
'Briosgadh clis thar na dùnain ghlas,
's 'toirt dhomh-sa olann mhaoth.

B' mhi bu sona do ar cinneach,
ò! 'S goirt mo ghearan fhèin;

's e Dòmhnall bu mhaiseach measg nam fear,
agus Dòmhnall b' e mo rùn.

An-sin thàinig Teàrlach Stiùbhaird,
am fad 'thoirt saorsa dhuinn;
's bha feum air gàirdean Dhòmhnaill 'n-sin
airson Albann 's mi fhèin.

Na thachair 's neo-fheumail aithris 'nis,
strìochd ceart don eu-ceartach;
thuit Dòmhnall 's còir a dùthaich air
blàr Chùil Lodair fuileachdach.

Ò! thàinig mi 'nuas don Ghalltachd,
ochòin, ochòin, och rì!
Is chan eil tè sa chruinne-chè
cho truagh an-diugh 's tha mi.

Caileag bhòidheach Inbhir Nis
(The Lovely Lass O' Inverness)

Do chaileag bhòidheach Inbhir Nis,
chan eil toil-inntinn ann don dùil:
o mhoch gu dubh 's e cainnt mo chreach!
'S na deòire frasadh tiugh bho sùil.

Druim Athaisidh dubh. Druim Athaisidh ciar.
Là fuileachdach bha ann dhomh fhèin.
'S a bhlàr sin chaill mi m' athair caomh
m' athair caomh, 's trì bhràithrean treun'.

'S e 'n crè fuileachdach an trusgain bàis.
An uaighean 'nis tha glas le feur:
na laigh r' an taobh tha 'n laoich as gast'.
Riamh bheannaich mnaoi le gaol is gàir.

Mo mhallachd ort thriath aingidh borb,
thriath fuileachdach gun seirc gun truas:
ò 's ioma' cridh' leòn thu gu goirt
nach d'rinn do chron an cùis, no càs.

Fàilte an leannain do a bhana-ghaoil
Fonn: Deil tak the wars
(The Lover's Morning Salute To His Mistress)

A bheil thu 'd chlos no d' fhaireach mo dhùil bhrèagh,
th' a' mhadainn ròsach 'fosgladh 'sùil,
's a' cunntas gach gath-bhlàth 'tha 'teachd a-nìos
's 'fliuchadh le a deuraibh fial';
'nis troimh na coilltean gorm',
is toit na tuilt' san toirm.
Tha faontraidh nàdair 'g iomrall gu beòthail blàth;
an gealan 'steach mu thom
'toirt freagairt bhinn d' a dhream;
's an uiseag ri eallach speur
'dol suas le ceileir gheur.
'S th' a' ghrian 's thu fhèin 'dùsgadh bheannachadh an là.

Tha Phœbus 'cur òr-shnas air bruach na madainn
's a' fuadach an dubhar às
tha Nàdar 'g uimeachadh gach dearbh thoil-inntinn.
Mar sin dhomh-s' m' òigh mhaiseach.
Nuair tha mi 'm fad o m' luaidh,
tha taibhse cùram chaoidh.
Trast mo speuran tha duibhre neo-reultach dhubh;
ach nuair le lèirse sùil,
chì mi maise mo dhùil,
'n-sin troimh mo chridhe gaoil
tha a gath-solais glòrmhor 'dol –
's ann 'n-sin 'dhùisgeas mi gu beatha soills' is aoibh.

Tha m' chridhe cho goirt
(The Tear-Drop / Wae Is My Heart)

Tha m' chridhe cho goirt 's tha na deòir 'am shùil;
's fhad 's 'bha sòlas 'na choigreach dhomh fhèin;
tha mi 'g iomchar m' uallach gun treòir gun charaid,
gun urrad 's guth truacantais 'toirt misneach car uair.

Tha taitneas aig gaol 's dian ann 'bha mise;
tha mulad aig gaol 's math dhearbh mise sin;

tha m' chridhe cho leònt' 's e 'sileadh 'am chom,
tha 'phlosgartaich ag aithris nach bi mi fad' ann.

On robh mi san àit' 'bha mi sona gu leòir
làimh ri abhainn is lèanan a' chaisteil mhòir;
'n-sin tha e 'spaistearachd 's ann orm-sa tha smuain
's esan o shùil Phillis a thiormaicheadh gach braon.

An seann-duine
Fonn: Chevy chase
(The Winter Of Life)

Chan fhada uaith an t-èide glas
bha 'n fhrìth ri aoibh gach là,
le teas is fras na flùran las
le rìomhadh dùbailt' brèagh
ach thog nimh geamhrail air sgiath na gaoith'
ar sonas uile leis;
ach tionndaidh Màigh cho òigheil ùr,
gach aon ri òig a-rìs.

Do m' chiabhag liath chan eil teasach chaoin
ag aiteamh sneachd na h-aois
mo chom ri tìm, mar bhothan lom,
'dol sìos fon ghailleann bhras,
ò tha aig aois dearbh ùine sgìos,
is oidhchean goirt gun chlos;
ò aimsir òr-bhuidh' òigeil ghrinn,
nach till thu gu bràth air ais?

Ò am bi thu m' eudail?
Fonn: The sutor's dochter
(Wilt Thou Be My Dearie?)

Ò am bi thu m' eudail?
ged 'sgrùdas trioblaid gheur do chridh'
ò 'n leig thu leam do chniadail?
Is ionmhas m' anam bi,
sin an gaol 'th' agam dhut?

Bheir mi m' mhionnan nach eil ach thu
a bhios gu bràth mo mheudail –
cha bhi ach thu, ri m' chridhe dlùth,
's gum bi thu fhèin mo mheudail!

Ò aidich 'nis do ghaol dhomh;
ged nach dig thu 'm ionnsaigh fhèin,
's geall nach diùlt mo rùn dhomh;
ged nach urrainn theagamh bhith,
faodaidh tu mo roghnachadh,
is leig dhomh eug a-nis,
san dòchas gu bheil thu 'n gaol leam –
ò leig leam caochladh clis,
'n earbsa gu bheil thu 'n gaol leam!

Seumas Òg mòrchuis an rèidh
Fonn: The carlin of the glen
(Young Jamie, Pride Of A' The Plain)

B' e Seumas Òg mòrchuis an rèidh,
is ò b' e 'n lasgair rìomhach e,
glè luath dh'iomrall e gach caile,
gun bhacadh b' esan rìgh thar gaol.

Ach 'nis tha osnaich 's deòra bras,
a' tuiteam sìos an coill is dreas;
am measg nan creag an uamh is gleann,
cho tùirseach trom tha 'ghearan ann.

Mise bha cho goirid ri beadradh mòr,
's gaol eile fhuair gach gealach ùr,
's beag shaoil gun robh an t-àm an dlùths,
cho daor gun ceannaichinn aithreachas.

Tha òighean mo thàir 'g èirich 'm aghaidh,
's mi 'n adhbhar spòrs 's culaidh-mhagaidh;
's ise mo rùn, tàireil tha, is làn dìmeas
tha i 'gam thoirmeasg 'teachd a-rìs.

Airson sin 's airson sin
Fonn: For a' that
(A Man's A Man For A' That)

Cò nì do luime onarach,
fàth cromadh ceann airson sin?
Gabh seachad air an tràill gu grad,
cha nàir 'bhith lom airson sin,
airson sin 's airson sin,
ar staid 's ar strì a' ceiltinn;
's e 'n gini samhladh inbhe dhaoin',
's e 'n duine 'n stòr airson sin.

Ged 's e ar lòn biadh cumanta,
's cùrainn glas mu 'r pearsaichean?
Thoir sìoda 's fìon do bhurraidh faoin,
's e 'n duine 'n stuth airson sin,
airson sin 's airson sin,
's busgadh baoth mu 'n corpaichean;
'n duin' ionraic biodh e riamh cho lom,
's e 's rìgh thar chàch airson sin.

Seall thus' am morair mòrchuiseach,
làn spleuchd is bòc 's faoineas-san;
ged 'lùbas ceudan do a thoil,
's e burraidh th' ann airson sin,
airson sin 's airson sin,
a ribinn 's reult, ged e sin,
nì tì an inntinn dhuinealach,
gàir'-mhagaidh dhiubh airson sin.

Nì prionnsa ceannard bucailteach,
marcais 's diùc d' an inbhe sin;
tha ionracas os cionn a neart –
ma ghòis, chan e a chead sin:
airson sin 's airson sin,
an àirde dàimh ged e sin,
tha tuaiream 's treòir is dìlseachd fìor,
'n àird inbhe thart airson sin.

O guidh'maid 'nis, gun dig e clis,
seadh thig gu dearbh airson sin,
'm bi ciall is gaol, air feadh an t-saoghail,
dearbh-bhrìgh gach nì airson sin;
airson sin 's airson sin,
thig e gun dad airson sin;
gum bi gach neach sa chruinne-cè,
'n dàimh bràithre caomh airson sin.

Don riabhag choille
Fonn: Loch Erroch-side
(Address To The Woodlark)

Ò cum ort fhèin, riabhag nam frìth,
's na clisgeam thu o d' gheug air chrith,
tha leannan mì-shona a' suiridhe,
do channtair dèidheil binn.
Seinn, seinn a-rìs an luinneag sin,
's gum faigheam greim do d' ealain ghrinn;
gu cinnteach ghonadh e 'n cridhe teann,
tha 'gam mharbhadh-sa le dìmeas.

An robh do chèile mì-choibhneil tè,
a ghabh do cheòl mar fhuaim na gaoith',
's e mulad fhèin, is dìlseachd bhlàth,
'dhùsgadh an teumaidh chiùil ud.
Tha thu 'g aithris mu iomagain neo-fhoistineach;
's doilgheas do labhairt eu-dòchasach;
ò stad eun ceòlmhor 'nad iochdmhorachd,
no brisidh tu mo chridhe.

Tuireadh Iain Bushby
Fonn: Babes o' the wood
(Ballads on Mr. Heron's Election – John Bushby's Lamentation)

Sa bhliadhn' ar gràsa seachd ceud deug
còig deug 's ceithir thar fhichead,
bu mhi as truaighe sa bhliadhn' sin
air thalamh bha gun dud.

Bàrdachd Raibeirt Burns

Air madainn treas lath fichead Mhàirt,
boillsgeach' bha a' ghrian;
's mun dàinig oirnn an t-anmoch dubh
ò 's mise bha am pian.

'S e Iarl' Ghallabhaigh a stiùir ar tìr
le co-ionann còir is cliù,
co-cheangailt' leis bha chàraid dàimh,
Murray don ainm as fiù.
Glè fhada riaghlaich Gallabhaigh an tìr,
rinn mi 'm bhreitheamh strìtheadair.
Nis briste tha colbh Ghallabhaigh,
is corc a' chrochadair.

'S ann mo bhruachain bhòidheach Dè,
mu thuraid Cill Chuithbeirt caoin.
Clann Stiùbhaird 's clann Mhurray chruinnich iad
am feartan uil' an-sin.

'Na shuidh' air muin na clibeig ghlas
bha Murray spuireach geur,
's oirre chruinn-leum Nitheasdail
nuair a ghoid e 'n làir.

'Nam biodh an t-Iarl' e fhèin an-sin
cha bhitheadh leithid a chluich;
ach bha Garlies shuas an Lunnainn,
's bha 'm buar ri leum is buic.

Siud Balmaghie 's e 'g amharc gu math,
sa chiad sreath air an làr;
's e 's mò gu mòr a chàrdadh ris
'bhith 'g òl fìon Mhadeir'.

O Ghlenken d' ar còmhnadh thàinig 'nuas
ceann-feadhna gaisgeil calm';
'n eagal gum biodh airidheachd a dhìth,
's e Ceannmhor bhiodh ar feum.

Choisrig Muirhead le 'r brataichean,
's am Buittleach 'n deagh-stuth;

cha stèinnear 'm feast a shagartachd,
cò 's urra dhath an dubh?

Cho cùramach sheall Cardoness
air an iomairt fhad 's bu deòin;
'na suidh' an turaid Chardoness
tha cailleach-oidhch' aig nòin.

Clann Bhushby 'stiùir mise 'n-sin,
le m' Uilleam smiorail blàth;
is Maitland mo mhac gliocach treun,
'nam cheumaibh ghluais do ghnàth.

Ri ainm Heron 's na Dùghlasaich
cuir neoini sìos fa 'n comhair,
chionn roimh' seo mhothaich iad ar treis
cho math 's ar cudthrom mòr.

Bha Dùghlasaich sònraicht' againne,
dà laird 'bha calma fial,
ainmeil 'thogail taigh choitearan,
is baisteadh gàraidh càil.

'N-sin tharraing Caisteal Ruadh a lann
nach robh stèinnte riamh le àr,
saor o thruaghan bacach dall,
o dhorus 'ga fhògradh fuar.

'S thàinig Collieston màgach truagh,
nas mò an geilt na bròn;
bha slaoightear daonnan 'na aire-san
chumail 'n slaoightear sin o leòn.

Na duain Heron
Fonn: For a' that
(Ballads on Mr. Heron's Election, 1795 - First)

Do Lunnainn suas cò chuireas sinn,
gu Pàrlamaid airson sin?
Cò san sgìreachd as airidh tha

a dh'fhaotainn an onoir sin?
Airson sin 's airson sin,
troimh Ghallabhaigh airson sin;
am measg 'nan laird is ridirean
cò 's airidh air a' chliù sìn?

Cò chitheas cachaileith Kerroughtree fosgailte,
('s cà 'm bheil e nach fhaca sin?)
no thachair air Kerroughtree riamh
's 'chuireas ag no dud an-sin?
Airson sin 's airson sin,
's cachaileith Heron gidheadh sin!
An duine treun fìor-dhùthchasach,
's ionraic tha a bharr air sin.

Ged gheibhtear ciall is òirdhearcas
'n i Mhàiri 's luchd-còmhnaidh 'n-sin;
le diùc is iarl' biodh Selkirk triall,
's math 's airidh esan air sin,
airson sin 's airson sin.
'S Heron an tì ged e sin!
'S e 'n comannach neo-eisimeil fìor
ar roghainn 'bhios airson sin.

Cuim' bhith ri maithean ri sodalachd,
's an aghaidh 'n lagh am bheil sin?
Chionn faodaidh triath 'bhith 'na bhurraidh baoth
a reult ribineach ged e sin.
Airson sin 's airson sin,
seo Heron treun ma-tà sin!
Faodaidh triath 'bhith 'na shlaoightear leisg,
a reult ribineach ged e sin.

On t-sliabh tha òg'nach maol smigideach
tigh'nn le sporan chleamhnach làn;
ach gheibhtear measg ar luchd eòlais fhèin,
'bhios fad nas fhearr airson sin.
Airson sin 's airson sin,
's e Heron 'n tì airson sin!
Cha reic 's cha cheann'chear sinn gu bràth
mar eich is buair airson sin.

Nis! Seo deoch-slàint' an Stiùbhartraidh,
is laird Kerroughtree le sin,
an Lunnainn ar nochdadair a bhios,
chionn 's math 's airidh e air sin.
Airson sin 's airson sin;
's e Heron an tì airson sin!
Taigh-comainn làn d' a leithid-san,
ò sona iad a chì sin.

An taghadh
Fonn: Fy, let us a' to the bridal
(Ballads on Mr. Heron's Election, 1795 - Election Day)

Greas is chun Chille Chuithbeirt rachamaid,
chionn bithidh criomachar mòr an-sin;
an-sin tha marcaich Mhurray 'trusadh
's bidh mionnachadh 's mallachadh ann!
'N-sin bidh Murray an ceannard briosg,
agus Gòrdan a thoirt buaidh sa chath;
mar bhràithre seasaidh iad le chèil',
ceangailt' an dàimhe mar a tha.

An-sin bi Seonaidh an slip dhubh,
prìomh-bhlaosgaire a chuideachd mhòir;
's mu 'm faigh e ifrinn airson a dhuais,
caillidh 'n Diabhal urrad sin d' a chòir;
's bithidh Kempleton cas an-sin,
chan eil chnàimh-san cho dubh 's their ris,
ach airson fhortan tha thar labhairt,
air sgàth nàire leigidh sinn leis.

'S a bharrachd air sin Siorram ùr Wigton,
on Bhan-cheartais stuama bithidh ann,
tha aige-san cridhe ada ghiobach,
ach càit a rìgh am bheil an ceann?
'S bidh 'n ridire Chardoness an-sin,
cho mòr 'n sùilibh Chardoness fial;
dùraigidh esan dòrainn ifrinn,
chionn tha e 'n dìmeas aig an Diabhal.

'S bidh na Dùghlasaich treun an-sin,
luchd-bhaistidh bhailtean as ùr
'cur cùl air an dèanadas chomannach,
le sìor-phògadh nam maithean mòr';
an-sin bithidh Ceannmhor tabhartach,
seasaidh onoir gach gailleann is sìd',
thug esan dhaibh ainm mar urras
o sgannail a chumail an treud.

Rath cha dèanar air Caisteal Ruadh –
leig às an truaghan measg nan sop!
Dhùraigeadh e a' chroich son airgead,
mar bitheadh son costas an ròp,
's cà bheil es' sgath-mhorair ar Rìgh,
comharraicht' son taingealais a thaghadh?
'N cùil tha e 'grunnachadh a cheistean
fhreagairt a' Phàrlamaid a-màireach.

An sin bithidh fleasgaich an t-soisgeul,
Ceannmhor tha cho dìleas 's tha 'math;
'n-sin bithidh àrd-abstol Buittle,
chionn 's mò don dubh nan gorm a dhath;
's bidh muinntir Saoidh Mhàiri an-sin,
sìolain mhòr-chliù toineasg is àigh,
's ged tha 'd 'm meas mòr aig na h-uile h-aon –
an Diabhal h-aon an gèill 'bheir dhaibh!

'S bidh Riseard òg beartach an-sin
bu chòir do fhortan a chrochadh;
son struidheadh 's tabhairt neo-fheumail
tha e comharraicht' measg ghlamhachdaich,
's bidh nabob a bhràthair sògh an-sin,
ged 's naboib, tàid ann an deagh-mheas,
's bidh feusag Chollieston an-sin,
's Quintin ged tha 'nas miosa na esan.

'S bi Seonaidh 'n taigh-dhealbhaidh an-sin,
thoir aire mar cheann'cheas thu dram'
agus Cassencarry 'na rìomhachd,
's an Còirneil cas ris 'n abrar Tam;

's bidh Kerroughtree 'na dìlseachd an-sin,
bha cliù onoir 'na lagh dha riamh,
'n robh deagh-bheus ceangailt' an suachdag,
do chàch bhiodh e 'na shamhladh is fiamh.

'S chan fhaod sinn dìoch'n'adh am Màidsear,
cha dearmaid iad e 's an Each Ghlas;
glèidh'maid ar miodail do aon eile,
's e a chòir cliù fhaotainn san dol às,
'n-sin bi Cill Chiarain òg maighdeannach,
's mar 'n ceudna ridir Barrskimming,
is Birtwhistle an t-àrd-bheucaich,
's gu fortanach 's an ceart tha fhuaimnich.

'S a-mach o oirean Niddisdale,
bidh lasgairean MacUasail 'teachd cruinn;
Iain righinn, Deòrsa treun, agus Watty,
tha meat' son na gheibhtear leo ann;
's bidh Logan MacDhùghaill an-sin,
's bidh Sculdudd'ry an-sin d' a rèir,
's an t-Albannach fiathaich Ghallabhaigh,
am fùdar-gunna saighdear sin Blair.

Nis hè! Airson leas stuama Bhroughton,
is hè! Son a bheannachd 'tha dhìth;
faodar Balmaghie 'chur don chomann,
'n Sodom dhèanadh siud e 'na rìgh;
is hè! Airson Murray na cràbhachd,
ar tìr le eaglaisean 'tha 'lìonadh;
chrùbaich e each dol chun t-siùrdainn
ach don tighearn thug 'n làir mar dheòin.

Peigi Ramasa
(Bonnie Peg-A-Ramsay)

'S fuar sgairt an fheasgair
a' ghaoth thuath thar na slobain,
sa mhadainn tha e tiamhaidh
le luime na Nollaig.

Ò nimhneil tha sgairt an fheasgair
fo ghreimeas an reòthadh,
's a-steach san duibhre is cuithe
tha cnoic is glinn dol fodha.

Is ged bha 'n oidhche dorch is geur
le onfhadh is gailleann,
ach fhuair Peigi bhòidheach Ramasa
còmhdachd g' a muilleann.

Th' am feasgar 'tuiteam
Fonn: Craigieburn Wood
(Craigieburn Wood)

Th' am feasgar 'tuiteam air Creag a' Bhùirn,
's th' an là 'màireach 'dùsgadh grinn,
ach cha doir ùrachd 's gleus an earraich
ach cràdh is caoidh dhomh fhèin.
'S lèir dhomh na flùir is sìneadh chraobh,
tha m' 'cluinntinn ceilearach nan eun;
tlachd chan eil annt' do dhuine sgìth,
is uchd 'ga shìor-chlaoidh le bròn.

Glè thoileach dh'innsinn mo mhulad dhut,
gidheadh bha d' fhearg cho cràite;
is brisidh gaol gun ghuth mo chridh'?
Ma cheilear e nas fhaide.
Ma dhiùltas tusa truacantas,
no gun gràdhaich thu aon eile,
nuair thuiteas duilleag nan craobhan ud,
crìonaidh iad mu m' uaigh le chèile.

Ò b' fhearr nach do phòs mi riamh
(Crowdie Ever Mair)

Ò b' fhearr leam nach do phòs mi riamh
is dragh an-sin cha b' aithne dhomh;
ach 'nis tha agam bean is clann,
a tha 'sgiamhail bruthaist daonnan.

Bruthaist 'nis 's bruthaist a-rìs,
trì uair san là 's e bruthaist;
's ma fheudair tuillidh bruthaist 'bhith
cha bhi min ann son tuillidh bruthaist.

Tha gainne 's acras 'gam fhaobhachadh,
tha 'd spleuchdadh nìos orm-s' mo chreach
le spàirn tha mi 'gan cumail bhuam,
tàim eagalach gun goid iad 'steach.

Saor-shaighdearan Dhùn Phrìs
Fonn: Push about the jorum
(Does Haughty Gaul Invasion Threat?)

'M bheil Gaul 'na àrdan 'bagairt strì?
Thoireadh fealltaich aire, 'dhuine,
tha againn ballaibh fiodh air cuan,
saor-shaighdearan air tìr, a dhuine:
ruithidh Nid chun Chorsincon,
's tasgaidh Criffel 'n Solbhaigh shìos;
mun leig sinn nàmhaid coimheach cèin
air tìr Bhreatann 'teachd a-nìos!
Fal de ral, etc.

'S na biomaid clamhasgain mar choin
sìor-chonnsachadh mu neoini,
eagal gun dig baoisgear coimheach 'steach
's le ronglais 'toirt co-dhùnadh
biodh Breatann 'ghnàth do Bhreatann fìor,
'nar measgaibh fhèin biodh aonachd;
cha chuirear a coirean ceart, 'm feast
ach le a mic fhèin gu sònraicht'.

Poit spùt an eaglais agus stàit,
faodaidh fàilneach' a bhith innt';
ach 'n diabhal ceàrd slaopach coimheach claon
am feast cha chuir tarrann innt'?
B' e fuil ar sinnsear 'cheannaich siud,
's cò cho dàn' 's a mhilleadh i;

bidh 'n cù cealgach le corraich nèamh
'na chonnadh seac a bhruicheas i.

A bhèist bheir àit don aintighearna,
's a bhràthair, a bhèist ud eile,
thogas a' ghràisg os cionn a chrùin,
gu robh iad sgriost' le chèile!
An tì nach seinn – 'Dhia glèidh an rìgh –
crochar cho àrd ri stìopall!
'S tràth 'sheinneas sinn – 'Dhia glèidh an rìgh –
cha dìoch'naich sinn am poball.

Truagh tha mi, 'ghaoil
Fonn: Let me in this ae night
(Forlorn, My Love, No Comfort Near)

Sèist
Ò 'n robh thu, 'ghaol, ach dlùth dhomh fhèin,
ach dlùth, dlùth, dlùth dhomh fhèin;
cho coibhneil gheibhinn misneach uat,
's a' measgadh d' osnaich leam-s', a rùin.

Truagh tha mi, 'ghaoil, gun cho-fhurtachd,
am fad uat fhèin air choigreachd;
am fad uat fhèin is iochdmhorachd
's e 's mò m' adhbhar gearain, a rùin.

Mun cuairt tha speuran geamhrail daoidh,
seargadh ùr-dhòchas, 'sonas saoidh;
gun fhasgadh, sgàil no teach, a laoidh
ach ann 'ad ghlacaibh fhèin, a rùin.

Tha càirdeas claon a' sàthadh 'steach,
nimh-shaighead fortain neo-thruacantachd;
na briseam do chridh' làn treibhdhireachd,
's abair gur seo mo dhàn, a rùin.

Ach fadalach dhomh-s' ged tha tìm,
ò leig leam guidhe gun còmhlaich sinn;

'n aon dòchas sòlais mhilis mhaith,
'bhoillsgeas air d' Chloris fhèin, a rùin.

Tha leannan math 'teachd
(Guid Ale Keeps The Heart Aboon)

Sèist
Tha leann math 'teachd 's tha leann math gluas',
bheir gaol 'n leann orm reic m' osain,
reic m' osain 's a' suaip mo bhròig:
cumaidh leann math mo chridh' slàn.

Bha sia dàimh agam glact' am beairt,
ghluais 's tharraing le chèil' glè cheart,
reic mi iad uile aon 'n dèidh aon:
cumaidh deagh-leann mo chridhe slàn.

Cia aingidh tha na pàrantan
Fonn: John Anderson, my jo
(How Cruel Are The Parents)

Cia aingidh tha na pàrantan
'chuireas duais an stòras faoin,
's dh'ìobras suas don bheartach bhaoth
nighean thruagh son coslais maoin,
chan eil aig nighean 'n cur-thuige seo,
ach taghadh bochd faraon –
sheachnadh fearg athar ainneartaich,
's 'bhith 'na mnaoi shuarach bròin.

Am fitheach gabhlach dian 'n tòir,
an colman bochd air chrith,
sheachnadh an lèir-sgrios air a tòir;
cuiridh i 'n gleus a sgiath;
a-nis tha dùil air teicheadh às,
fasgadh chan eil no dìon,
tuitidh aig casan an t-seabhagair
'g earbsa 'ga dìon o leòn.

Thèid mi 'steach don bhaile ud
Fonn: I'll gang nae mair to yon town
(I'll Aye Ca' In By Yon Town)

Thèid mi 'steach don bhaile ud,
is dlùth don ghàrradh ghrinn a-rìs:
thèid mi 'steach don bhaile ud,
'dh'fhaicinn fiamh bhòidheach Shionn a-rìs.

Cha tomhais aon 's chan fhaigh iad fios,
dè tha 'gam thoirt air m' ais a-rìs,
ach 's i mo luaidheag bhàidheil bhrèagh,
's gun ob thig sinn ri chèil' a-rìs.

Chìtear i mun darach shean
nuair 'thig àm suirgh' tiomall a-rìs;
's nuair chì mi 'cuma' banail deas
dà uair an gaol bidh mi a-rìs.

Sgrìobte air cupan gloinne
(On A Goblet)

Thoir 'n aire! Tha bàs sa chupan sin!
Is cunnart anns an drùdhadh aig'!
Ach cò 's urrainn seachnadh 'n ribe ud?
Tha 'n duine 's fhìon cho annasach!

Ghabh Shoc am pòg mo dheireadh
Fonn: Bonnie lass tak a man
(Jockey's Ta'en The Parting Kiss)

Ghabh Shoc am pòg mu dheireadh,
is thar na mòintean dh'fhabh e;
's ann leis-san tha mo bheannachd-sa
ach dhomh-s' 's e bròn is sealbh dhomh.
Caomhnaibh m' ghaol a ghaothan doirbh,
chlàmhainn fuar is taomaidh uisg';
caomhain m' ghaol shneachd lòineagach,
tha siabadh thar rèidh fo eigh.

Nuair thuiteas sgàil an fheasgar,
's tha sùil an latha 'rosgadh,
trom slàinteil guma biodh a chlos –
gleust' milis biodh a dhùsgadh.
'S thig a ghaol na smuain an-sin
's dèidheil bith' a h-ainm na bheul;
's ge b' e àit 'm bi e air chuairt,
tha cridhe Shoc le a ghaoil.

Ò tha Màili caoin 's tha Màili grinn
(Mally's Meek, Mally's Sweet)

Ò tha Màili caoin 's tha Màili grinn,
's tha Màili modhail sìobhalta;
tha Màili maiseach, annasach,
gu dearbh tha Màili coimhleanta.

Thachair caileag chasruisgt' orm,
mar chaidh mi 'spaist'reachd suas an t-sràid
ach ò bha 'n rathad tuilleadh 's cruaidh
son casan maoth na maighdinn ud.

Bu fhreagarraich a casa gast'
'bhith 'n bròga sìoda iallaichte,
nas iomchaidh i a bhith 'na suidh'
a-steach an carbad òr-dhealta.

Mu muineal ealla 'nan sliosaibh seud,
tha ciabhag buidhe 'crochadh sìos,
's tha dà shùil gheur mar reult nan speur,
chumadh iad loingeis o lèir-sgrios.

Comharraich an greadhnas
Fonn: Deil tak the wars
(Mark Yonder Pomp Of Costly Fashion)

Comharraich an greadhnas uasal daor,
tha timcheall a' bhean-bhainnse ud;
ach coimeas sin ri annsa fior,

th' am bòst prionnsail bochd gun dùd.
Ciod sin an stòras faicheil?
'S an toil-inntinnean stràiceil?
An dearrsadh brèagh, de ealain 's rìomhachd fhaoin,
is plathadh an neamhnaid dheas,
tàlaidh sin ar neònachas,
's a' mhòrachd chùirteil ghrinn
bheir toil-inntinn do am miann,
ach nach dig dlùth gu bràth don chridhe chaoin.

Ach am faca tu mo Chloris gaoil
uimicht' le irisleachd de ghnàth,
cho maiseach ris an fhlùr òg ud thall,
th' ag athadh fo sholas glan an là,
ò sin, th' an cridh' 'toirt sanas,
le do-bhacadh grinneas.
Tha i 'ceangal an t-anam rùnach gun chuibhreach làmh,
an-sin dh'àicheadh glòir-mhiann
crùn imp'reil 'n saoghal cian;
is eadhan dh'àicheadh sannt,
an t-adhradh sin bu mhaith leis
is troimh gach cuisl' bhiodh gaol a' sruthadh sìos gu sèimh.

O ghabh mo bhean-sa buill' orm
(O Aye My Wife She Dang Me)

Sèist
Ò ghabh mo bhean-sa buill' orm,
glè thric ghabh ise buill' orm;
's ma bheir thu dhi a rathad fhèin,
glè luath gheibh thu teas a stoirm.

Bha m' chridh' an rùn ri sìth is fois,
'am amaideachd seadh phòs mi;
chaidh rùn is miann gu buil fa seach
is m' aignean uile cheusadh.

Tha blaigh de shòlas fhathast dhomh,
nuair 'bhios na làithean crìochnaicht':

tha piantain m' ifrinn air thalamh seach,
air sonas shuas tàim cinnteach.

Ò bòidheach bha na preasan ud
Fonn: I wish my love were in a mire
(O Bonnie Was Yon Rosy Brier)

Ò bòidheach bha na preasan caol'
th' a' fàs am fad o fhàrdaich dhaoin':
's is prìseil bòidheach is' mo ghaol;
dhìon iad sinn o theas na grèin'.

Ùr-bhlàth nan ròs le dearrsadh driùchd.
Cia glan am measg nan duilleag uain',
nas gloin' an-raoir bha a bhòid
a rinn fianais gu bheil gaol buan.

An ròs sa mhadainn cia glan a ghnè,
am measg a stoban luibhearnach.
Tha gaol nas àillidh na 'n ròs fo blàth;
measg ar cùraim 'n saoghal droighinneach.

Thoir dhomh-s' am bùrn, am fàsach lom,
le Cloris ann 'am uchd leam fhèin:
air aoibhneas, cràdh, geall, 's dìmeas trom,
san t-saoghail cha bhi mo dhùil orr' ann.

A chailin a bheil thu 'd chadal 'nis
Fonn: Will ye lend me your loom
(O Lassie, Art Thou Sleeping Yet / O Let Me In This Ae Night)

Sèist
Ò leig mi 'steach 'n aon oidhche seo
'n aon, aon, aon oidhche seo;
son truacantais 'n aon oidhche seo,
èirich 's leig mi 'steach, a rùin!

A chailin a bheil thu 'd chadal 'nis?
No 'ad dhùsgadh mar bu nòs?

Chionn cheangail gaol mi làmh is cas,
's bu deònach leam 'bhith 'steach, a rùin.

Tha thu 'cluinntinn uisg' 's gaoth làn guineachd,
's chan fhaicear reul troimh shiabadh flichnidh;
gabh truas do m' chasan tais neo-dhìonaicht';
's dìon mi on t-sileadh seo, a rùin.

Th' an oiteag fhuar seo, 'sèideadh tromham,
's a' burralaich neo-aireil tharam,
's e fuachd do chridh' is adhbhar cùraim,
do m' uile bhròn 's pian, a rùin.

A freagairt-sa

Sèist
Tha mi 'g innse dhut 'n aon oidhche seo,
'n aon, aon, aon oidhche seo;
's gabh-sa rabhadh 'n aon oidhche seo,
nach leig mi thu 'steach, a rùin.

Na innis dhomh-s' mu uisg' is gaoth,
's na trod le fuarachd spìd do ghnàth!
Is till air d' ais mar thàinig thu,
cha leig mi thu 'steach, a rùin.

An gailleann 's fuaraich' san oidhche dhubh,
a bhuaileas air fear-fuadain truagh,
's neoini sin, na dh'fhulaingeas ise tre,
cealg an tì dh'earb ise rùn.

Th' an lus as mìlse dh'fhàs air raon,
air saltairt mar ghart-ghlan sal'che th' ann;
gabhadh gach òigh an sanas bhuam,
eagal gum bi dàn mar seo, a rùin.

Th' an t-eun thug fonn là samhraidh brèagh
'n rib' eunadair an iochdmhor baoth;
abradh 'n gòrag earbsach 'na cràdh,
cia tric tha dàn mar seo, a rùin!

Ò cò ise 'tha 'n gaol leam?
Fonn: Mòrag
(O, That's The Lassie Of My Heart)

Ò cò ise 'tha 'n gaol leam,
's mo chridh' 'tha 'ga ghlèidheadh?
Tha i cho grinn tha 'n gaol leam,
teachd mar dhriùchd an t-samhraidh tràth,
tha bogadh an ùr-ròis bhlàth.

Sèist
Ò 's i ise rùn mo chridh',
mo ghràidheag ghaolach chòir;
ò 's i as banrigh thar a gnè,
gun choimeas tha gu lèir.

Ma thachras tu air caileag,
tha cho bòidheach gràsmhor sèimh,
's nach eil aig d' aon taghta fhèin,
tha 'cumail do bhroilleach blàth,
cumhachd buaidh cho sìor-mhath.

An cuala tu i 'bruidhinn,
's a làithreachd teann air d' aire,
ged 'bhiodh gach aon ri gobait
's gun d' chuir thu i an suar'as,
bhiodh tu an-sin làn aiteas.

Ma choinnich thu am maiseach,
is nuair ghabh thu do chead dhi,
's air gach tè bhòidheach eile
gun d' chuir thu cùl ach rith'-se,
tha d' chridhe briste brùite.

Tomhais cò tha sa bhaile ud
Fonn: I'll gang nae mair to yon town
(O Wat Ye Wha's In Yon Town)

Tomhais cò tha sa bhaile ud
tha grian an fheasgair dearrsadh air?
Tha 'n tè as gasta, sa bhaile ud
tha leus an fheasgar soillsich air.

Cho freagrach sìos clais lusach brèagh
's i fuadan seach mun chraobh ud thall:
cia beannaicht' sibhs' o blàithean gast' –
tha 'faicinn dearrsadh glan a sùil.

Cia beannaicht' sibhse eòin tha seinn –
'n ùr-bhlàth 'steach le ceòlraidh binn:
is fàilte dhùbailt' don earrach mhaoth.
àm 's prìseile do m' Liùsaidh ghrinn.

Tha grian-ghath air a bhaile ud –
's air bruachain Ara bòidheach cneast';
ach mo thoil-inntinn-sa sa bhaile ud,
m' dhearbh-shonas fhèin 's i Liùsaidh gleust'.

Na h-eugmhais cha toir cuspair gràidh
à Pàrras fhèin toil-inntinn dhomh;
thoir Liùsaidh dhomh-s' 'am achlais bhlàth,
's toilicht' bhiom le speur Lapland dubh.

Mo dhìon bhiodh sgàth-thaigh leannain gaoil
's gailleann geamhrail a reubadh speur;
is is' am flùirean bòidheach geal
'ga h-eiridnich on t-sìde fhuar.

O grinn tha i sa bhaile ud
air am bheil sgàil dol fodh' na grèin';
air tè cho grinn, 's tha s' bhaile ud
cha d' phlath soillse riamh air aon.

Ma tha dàn 'na fhearg 'na nàmhaid dhomh,
's gur fheudar fulang fad mo shaoghail;

lìobhram thairis gach nì an-seo,
ach caomhain dhomh no Liùsaidh ghaoil.

'S cho fhad s' bhios fuil a cuisleachd blàth,
cha dèid a smuain gu bràth o m' chom.
is ise mar is gasta cruth,
tha aice cridhe 's dìlse stuaim.

Do Mhaighstir Cunningham
Fonn: The hopeless lover
(Song Inscribed To Alexander Cunningham / Now Spring Has Clad The Grove In Green)

Tha 'n t-earrach 'còmhdach tom is dreas,
's breacachadh 'n dair le flùir;
tha 'n coirc 'luasgadh thar ioma sgrìob
troimh àraich fhrasan ùr:
's tràth tha nàdar uil' le aon bheachd
a' cur gach cràdh a thaoibh.
Ò cuim as fheudar dhomh-sa triall
air lorg na sàrach' caoidh!

Am breac san abhainn shùrdail ud
a ghluaiseas seach mar las,
sàbhailt' fon droigheann nì e tàir
air innleachd an iasgair dheas:
bha m' staid-sa mar an sruthan sin,
'm breac lùthmhor ud b' e mis';
ach thiormaich tein' neo-thruacant' gaoil,
mo shruth gun uisg' 'na chlais.

Cia sìothchail cor nam flùirean brèagh,
tha 'fàs air àirde sgorr,
nach aithne dragh do nì air bith,
ach ealtainn na h-uiseig chòir
b' e mise sin, gus 'n dàinig gaol,
is shearg e m' ùr-fhàs maoth,
is 'nis fon t-sèideadh chrìonail gharg,
tha m' shonas 's m' òig 'gan caith.

Tha 'n uiseag tràth 'dol suas air sgiath.

A' seinn 's i 'dìreadh speur,
's 'crathadh an driùchd o sgiath, an sùil
na maidne ròsach gheur;
o 's beag am mùthadh rinn mulad orm,
gus 'n d' thuit mi 'n ribe gaol,
's chaidh mi 'm bann, d' a geasaibh teann,
'am bhràighde is 'am thràill.

O 'm b' e mo dhàn sneachd an t-eilein uain,
no 'n dian-theas Afraig gluais.
Le nàdar 's cinne-daonn' nan nàmh,
no Peigi nach d'aithnich riamh!
'N truaghan d' an dàn – gun dòchas idir;
cò chuireas 'n cèill a thruas!
'S nach eil srad choibhneas lasadh uchd,
ach trioblaid 'g èiridh suas.

Am Màigh a chaidh seachad
Fonn: The Lothian lassie
(The Braw Wooer)

Am Màigh a chaidh seachad thàinig fear-suirgh' d' ar tìr,
a-nuas an gleann fada 'gam fhaicinn;
thar gach nì 'thubhairt mi ris gum bu choma leam fir;
mo ruisg air an duine mo chreidsinn, mo chreidsinn,
mo ruisg air an duine mo chreidsinn.

Bha e 'bruidhinn gun stad air mo shùile dubh-ghrinn,
's bhòidich son mo ghaoil gun robh e san èiginn;
thubhairt mi ris falbh agus siubhal son Shionn,
a Dhia, maith dhomh na breugan, na breugan,
a Dhia, maith dhomh na breugan!

Bha aige baile stoc agus b' e fhèin a bu laird,
agus pòsadh as làimh b' e sin urrail,
cha do leig mi orm gum b' aithne no gum b' fheairrd';
ach shaoil mi nach robh ann droch urrail, droch urrail.
Ach shaoil mi nach robh ann droch urrail.

Ach dè th' agam dhuibh? An ceann cheala-deug.

An diabhal air a dhèidh dhol m' a tuaiream:
's i mo cho-ogha fhèin Beasaidh a-nis bha mo ruaig:
ach tomhais thus', a' bhiast mar dh'fhuiling mi i, mar dh'fhuiling mi i:
ach tomhais thus', a' bhiast mar dh'fhuiling mi i.

Ach fad na h-ath-sheachdain 's mi 'n iomagain leam fhèin
chaidh mi 'null do threast an Dail Gàirneig,
's cò ach mo rùn luaineach 'measg chorr a bh' an-sin:
A' spleuchd mar gum faiceadh e caornag, e caornag.
A' spleuchd mar gum faiceadh e caornag.

Thug mi sùil thar mo ghualainn aic' a ghille cho caomh;
's nach biodh coimhearsnaich 'g ràdh gun robh mi danarr'.
'N-sin leum e mar gum biodh e le misg a' dol pràimh.
Is bhòidich gum bu mhise a leannan, a leannan.
Is bhòidich gum bu mhise a leannan.

Dh'fheòraich mi son mo cho-ogha cho milis is mìn.
Cuin a thàinig a claisteachd d' a claigeann.
'S an d' fhreagair m' sheann bhrògan a casa mòr' cam':
ò nèimh! Mar 'chaidh e ri damnadh, ri damnadh.
Ò nèimh! Mar 'chaidh e ri damnadh.

Ghuidh e son nì maith! Gum bithinn-sa a bhean.
No gum marbhainn an truaghan le àmhghar:
's gun cumainn-sa beatha san duineachan bhochd,
tha mi 'smuaineach gum pòs mi e 'màireach, e 'màireach,
tha mi 'smuaineach gum pòs mi e 'màireach.

An càrdadh dheth
Fonn: Salt fish and dumplings
(The Cardin O't, The Spinnin O't)

Cheannaich mi clach de olann ghlas,
a dhèanamh còt' do Sheonaidh dheth;
chionn Seonaidh caomh is e mo rùn –
is thar gach aon is toigh leam e.

An càrdadh dheth 's a shnìomhachdainn;
'ga dhlùthachadh 's 'ga thiormachadh:

is chost gach cairteal dhomh-sa gròt,
's ghoid an tàillear an lìnig aig'.

Is ged tha 'chiabhagan 'fàs glas,
is sgailc a' tigh'nn air mull' a chinn;
ach chunna mis' an là a b' e
san sgìreachd bu ghastaiche bha ann.

An càrdadh dheth 's a shnìomhachdainn;
'ga dhlùthachadh 's 'ga thiormachadh:
is chost gach cairteal dhomh-sa gròt,
's ghoid an tàillear an lìnig aig'.

Caileag Eaglais Fhèichinn
Fonn: Jack o' Latin
(The Lass O' Ecclefechan)

On d'fhuair thu mi, on d'fhuair thu mi,
on d'fhuair thu mi le neoini!
Le feàrsaid 's cuigeal, crois is cuidhill,
is beisin mòr 'gan còmhnaidh:
a bharr air sin th' aig m' oide-sa
taigh àrd 's taigh ìosail, 'laochain;
sin 'bharrachd air mo chruthachd ghast'
seadh mòrchuis Eaglais Fhèichin.

Ò cum do theanga, Luckie Lang,
is tost cuir air do dhùdan;
bu mhis' bu bhrìgh gus 'm fac' mi thu,
'n-sin chaidh mo smuain air fuadan;
'n-sin sguir mo sheinn is feadalaich,
dh'fhalbh bhuam toil-inntinn, sìth
stiùireadh d' cho-alp mis' Luckie Lang,
dìreach chun mo thogradh mi.

Aonachd Shòlaimte nan Cùmhnantaidh
(The Solemn League And Covenant)

Aonachd Shòlaimte nan Cùmhnantaidh
's i adhbhar gàir' 's 'n ath-uair caointeach,
b' e saorsa phrìseil brìgh an cùis;
ma 's tràill thu meal do mhagaireachd.

Òran
Fonn: Humours of Glen
(The Groves O' Sweet Myrtle)

Do 'm preasan miortal dèanadh dùthchanna' cèin' fianais,
's samhraichean grianail togail 'm boltraidh cho grinn;
nas prìseile dhomh fhèin th' an roineach sa ghleann ud shìos,
's am bùrn a' goid sàmhach fon bhealaidh os cionn.
Nas prìseile dhomh-sa tha na preasan beag bealaidh,
le 'n chlag-ghuirmeanan 's neòineanan gun sùil orra fàs;
tha mo Shìne iullagaich thar lusagan cùbhraidh,
's ag èisteachd ris an uiseig 'cur a caithreim o shuas.

'S ged tha tlàth-ghaoth 'sèideadh sìos srathan gorm' aoibh'iseach,
's fuar shèideadh Cailleannach a-mach air tonn sàil;
na tomanan cùbhraidh mu lùchairt nam mòrchuiseach,
ciod iad ach taghaich'n fhear-fòirneirt 's an tràill.
Coillte spìosraidh a' bhràighde 's tobraichean 'n òr-mhèinn,
an Cailleannach gaisgeach seallaidh e orra le spìd;
's e 'faondrainn cho saor ri soirbheas a mhòr-bheinn,
saor o chuibhrichean gaol Shionn 's cho toileach 'bhith trìd.

Air Cloris bhith tinn
Fonn: Ay waukin, O
(On Chloris Being Ill)

Sèist
'S fada buan an oidhch',
's righinn dùsgadh 'màireach.
Is annsa m' anam na laigh' gu tinn
air a leabaidh bhrònach.

'N comasach 'bhith gun dragh?
No laigse 'bhith 'am chom,
is ise gràdh mo chridh'
air leab' le tinneas trom?

Ghabh gach dòchas sgiath,
's gach sgàth 'na chlisgeas;

tha cadal fhèin 'na bhuaireas dhomh,
's gach bruadar 'na uabhas.

Èistibh Ò fheartan nèamh!
Ri 'm ghuidhe truagh-sa ribh!
Gabhaibh do gach nì as leam,
ach caomhnaibh m' Chloris caomh!

Ò chan e sin mo leannan fhèin
Fonn: This is no my ain house
(This Is No My Ain Lassie)

Sèist
Ò chan e seo mo leannan fhèin,
gasta ged th' a' chaileag seo;
's math 's aithne dhomh mo leannan fhèin,
tha dèidh 's gràdh 'na sùil a-staigh.

Tàim 'faicinn pearsa 's eudan math,
tè 's coimeas ris nas àillidh dòigh;
ach dhomh-s' cha chosmhail ris an aoibh,
's an dèidh th' ann a sùilean gràidh.

Tha i bòidheach dìreach agus àrd,
's fad on a bha mo chridh' 'na còrd:
's e 'n nì a chuireas mi an sùrd,
an dèidh tha 'na sùilean gràidh.

Ò 's mèirleach seòlta slìob mo Shionn
'bhios 'goid sealladh nach fhaic ach aon;
clis mar shoillse tha an cion.
Nuair tha gràdh san t-sùil a-staigh.

Faodaidh e sheachnadh morair mòr,
no clèirich ionnsaicht' ann an stòr:
ach chì luchd-gaoil an t-seadh san treòir
th' ann an sùilean dèidheil gràidh.

Cha b' e a sùil
Fonn: Laddie, lie near me
('Twas Na Her Bonnie Blue E'e)

Cha b' e a sùil bhòidheach 'rinn mo mhilleadh;
maiseach ged 'bha i cha d' rinn sin mo mhilleadh;
ach b' e 'm fiamh-gheasach nach fhac' ach mise,
's am plath-sheall grinn, bha cho coibhneil dhith-se.

Cràiteach tha mi 's mo dhùil air ghearradh bhuam,
tàim goirt 's eu-dòchas a' sìor-leantainn rium;
ged sgaradh dàn sinn o chèile agus àgh,
'am uchd-sa bithidh ise na ban-righ gu bràth.

Cloris 's leat-sa mi le dianas ionraicte,
's gheall thu do ghaol gu lasanta rùnaichte;
's tusa an aingil nach atharraich pearsa –
's thèid a' ghrian nas luaithe cearr 'na cùrsa.

Uilleam beag glas
Fonn: Wee totum Fogg
(Wee Willie Gray)

Uilleam beag glas le phòcan de leathrach,
son brògan is còta, rùisg dha slat sheileach.
'S bith'nn ròis air an dreas dha 'na bhriogais is peiteag,
's bith'nn ròis air an dreas dha 'na bhriogais is peiteig!

Uilleam beag glas le 'phòcan de leathrach,
nì dà lili dha lèin' is suacan mu amhach.
'S dhèanadh iteag o chuileag dha starcag 'na bhonaid,
's dhèanadh iteag o chuileag dha starcag 'na bhonaid.

Cuim, cuim their thu ri d' leannan
Fonn: Caledonian Hunt's delight
(Why, Why Tell The Lover)

Cuim, cuim their thu ri d' leannan
sonas nach fhaod e 'mhealtainn!
'S cuim 'bhith 'cumail suas a mhearachd
gu bheil uile dhòchas faoin?

Ò cuim, tha dèidh 's tlachd nan suain,
Cloris, Cloris, 's i a's cùis,
ò cuim bhiodh tu cho eucorach,
dhùsgadh do leannan às a chlos?

Deadhan a' chomainn
Fonn: The dragon of Wantley
(The Dean of Faculty – a new ballad)

O doirbh 'bha gamhlas seann Àrla
eadar Albannaich 's an lèana,
's b' uabhasach aimhreit dhearg Lainnsid
son Mhàiri bhrèagh mhì-shona;
cha robh Alb'nnaich ri chèile riamh,
air chuthach gu an dronnain,
's bha Hal is Rob 'cur suas an gob
cò bhiodh an Deadhan Comainn.

Bha Hal seo sònraichte gu mòr,
son foghlam, tapadh 's toirmeasg;
ach chuimhnich Bob 'na chràbhas air
àithne na sannt 'na fheumas.
Gidheadh fhuair Bob simplidh seo buaidh,
is rùn a chridh', mar 's aithne;
a' nochdadh gum bruich nèamh a' phoit.
Ged bhiodh an Diabhal san teine.

Bha aig ridir Hal sa chùis seo fhèin,
agartasan gun nàire,
's na feartan 'bha feumail son an dreuchd
bha ghibht pheasanach 'na aire;

bha urramaich a' Chomainn searbh,
do mhì-mhodh, beus is cliùthas,
is thagh iad aon fo fhiachaibh bhiodh,
do an saor-ghràs is maitheas.

Air mullach Phisgadh bha aon uair night'
leus mac an timcheall-ghearraidh,
's a cheart dòigh gum biodh tuigse Bhob
glan-night' o a ghearr-sheallaidh:
's theagamh fhathast gum biodh craos Bhob,
deas am fileantachd is stuaim,
's gum fac' e 'n aingeal a thachair air
an t-asal bha aig Balaam.

'Nur saobh-chràbhadh gun eugadh sibh,
ochd deug thar fhichead aingidh!
'S mo cho-ghàirdeachas dhuibh-s' as mò
's mo bhèic do 'r spèis neo-'r-thaingidh,
do 'r 'n-onoir 's don rìgh àraidh sin,
'nar seirbhiseachd 's ro fhaicill –
mar 's lugha r' a feum airson an dreuchd,
nas tlachdmhor tha iad dhuibh-se.

He airson caileig le tochar
Fonn: Balinamona and ora
(Hey For A Lass Wi' A Tocher)

Sèist
'Nis he airson caileig le tochar,
seo he airson caileig le tochar,
'nis he airson caileig le tochar,
's e na ginidh grinn buidhe as àill leam!

Air falbh le eagal do gheasachd mo sgèimh,
's an t-siùdag bheag chaol 'tha ann an glaice do làimh,
ò thoir dhomh-s' a' chaileag le acraichean àilleachd,
ò thoir dhomh-s' a' chaileag le bailtean làn stocaichte.

'S e flùr tha 'mhaise sa mhadainn làn snas
ach a chrìonas nas luaithe mar 's dèine fhàs;
thoir dhomh-sa an seun o na tomaibh gorm' fial',
tha breac anns an earrach le òthaisg gheal.

Is theagamh ann 'ad uchd gum bi sgèimh an dèidh 'dhealbh,
theagamh gum bi gràin air a' ghur le a sealbh;
ach na mùirneanan buidhe clò-bhuailte le Deòrsa,
mar 's fhaide iad agad 's mò 'chniad'as thu 'n seòrsa.

A Chèitein ghrinn
(Sweetest May)

A Chèitein ghrinn biodh gaol 'gad dheachdadh;
's gabh an cridh' tha e rùnach dhut;
is meas e mar deagh-sheirbhiseach;
's dìol dha duais a dhìlseachd dhut.

Gun bhòst inbheil 's mòrchuis stòrais,
chan e 'n saidhbhir ach an gasta;
chan e 'n t-àrd-bhreith ach tuigse fhlathail.
An snaidhm sìodail gaoil 'ga cheangal.

Altachadh a' bhàird aig Selkirk
(The Selkirk Grace)

Tha biadh aig cuid nach urr' a chnàmh,
's dh'itheadh cuid tha 'n acras;
ach th' againn lòn is goile deòin,
's taing o Dhia airson do ghràs.

Am balach Gàidhealach
Fonn: If thou'lt play me fair play
(Highland Laddie)

Am balach as bòidhche a chunna mi riamh,
balach bòidheach, balach Gàidhealach,
foghainteach bha e le a bhreacan,
mo bhalach bòidheach Gàidhealach.

Air a cheann bha bonaid ghorm,
balach bòidheach, balach Gàidhealach,
bha chridhe rìoghail seasmhach fìor,
mo bhalach bòidheach Gàidhealach.

Le toirm na truimb is gunnain mhòr,
chaileag bhòidheach, chaileag Ghallda,
's mac-talla àrd o chnoc gu stùc,
mo chaileag bhòidheach Ghallda.

Tha glòir is onoir 'gam iarraidh 'nis,
chaileag bhòidheach, chaileag Ghallda,
chuir cath airson saorsa 's mo rìgh,
mo chaileag bhòidheach Ghallda.

Tionndaidh 'ghrian a cùrs' air ais,
'bhalaich bhòidhich, 'bhalaich Ghàidhealaich,
mu 'n criothnaich do mhisneach duinealach,
'bhalaich bhòidhich, 'bhalaich Ghàidhealaich.

Gluais 's coisinn cliù neo-bhàsmhorachd,
'bhalaich bhòidhich, Gàidhealach bòidheach,
airson d' rìgh cheart 's airson a chrùn,
mo bhalach bhòidheach Ghàidhealach.

Àm sunndach samhraidh
Fonn: Aye Waukin, O
(Aye Waukin O)

Ò sunndach àm an t-samhraidh,
le blàithean de gach àilgheas
tha 'm bùrn 'ruith troimh 'n lèanan,
sgìth tàim son m' laoidh dìleas.

Sèist
Ò daonnan a' dùsgadh,
a' dùsgadh claoidhte sgìth;
is cadal chan fhaigh mi
smuaineach' air rùn mo chridh'.

Tha mo chadal làn bruadair,
's tha mi 'dùsgadh le seun;
is cadal chan fhaigh mi
a' smuaineach' air mo rùn.

Rè na h-oidhche fada,
nuair tha càch 'nan suain;
tàim smuaineach' air mo bhòidheach
's mo shùla fliuch a' bròin.

An òigh as àillidh air bruachan Dhevon
Fonn: Rothiemurchie's rant
(Fairest Maid On Devon Banks)

Sèist
Òigh as àillidh air bruachan Dhevon,
Devon fìor-ghlan, fiaradh 'mach bhuainn,
cuir a' ghruaim sin ort a thaobh,
's bi aoibhneach mar a b' àbhaist dhut!

'S math 's aithne dhut mo bhòid 's mo ghaol,
's na doir do chluais 'rìs ri droch-sgeul!
'Caomhain' nach dubhairt gràdh le beul,
'na dìobair dìlseachd gaoil mar seo'.

'Nis thig, ò thus' as àillidh snuadh,
le aoibh mar 'bha, cha làn do bhuaidh,
air do ghastachd mo bhòid bheir luaidh,
nach bi gaol eile ann ach thu.

An t-aonrachdan ait
Fonn: Peggy Lauder
(The Joyful Widower)

Air an ceathramh là deug de Nobhember,
phòs mi bean chrosta sglamhrach;
a dh'fhàg mi searbh do thlachd is bith,
le a ball gobach glagaineach,
's fhada dh'fhuiling mi 'n eallach throm,
's gach cràdh a tha 'ga leantainn;
ach do m' shòlas mhòr biodh e r' a ràdh,
dh'eug is' is dh'eug mo phiantain.

Fad bliadhn' thar fhichead bha sinn pòst'
mar fhear is bean le chèile;
mu dheireadh stiùir i cùrsa às,
's chan fhios dhomh cor na dùile;
tha thar mo neart, thoirt tuaiream ceart!
Cha dèanam bòst am laigsinn,
thar gach tè sa chruinne-chè,
chaidh ise thar mo thuigsinn.

Tha 'colainn dùinte sìos glè theann,
tha carragh mhath 'ga freiceadain;
chan eil i 'n ifrinn chan èisteadh 'n Diabhal,
a cainnt shalach dhèisinneach,
's dòcha leam gu bheil i shuas,
cluinneam a teanga liodach,
'g aithris faram 'nan tàirneanaich
's 'reubadh na neòil 'nan stiallach.

An treabhaiche
(The Ploughman)

'S balach bòidheach an treabhaiche,
tha daonnan seasmhach fìor, a rùin,
le ghartan snaidhmte fo a ghlùn,
's tha 'bhonaid bòidheach gorm, a rùin.

Sèist
Seo suas e, 'laoich, mo threabhadair,
mo threabhaich' aoibhinn mireagach;
am measg 'nan ceàrd as aithne dhomh,
's e m' roghainn-sa an treabhaiche.

'S ann anmoch 's tric a thig e 'steach,
cho fliuch is sgìth on t-sìde;
tilg dhìot an tais 's cuir ort an tioram,
is rach a laigh' mo bhàidhe!

Is nighidh mi a mhogain glan,
's iarnaicheam a lèine chaol;

dha nì mi sìos a leabaidh maoth,
's cumam aiteas air mo ghaol.

Ò bha mi ear is bha mi iar,
's aig St Johnston le m' annsa –
'n sealladh as fhearr a chunna mi riamh
b' e m' threabhadair a' dannsa.

Osain gheal-shneachd air a luirg,
's cas-fhalt airgid lainnirich;
's deagh-bhonaid ghorm air 'mhullach shuas
b' fhoghainteach e don ainnireach!

'S e 'n iodhlann an t-àit as toigh leam fhèin,
's a' chiste làn on achadh
cha robh mo chogan riamh dearbh-làn
gus an d' choinnich mi an treabhaiche.

Bruachain Eabhan
Fonn: Savourna Delish
(Evan Banks)

Tha 'n duibhre 's aill leam sìneadh mall,
's tha 'ghrian sìoladh o India thall;
chun bhruachain Eabhan le leusach grinn
teach m' òige, tha 'n là 'tionndadh ruinn.

Ò bhruachain, prìseil tha sibh dhomh-s'!
do chrònan cluinneam 'steach 'am chluais;
'n-sin tha m' uile dhòchasan r' a luaidh
far 'm bheil Eabhan 'measgadh le Cluaidh.

'S ise, uimicht' an deagh-mhaisealachd,
tha h-ìomhaigh deachdte 'staigh 'am uchd;
chual i m' osnaich 's bha air chrith,
is fad le sùilean lean i mi.

Am bheil a cridh', mar m' gheall-sa buan,
no 'n sgàile doire 'n ceòl 'na sìn'?

No 'n tomag sgàil tha shìos mu thràigh,
a' cnuasaich 's Eabhan 'ruith gu Cluaidh.

Ò Eabhan ghrinn nam bruachan àrd',
's a coilltean sùghmhor tha mun cuairt,
'toirt fasgadh 'sgàile do a bùrn,
tha fiaradh fada shìos mu chàrn.

Do m' chuimhn' tha taitneas dìobhair 'teachd,
air bruachain Eabhan a ghabh beachd!
ò bhruachain bhlàthmhor mo Mhàiri ghràidh;
'faicinn d' shruth beannaicht' 'ruith gu Cluaidh.

An urrainn stòr na h-Innsean mòr'
ath-dhìol a dhèanamh don tìm as làthair?
Till, o bhloigh nèamh, gu m' mhaireachdainn,
le tuillidh gean-math do m' bhlaiseachdainn.

On fhàsach fhaoin seo tillidh mi,
'ga spiorad dàimheil thèid mo chridh'!
'S na doireadh nì mo cheuman uaith'
an Eabhan phrìseil tha 'ruith gu Cluaidh.

Catrìona Jaffray
(Katherine Jaffray)

Chòmhnaich tè san dail ud thall,
shìos sa ghleann a tha fa 'r comhair;
Catrìona Jaffray b' e a h-ainm,
's aig ioma duin' bha aithne oirr'.

On deas thàinig triath Lauderdale,
a-nìos on deas thàinig e,
a shuirgh' na caileig bhòidhich seo
a fear-pòsta b' e rùn a bhith.

D' a h-athair 's màthair dh'aithris e,
's e sin 'tha air a ràdh le daoin';
ach cha d'aithris e don dùileag bhochd
gus latha a banais-se.

'S o oiribh Shasann thàinig Loch an Dùn,
a-nìos a dhèanamh còrdadh,
's a shuirgh' na caileig bhòidhich seo,
's e sgeadaicht' an deagh-òrdugh.

Do Mhàiri
Fonn: Could ought of song
(To Mary)

'N cuir mòran dhàn mo ghuin an cèill,
'n cuir innleachd àireamh mùth ort,
'n-sin dh'innsinn 'n cainnt filidh bhinn,
'Mhàiri gur mòr mo ghaol dhut!

'S e fonn gun bhrìgh a thig on chruit
tha gluaist' le togradh tana:

's cha doir ealain furtachd don anam bhochd
le cràdh tha leagt' 'na shìneadh.

Nis leig don osann teachd a-nìos
le geall a cridhe dèidheil;
is faic an t-seadh a tha an sùil
do leannan gaolach bàidheil.

'S math 's aithne dhomh-sa d' inntinn chiùin
's do ghiùlan simplidh uasal;
os cionn uil' thogradh ealanach,
's e sin guth nàdair phrìseil.

Ged nach fhaod thu 'bhith
Fonn: Here's a health to them that's awa'
(Here's A Health To Ane I Lo'e Dear)

Sèist
Seo slàint' do aon as toigh leam fhèin,
seo slàint' do aon as toigh leam fhèin;
's cho milis i ri aoibh leannain a' tachairt ri chèil',
's cho maoth ri 'n deuran soraidh, a Dheasaidh.
Ged nach fhaod thu 'bhith gu bràth leam fhèin,
is dòchas air a dhiùltadh dhuinn;
nas mìlse dhut-s' a bhith an-dòchasach,
na aon nì eil' san t-saoghal chruinn a Dheasaidh.

Ò brònach tàim fad dearrsadh là,
's neo-dhùileasach air d' sheun mo smuain;
ach 's taitneach dhomh-s' bruadar mo chlos,
sinn glaiste 'nar caidreamh cho teann a Dheasaidh.

Tàim 'tuigsinn 'n aoibh aingil chaoin sin,
's a' leughadh an gaol ann 'ad shùil;
ach cuim' bhios mi 'g aslachadh d' aidmheil,
'n aghaidh dearbh-fhortain nan dùil a Dheasaidh.

Giollan brèagh Abhainn Ghalla
Fonn: Galla Water
(Braw Lads O' Galla Water)

Sèist
Giollan brèagh brèagh Abhainn Ghalla;
ò brèagh tha giollan Abhainn Ghalla:
trusam mo thrusgan suas gu m' ghlùn,
's leanam mo ghaol thar an abhainn.

Tha gruaidhean mìn 's a gruag cho fionn,
gorm bòidheach tha sùil mo dheòthlag-sa;
a fiaclan geal 's a beul cho grinn,
nas tric' a pòg 's mò m' annsa dhith-se.

Racham thar monadh bruach is bruthaich
is troimh an fhraoich bith'm-sa coiseachd
trusam mo thrusgan thar mo ghlùn,
is leanam mo ghaol thar an uisge.

Shìos measg a' bhealaidh, measg a' bhealaidh,
bha mi le m' rùn an deagh-ùine,
chaill an dùil a crios sìoda brèagh
a bha dhi tric 'na adhbhar caoinidh.

Mar 'bha mi a' spaistearachd
Fonn: Rinn m' eudail mo mhealladh
(As I was A-Wand'ring)

Mar bha mi a' spaistearachd aon oidhche samhraidh,
bha na h-òigridh 's na pìobairein a' cluich mar bu nòs;
'nam measg cò chunnaic mi ach m' leannan mì-dhìleas,
a dh'fhosgail uil' leòntain mo thùrsa a-rìs.

'S mar thrèig e mi, rachadh toil-inntinn air faondradh leis;
an-shocrach ged-tha, cha bhi mi ri gearan;
sodlam mo mhiann 's theagamh gum faigh mi fear eile,
cha bhrist mi mo chridh' am feast airson aonar.

Cha d'fhuair mise cadal gu mochthrath le caoineadh,

bha m' dheòra a' frasadh mar uisge 's clach-mheallain;
mar do bhrùchd mi 'n caoineadh bhiodh mo chridhe air sgoltadh,
chionn gaol air dhìobairt 's neo-chaochlaideach sin.

'S ged thrèig esan mi le a ghion airson airgead,
chan fharmaid mi dha na choisneas de luach;
b' fhearr leam 'bhith giùlan uil' uallach mo mhulad
no dha-san gum bithinn mì-dhìleas gu bràth.

'S mar thrèig e mi, rachadh toil-inntinn air faondradh leis,
an-shocrach ged-tha, cha bhi mi ri gearan;
sodlam mo mhiann 's theagamh gum faigh mi fear eile,
cha bhrist mi mo chridh' am feast airson aonar.

Marbhrann air nighneig a' bhàird
(Epitaph On The Poet's Daughter)

'Na laighe 'n-seo tha ròs fo bhlàth,
'bha seargt' 'na gucag ghrinn;
's 'thug sanas dhuinn mu ghibhtean mòr'
'na neo-chiontas ro chaoin.
Iadsan tha 'caoidh a siubhail às,
tha ac' an sòlas sèimh –
thogadh o shaoghal truaillidh i,
gu bhi 'na ròs an nèamh.

Mochthrath 'n-dè
(The Tither Morn)

Mochthrath 'n-dè, trom tinn 'bha mi,
fo dharach glas a' bròn ann,
ach 's beag 'bha m' smuain gum biodh mo rùn,
'na shuidh' ri m' thaobh 's a ghlòmainn.
'N-sin thàinig es' cho beòthail deas,
's le chaoimhneas chuir e sùrd orm,
ach 's beag shaoil mi gum bitheadh e,
cho dlùth dhomh 'cumail gaol rium.

A bhonaid bhrèagh, a leth-taobh bha,
an uair bha mi 'na chaidreamh;
'n-sin shil mi deòir toil-inntinneis,

's 'na ghlaice bha 'gam fhòirneadh.
Don Diabhal le àr! Guidheam gu sìor,
on dh'fhalbh mo Sheonaidh bhuam-sa;
ach cridheil ait le m' rùn 'tha mi,
's cho gearr 'bha tùrsa leam-sa.

San fheasgair chiùin le damhsadh dian,
bha càch làn cluich is mire,
coma co-dhiù gun suim 'tha mi
cha robh mo ghràidh an làthair.
Ach moladh 's cliù tàim 'nis aig sìth
cho àghmhor le mo Sheonaidh;
aig eaglais 's faidhir 'n-sin tha paidhir
tha geanail, ait is sona.

'N chiad uair chunn' mi
Fonn: Peggy Lauder
(When First I Saw)

'N chiad uair chunn' mi aodann Shionn,
cha b' aithne dè bha cearr orm,
bha m' chridhe 'staigh a' plosgartaich,
's 'am shùilibh fhèin bha 'fàillinn.
Tha i daonnan spèisealt' cuimireach,
tha uile gràis 'ga cuartlan,
chreach aon seall' mo chridh' air falbh.
's an uair sin bha mi 'm leannan.

Sèist
'S e gnè do ghnàth 'bhith sunndach grinn,
làn sùrd tha i is gràsa;
tha i daonnan bòidheach, cridheil, ait,
ò gum bu mhi a rùn-sa.

Ò 'm b' leam-sa oighreachd mhòr Dhundas,
no saibhreas Hopetoun mhealtainn:
'n robh duais nan gaisgeach air mo cheann,
no laibhreis chaomh a' toinntinn –
leagainn iad uil' aig cosaibh Shionn,
nan gluaisinn-sa a smuaintean,

na 's uaibhridh bhithinn na ridir treun
an-sin bhiodh Sionn mo leannan.

Ach 's eagal leam gun d'fhuair fear eile,
a fàbhar-sa 'na ghealltainn;
gach uile bheannachd dhi ma-tà,
ged nach fhaod mi 'm feast a mealtainn;
ach rachadh ise ear no iar,
eadar Foirth' 's Tuaidh a' tarsainn,
fhad 's 'bhios blas, leus is' cluais aig daoin',
gheibh ise daonnan leannan.

Ò n' robh thu anns an doineann fhuar
Fonn: Lenox love to Blantyre
(O, Wert Thou In The Cauld Blast)

Ò n' robh thu anns an doineann fhuar,
a-mach air fonn, a-mach air fonn,
mo phlaide dhìonadh tu o 'n fhuachd,
'gad fhasgadh ann – 'gad fhasgadh ann;
no 'n digeadh stoirm mì-fhortan searbh
a' cràdh do chom – a' cràdh do chom,
mo bhroilleach bhiodh na dhìdean dhut,
'gad riaraich leam – 'gad riaraich leam.

No n' robh mi 'm fàsaich 's coimhich tha
de thalamh 's dùil, de thalamh 's dùil;
an fhàsach bhiodh na phàrras dhomh,
'n robh thusa 'n sin–an sin a ghaoil.
No m' cheannard air a chruinne-cè,
leat rìoghachadh, leat rìoghachadh,
is cha bhiodh neamhnaid ann 'am chrùn
ach mo bhanrigh – ach mo bhanrigh.

Soraidh MhicPhearsain
(McPherson's Farewell)

Soraidh, 'shluic ìochdar dhaingeann dhorch,
dàn an truaghain bhochd;
tha tìm MhicPhearsain nis 'fàs gann
fon chroich 's am bi e 'nochd.

Sèist
Cho eutrom leum is bhriosg an laoich,
cho curanta bha 'cheum;
seadh chluich e port is dhaimhs e thart
fon chroich 's an robh a bheum.

Ò ciod e bàs ach beath' 'dol às?
Air ioma blàr nan leòn,
ò 's tric a thug mi dùbhlan dha,
's nis 'dèanadh e a dheòin!

Fuasglaibh o' m làmhaibh dhìom nam bann,
's thoir dhomh mo lann 'am dhòrn!
'S fad iomall Albainn dùbhlanam
chum strì bheir lòn don chàrn.

Bha m' bheatha làn do ùpraid 's dragh;
'nis 'tuiteam le cealgaireachd;
's e 's losgadh cridh' gum feum mi falbh
gun m' dhìoghaltas 'bhith sàthach.

Ò soraidh leus is lannair brèagh
's gach nì a tha fon speur!
Làn diomb is nàir 's air ainm biodh tàir,
nach fulaing bàs gun deur.

Ùrnuigh son Mhàiri
Fonn: Blue bonnets
(Prayer For Mary)

Sibhs' fheartan nèamhaidh tha do ghnàth
a' dìon luchd stuama fìor,

'n tràth 'tha mise 'triall an tìribh cèin,
ò glèidhibh mo Mhàiri chòir.
'S biodh agaibh meas d' a cruth neo-choireach,
beusach iomlan mar sibh fèin;
's gu tàirngeadh spiorad dàimheil Mhàiri
ur deagh-ghean a-nuas gu caoin.

Ò dèan an t-sìd' a shèideas oirre
sìothchail tlàth mar uchd nan uan;
's anailibh na h-osaig fhasgn'aich
'toirt sìth 's fois do chom mo rùin;
ò ainglibh dìon 's glèidh i sàbhailt',
fad mo chuairt an àitibh cèin;
's fhad 's tha dàn 'gam chur air fògradh,
biodh a h-uchd mo dhachaidh fhèin.

'Bhean-òsta 'nìos do chunntas
Fonn: Hey tutti taiti
(Landlady Count The Lawin)

'Bhean-òsta, 'nìos do chunntas,
tha 'mhadainn dlùth 'n cinnteas,
tha sibh uil' air 'n daoraidh,
's tha mise làn co-dhiù.

Hè tutti, taiti, hò tutti taiti
hè tutti taiti, cò tha 'nis làn.

Cog 's bha sibh daonnan làn,
cog 's bha sibh daonnan làn,
shuidhinn sìos is sheinninn dhuibh
'nam biodh sibh daonnan làn.

Slàn gum biodh sibh uile!
Gun dochann no sgiorradh!
'Dhia glèidh 'n rìgh, 'bhalaich
is ar comannaich!

Hè tutti, taiti, hò tutti taiti
hè tutti taiti, cò tha 'nis làn.

Bàrdachd Raibeirt Burns

Tùsan

Mur eil an caochladh comharraichte san leabhar, 's ann o leabhar MhicPheadair a tha na h-eadar-theangachaidhean.

Alasdair Ruadh. (1896) *Mac-talla* (Iris 5, Àireamh 10) Sidni
Gun urra. (1892) *Mac-talla* (Iris 1, Àireamh 1) Sidni
Jacks, William. (1896) *Robert Burns in other Tongues* Glaschu: James Maclehose and Sons
MacAsgaill, Asgall (1898) *Mac-talla* (Iris 7, Àireamh 20) Sidni
MacFhearghais, Fionnlagh (1899) *Tomas an t-Seanndair* Cill Fhinn: MacUilleim is MacRàtha
MacGilleBhàin, Eanraig "Fionn" (1885) *The Celtic Garland* Glaschu: Archibald Sinclair
MacDhòmhnaill, T D (1903) *Dàin Eadar-theangaichte* Sruighlea: MacAoidh
MacDhùghaill, Rob (1840) *Tòmas Seannsair maille ri naoi dàin eile* Glaschu: E Khull
MacPheadair, Teàrlach (1910) *Dàin is Luinneagan Robert Burns* Glaschu: Alex. MacLaren
MacRath, M. (1892) *Mac-talla* (Iris 1, Àireamh 30) Sidni
Rothach, Seumas. (1840) *Am Filidh* Dùn Èideann: Oliver & Boyd
S. A. (1892) *Mac-talla* (Iris 1, Àireamh 8) Sidni.
Stiùbhaird, Teàrlach. (18-) *Bha 'n duine air dhealbh gu' bron* Obar Pheallaidh: Duncan Cameron

Bàrdachd Raibeirt Burns

Clàr-innse

IUCHAIR:
A' chiad loidhne Ghàidhlig;
Tiotalan sa Bheurla Ghallda;
A' chiad loidhne sa Bheurla Ghallda (ma tha e eadar-dhealaichte on tiotal).

A Bard's Epitaph	77
A' bhean aig Fionnlagh Fann	232
A' chaileag Gàidhealach	87
A' chaileag leis an lìon-gheal ghruaig	271
A chailin a bheil thu 'd chadal 'nis	301
A chèile, a chèile	247
A Chèitein ghrinn	314
A Fiddler In The North	263
A Iacobits da 'n ainm	216
A Man's A Man For A' That	286
A mhacaibh seann chille	86
A Mother's Lament For Her Son	123
A Red, Red Rose	263
A Red, Red Rose [2]	264
A robe of seeming truth and trust	56
A Rose-bud By My Early Walk	111
A' smuaineachadh air beucadh cuain	138
A' The lads o' Thorniebank	115
A Vision	264
Abhainn Afton	205
Address To Edinburgh	78
Address To The Toothache	80
Address To The Woodlark	287
Adieu! a heart-warm fond adieu	91
Adown winding Nith I did wander	250
Ae Fond Kiss	194
Ae fond kiss, and then we sever	194
Again Rejoicing Nature	81
Again rejoicing Nature sees	81

Aidichidh mi gu bheil thu gast'	225
Air bruach nam blàithean	152
Air Bruachain Cessnock	16
Air Cloris bhith tinn	309
Air faicinn Nic a Fontenelle 'na samhla roghainneach	220
Air mothachalachd	88
Air na cuain tha fada thall	275
Airson sin 's airson sin	286
Aisling	264
Ait bha mi air a' chnocan ud	237
Albannaich a chaill ur fuil	252
Albannaich a chaill ur fuil [2]	253
Altachadh a' bhàird aig Selkirk	314
Altachadh ro ghabhail biadh	243
Altho' my bed were in yon muir	11
Am balach bòidheach a tha fad bhuam	138
Am balach Gàidhealach	315
Am botal mòr builg	27
Am fuadan òg Gàidhealach	122
Am Màigh a chaidh seachad	306
Am measg nan craobh	263
Am punnd claoidhte sin de lìon	236
'Am ruag o thìr is luchd mo ghaoil	196
Àm sunndach samhraidh	316
Amang The Trees	263
Amang the trees, where humming bees	263
An càrdadh dheth	307
An ceò leisg	140
An dà chù – An tul-fhìrinn	99
An Dà Mhadadh	93
An dèid thu d' na h-Innsean, a Mhàiri	109
An Fhèill Naomh	56
An Geal Àth	240
An gille gualadair	229
An laogh	90

An Laogh	89
An lasgair figheadair	210
An Luachair, ò	29
An neòinean	106
An' O for ane an' twenty, Tam!	202
An' O my Eppie, my jewel, my Eppie	150
An òigh as àillidh air bruachan Dhevon	316
An ròs dearg	263
An seann-duine	284
An soraidh	270
An taghadh	291
An t-Aonadh	205
An t-aonrachdan ait	317
An tìm a bh' ann o chian	124
An treabhaiche	318
An triùir aighearach	165
An t-soraidh	91
Ance mair I hail thee, thou gloomy December!	214
And I'll kiss thee yet, yet	14
Anna Bhòidheach	145
Anna, Thy Charms	124
Anna, thy charms my bosom fire	124
Aonachd Shòlaimte nan Cùmhnantaidh	309
As I gaed up by yon gate-end	278
As I stood by yon roofless tower	264
As I was a wand'ring ae midsummer e'enin	322
As I was A-Wand'ring	322
A's ò mo Eppie	150
Ask why God made the gem so small	249
Auld Lang Syne	124
Auld Lang Syne [2]	125
Auld Lang Syne [3]	126
Auld Rob Morris	217
Awa' Whigs, Awa'	144
Aye Waukin O	316

Ballad On The American War	35
Ballads on Mr. Heron's Election, 1795 - Election Day	291
Ballads on Mr. Heron's Election, 1795 - First	289
Ballads on Mr. Heron's Election – John Bushby's Lamentation	287
Banks Of Cree	280
Bannocks O' Bear Meal	266
Ban-tighearn' Màiri Ann'	229
Ban-tighearn' Onlie	115
Bean Uilleim	233
Beasaidh 's a cuidheall-shnìomha	218
Behind yon hills where Lugar flows	30
Behold The Hour, second version	237
Behold the hour, the boat arrive!	237
Bell Bhòidheach	199
Bessy And Her Spinning Wheel	218
Beware O' Bonnie Ann	145
Bha am fraoch fo bhlàth	121
Bha caileag ann	127, 238
Bha 'n duine air dhealbh gu bròn	37
'Bhean-òsta 'nìos do chunnta	327
Bhruadair gu robh mi 'n lios	10
Bhuain Rob san fhoghar	153
Blàr an t-Searramhor	157
Blàr Bhannockburn	254
Blythe Hae I Been	237
Blythe hae I been on yon hill	237
Blythe Was She	112
Blythe, blythe and merry was she	112
Bonie lassie, will ye go	118
Bonie lassie, will ye go [2]	119
Bonie wee thing, cannie wee thing	208
Bonnach min-eòrna	266
Bonnie Dundee	113
Bonnie Jean	238
Bonnie Peg-A-Ramsay	293

Bonnie Wee Thing	208
Bonny Peggy Alison	14
Braw Lads O' Galla Water	240, 322
Braw, braw lads o' Gala Water	322
Braw, braw lads on Yarrow braes	240
Brosnachadh Bhrus	255
Brosnachadh-catha Raibeart de Bruce latha Blàir Allt nam Bonnach	256
Bruachain Chrìoch	280
Bruachain Dhevon	116
Bruachain Eabhan	319
Bruachan Dhùin (an treas tionndadh)	207
Bruachan na Duain	208
Bruachan Obar Pheallaidh	118
Bruce's Address To His Army At Bannockburn	252
Bruce's Address To His Army At Bannockburn [2]	253
Bruce's Address To His Army At Bannockburn [3]	254
Bruce's Address To His Army At Bannockburn [4]	255
Bruce's Address To His Army At Bannockburn [5]	256
Bruthaichean a' Bhealaich Mhaoil	48
Bruthaichean Logain	244
But lately seen in gladsome green	284
By Allan Stream	240
By Allan stream I chanc'd to rove	240
By yon Castle wa', at the close of the day	213
Cà 'm bheil na h-aoibhneis?	260
Ca' The Yowes To The Knowes, Second Set	145
Caileag bhòidheach Albany	120
Caileag bhòidheach Inbhir Nis	282
Caileag Eaglais Fhèichinn	308
Caileag thuath'	234
Caileagan Thairbhealtain	18
Cailean Thairbhealtain	13
Caiptein Grose	193
Caisteal Ghòrdain	114
Càit an robh thu mo bhalach brèagh	158

Caledonia 146
Caledonia – A ballad 146
Canst Thou Leave Me Thus, My Katy 266
Carson 'n Diabhail a bhiom fo bhròn 21
Castle Gordon 114
Catrìona Jaffray 320
Cauld blaws the wind frae east to west 143
Cauld is the e'enin blast 293
Cha b' e a sùil 311
Cha bhi sìth ann gu bràth gus 'n till Seumas air ais 213
Chan e d' aogas bòidheach Shionn 130
Chinn ar fòthannain cho ùrail gast' 144
Cho fada thall 200
Cia aingidh tha na pàrantan 297
Cia fhad is muladach 269
Ciod mo ghnothach 129
Clann daoin' gu bhith ri bròn 39
Clarinda 127
Clarinda, Mistress Of My Soul 127
Cò tha aig doras mo sgàil-thaigh? 34
Coille Chreag a' Bhùirn (a' chiad tionndadh) 195
Coillteach ùr na mòr-thìr 119
Come boat me o'er, come row me o'er 136
Come Let Me Take Thee To My Breast 241
Comharraich an greadhnas 299
Comin Thro' The Rye 28
Comin thro' the rye, poor body 28
Composed In Spring 81
Contented Wi' Little And Cantie Wi' Mair 267
Corn Rigs O' Barley 32
Could aught of song declare my pains 320
Cragieburn Wood, first version 195
Craigieburn Wood 294
Crowdie Ever Mair 294
Cuim, cuim their thu ri d' leannan 312

Cuir na h-òthaisg	145
Cumha airson Sheumais, Iarla Ghleann Cùirn	196
Daibhidh ciatach	242
Dainty Davie	242
Davies maiseach	209
Deadhan a' chomainn	312
Dèan fead	261
Dèan fead is thig mise 'gad ionnsaigh a luaidh	262
Dèan-sa fead air càch dheth	165
Deasaidh	246
December gruamach	214
Deluded Swain, The Pleasure	242
Dh'fhàg thu mi gu bràth a Sheumais	259
Dh'fhalbh an là	168
Dire was the hate at old Harlaw	312
Do luch	75
Do Mhaighstir Cunningham	305
Do Mhàiri	110, 320
Do Mhàiri an nèamh	163
Does Haughty Gaul Invasion Threat?	295
Don riabhag choille	287
Donnchadh Glas	219
Dualain òr-bhuidhe Anna	192
Duan àlainn ùr	8
Duncan Davison	127
Duncan Gray	219
Duncan Gray cam' here to woo	219
Durragan leabhraichean	122
Edina! Scotia's darling seat!	78
Election Ballad for Westerha'	148
Elegy On Willie Nicol's Mare	167
Eliza cheutach	213
Epigram On Seeing Miss Fontenelle In A Favourite Character	220
Epistle To A Young Friend	82

Epitaph On The Poet's Daughter	323
Eppie MacNab	200
Evan Banks	319
Fàgaibh ur n-uirsgeulan	47
Fàilte an leannain do a bhana-ghaoil	283
Fàilte furain Nithsdale	201
Fairest Maid On Devon Banks	316
Faodaidh 'n ròis dhearg	143
Fareweel to a' our Scottish fame	205
Farewell Song To The Banks Of Ayr	85
Farewell, thou fair day, though green earth, and ye skies	211
Farewell, thou fair day, though green earth, and ye skies [2]	212
Farewell, Thou Stream	267
Farewell, thou stream that winding flows	267
Farewell to Ballochmyle	48
Farewell To Eliza	86
Farewell to the Highlands, farewell to the North	151
Farewell to the Highlands, farewell to the North [2]	151
Farewell, ye dungeons dark and strong	326
Fate gave the word, the arrow sped	123
Feel, oh feel my bosom beating	137
Feith, a bhan-gheasaibh	137
Feuch an uair (an dara tionndadh)	237
'Fhleasgaich fhaoin	242
First when Maggie was my care	165
Fleadh Champêtre	141
Flow gently, sweet Afton! amang thy green braes	205
Flow gently, sweet Afton! amang thy green braes [2]	206
For A' That	49
For The Sake O' Somebody	268
For The Sake O' Somebody [2]	269
Forlorn, My Love, No Comfort Near	296
Frae The Friends And Land I Love	196
Freagairt do aon a dh'fheòraich carson rinn Dia Mrs D cho beag agus Mrs A cho mòr	249

From thee, Eliza, I must go	86
Fy, let us a' to Kirkcudbright	291
Gat ye me, O gat ye me	308
Geamhradh – tuireadh	20
Geasain Pheigi	113
Geasan Anna	124
Geasan Pheigi	116
Ged dh'fhògradh dàn	74
Ged nach fhaod thu 'bhith	321
Ghabh Shoc am pòg mo dheireadh	298
Gillean uasal Nid	148
Giollan brèagh Abhainn Ghalla	322
Glogaidh-hòmh	215
Go, fetch to me a pint o' wine	131
Go, fetch to me a pint o' wine [2]	131
Grace Before Meat	243
Green Grow The Rashes	29
Grinn bha i	112
Gucag ùr-ròis	111
Guid Ale Keeps The Heart Aboon	297
Guidwife, Count The Lawin	168
Gur toigh leath' mi thar chàch gu lèir	279
Gursal a' chinn àird	11
Had I A Cave	243
Had I a cave on some wild distant shore	243
Handsome Nell	9
He airson caileig le tochar	313
Hè am muillear dustach	128
Hè rach roimhe	115
Her Flowing Locks	49
Her flowing locks, the raven's wing	49
Here awa', there awa', wandering Willie	260
Here Is The Glen	280
Here is the glen, and here is the bower	280

Here lies a rose, a budding rose	323
Here's A Health To Ane I Lo'e Dear	321
Here's A Health To Them That's Awa'	220
Here's To Thy Health	15
Here's to thy health, my bonie lass	15
Hey, Ca' Thro'	115
Hey For A Lass Wi' A Tocher	313
Hey, The Dusty Miller	128
Highland Laddie	315
Highland Mary	221
Highland Mary [2]	222
Highland Mary [3]	223
Highland Mary [4]	224
How Can My Poor Heart	275
How can my poor heart be glad	275
How Cruel Are The Parents	297
How Lang And Dreary Is The Night	269
How pleasant the banks of the clear winding Devon	116
Husband, Husband, Cease Your Strife	247
I coft a stane o' haslock woo'	307
I Do Confess Thou Art Sae Fair	225
I Dream'd I Lay	10
I dream'd I lay where flowers were springing	10
I Gaed A Waefu' Gate Yestreen	148
I Hae A Wife O' My Ain	129
I lang hae thought, my youthfu' friend	82
I Love My Jean	133
I Love My Jean [2]	134
I Love My Jean [3]	135
I married with a scolding wife	317
I reign In Jeanie's Bosom	129
Iain Chaimbeul, fhir mo ghràidh	150
Iain Eòrna	22
Ian Eòrna – luinneag	24
If ye gae up to yon hill-tap	13

I'll Aye Ca' In By Yon Town	298
I'll Go And Be A Sodger	21
I'll Meet Thee On The Lea Rig	226
I'm O'er Young To Marry Yet	130
I'm o'er young, I'm o'er young	130
In comin by the brig o' Dye	122
In Mauchline there dwells six proper young belles	48
In simmer, when the hay was mawn	234
In Tarbolton, ye ken, there are proper young men	18
Inconstancy In Love	270
Inntinn mhnathan	**49**
Iomadh taobh bho 'n sèid a' ghaoth	**133**
Iomairean Eòrna	**32**
Is ionmhainn leam mo Shìne	**134**
Is there a whim-inspired fool	77
Is there for honest Poverty	286
It Is Na, Jean, Thy Bonnie Face	130
It Was A' For Our Rightfu' King	270
It was in sweet Senegal that my foes did me enthral	236
It was the charming month of May	280
It was upon a Lammas night	32
Jockey's Ta'en The Parting Kiss	298
John Anderson, My Jo	149
John Anderson, My Jo [2]	150
John Barleycorn	22
John Barleycorn – a ballad	24
Katherine Jaffray	320
Kellyburn Braes	226
Ken ye aught o' Captain Grose?	193
Lady Mary Ann	229
Lady Onlie, Honest Lucky	115
Lament For James, Earl Of Glencairn	196
Landlady Count The Lawin	327

Lassie Wi' The Lint-White Locks	271
Lassie Wi' The Lint-White Locks [2]	272
Last May a braw wooer cam down the lang glen	306
Leag gailleann sheargach fortan sìos	28
Lesley bhòidheach	231
Let not Woman e'er complain	270
Litir do charaid òg	82
Litir do Mghr MacAdam, Creag na Gaillinn	108
Logan Braes	244
Long, long the night	309
Lord Gregory	245
Loud blaw the frosty breezes	122
Louis, what reck I by thee	129
Lovely Polly Stewart	199
M' Anna Ò	30
M' òthaisg	132
Main	136, 149, 156, 166
Màiri àlainn bhòidheach	221
Màiri bhòidheach Theniel Menzies	122
Màiri Ghàidhealach	222, 223
Màiri Morison	18
Màiri Thuathach	224
Mally's Meek, Mally's Sweet	299
Man Was Made To Mourn	37
Man Was Made To Mourn [2]	39
Man Was Made To Mourn [3]	42
Man Was Made To Mourn [4]	44
Mar 'bha mi a' spaistearachd	322
Marbhrann air nighneig a' bhàird	323
Mark Yonder Pomp Of Costly Fashion	299
Mary Morison	18
Masonic Song	86
McPherson's Farewell	326
Meg O' The Mill	246
Mìos àlainn 'Mhàigh	280

Mìreag – A ciabhag fhitheach	49
Mo chaileag choibhneil ghrinn	226
Mo Chloris	274
Mo Mhàiri Bhòidheach	131
Mochthrath 'n-dè	323
Montgomerie Peigi	11
Montgomerie's Peggy	11
Mu dhuin'-eigin	268
Mu shruthan Alain	240
Musing on the roaring ocean	138
My blessin's upon thy sweet wee lippie!	113
My Bonnie Bell	199
My Bonnie Mary	131
My Bonnie Mary [2]	131
My Chloris Mark	274
My Chloris, mark how green the groves	274
My Collier Laddie	229
My curse upon your venom'd stang	80
My Eppie Adair	150
My Eppie MacNab	200
My Father Was A Farmer	26
My father was a farmer upon the Carrick border, O	26
My heart is a-breaking, dear tittie	155
My heart is sair-I dare na tell	268
My heart is sair-I dare na tell [2]	269
My heart is wae, and unco wae	120
My Heart's In The Highlands	151
My Heart's In The Highlands [2]	151
My Highland Lassie, O	87
My Hoggie	132
My lov'd, my honour'd, much respected friend	51
My Love She's But A Lassie Yet	152
My Nanie, O	30
My Nannie's Awa'	273
My Native Land Sae Far Awa	200
My Peggy's Charms	116

My Peggy's Face	116
My Peggy's face, my Peggy's form	116
My Spouse Nancy	247
My Tocher's The Jewel	201
My Wife's Winsome Wee Thing	230

'N chiad uair chunn' mi	324
'N là beannaicht' sin	139
'N robh agam uamh	243
Na bitheadh bean	270
Na ceàrdan aighearach – Duan nan car canntaireachd	63
Na còig cailleachan	159
Na duain Heron	289
Na làithean 'bh' ann o chian	126
Na làithean a thrèig	125
Na slèibhtean àrd farsaing	110
Nae gentle dames, tho' e'er sae fair	87
Nìonag bhàn nan cuailean rèidh	272
Nithsdale's Welcome Hame	201
No Churchman Am I	27
No churchman am I for to rail and to write	27
Now in her green mantle blythe Nature arrays	273
Now rosy May comes in wi' flowers	242
Now Spring Has Clad The Grove In Green	305
Now westlin winds and slaught'ring guns	31
Nuair 'sheas Guildford fial	35
Nuair 'thàinig mi do Stiùbhard Chaol	48

Ò 'm faca sibhs' mo Philly chòir	278
Ò 'n robh mi shuas air Beinn Parnassus	133
Ò 's e caileag òg 'th' 'am leannan-sa	152
Ò am bi thu m' eudail?	284
O Aye My Wife She Dang Me	300
Ò b' fhearr nach do phòs mi riamh	294
Ò bha mi 'n gaol le nighneag ghrinn	9
Ò bòidheach bha na preasan ud	301

O Bonnie Was Yon Rosy Brier	301
Ò càit an d'fhuair thu 'm bonnach	113
O cam ye here the fight to shun	157
Ò chan e sin mo leannan fhèin	310
Ò ciod a nì caileag	216
Ò cò ise 'tha 'n gaol leam?	303
Ò cuir do làimh 'am bhois	8
O For Ane An' Twenty, Tam	202
Ò fosgail an doras	249
O ghabh mo bhean-sa buill' orm	300
O ghoinne fuachd	251
O gude ale comes and gude ale goes	297
Ò hò son aon is fichead, Tam	202
O how can I be blythe and glad	138
O how shall I, unskilfu', try	209
O ken ye what Meg o' the Mill has gotten	246
O Kenmure's on and awa, Willie	203
O, Kenmure's On Awa', Willie	203
O lady Mary Ann looks o'er the Castle wa'	229
O Lassie, Art Thou Sleeping Yet	301
O Lay Thy Loof In Mine, Lass	8
O Leave Novels	47
O leave novels, ye Mauchline belles	47
O Leeze me on my spinnin' wheel	218
O Let Me In This Ae Night	301
O Logan, sweetly didst thou glide	244
O Lord, when hunger pinches sore	243
O lovely Polly Stewart	199
O Luve Will Venture In	210
O luve will venture in where it daur na weel be seen	210
O Mary, at thy window be	18
O May, Thy Morn	204
O may, thy morn was ne'er so sweet	204
O, meikle thinks my luve o' my beauty	201
Ò Mhàigh cha robh do mhoich cho gast'	204
O mirk, mirk is this midnight hour	245

O my Luve's like a red, red rose	263
O my Luve's like a red, red rose [2]	264
Ò n' robh thu anns an doineann fhuar	325
O, open the door, some pity to show	249
O Philly	276
O Philly, Happy Be That Day	276
O Poortith Cauld	251
O raging Fortune's withering blast	28
O rattlin', roarin' Willie O he held tae the fair	117
O sad and heavy, should I part	200
O saw ye bonie Lesley	231
O saw ye my dear, my Philly	278
O saw ye my dearie, my Eppie Macnab?	200
Ò siabaidh gaol a-steach	210
O stay, sweet warbling woodlark, stay	287
Ò tha Ceannmhor suas 's air falbh, Uilleim	203
Ò tha Màili caoin 's tha Màili grinn	299
O that I had ne'er been married	294
O, That's The Lassie Of My Heart	303
Ò Thibi, chunnaic mis' an là	12
O Tibbie, I Hae Seen The Day	11
O Tibbie, I Hae Seen The Day [2]	12
O wat ye wha that lo'es me	303
O Wat Ye Wha's In Yon Town	304
O Were I On Parnassus Hill	133
O Were My Love Yon Lilac Fair	248
O, Wert Thou In The Cauld Blast	325
O Wha will to Saint Stephen's House	141
O, Whistle An' I'll Come To Ye My Lad	261
O, Whistle An' I'll Come To Ye My Lad [2]	262
O, why should Fate sic pleasure have	251
O why the deuce should I repine	21
O wilt thou go wi' me, sweet Tibbie Dunbar?	155
O'er The Water To Charlie	136
Of A' The Airts The Wind Can Blaw	133
Of A' The Airts The Wind Can Blaw [2]	134

Of A' The Airts The Wind Can Blaw [3]	135
Oh I am come to the low Countrie	281
Oidhche DhiSathairn' a' choiteir	51
Òigh a' Bhealaich Mhaoil	92
Òigh na sùil-ghorm	148
On A Bank Of Flowers	152
On a bank of flowers, in a summer day	152
On A Goblet	298
On being asked why God had made Miss D so little and Mrs A so big	249
On Cessnock banks a lassie dwells	16
On Chloris Being Ill	309
On General Dumourier's Desertion	244
On robh mo ghaol	248
On Sensibility	88
On The Seas And Far Away	275
Once I lov'd a bonie lass	9
Open The Door To Me, O	249
Òraid do Dhùn Èideann	78
Òraid do Sheanailear Dhumourier	244
Òraid don dèideadh	80
Òran	309
Òran a' bhàis	211
Òran an aoig	212
Òran is leat-sa mi	259
Out Over The Forth	204
Out over the Forth, I look to the North	204
Peg Nicholson was a good bay mare	167
Peigi a' Mhuilinn	246
Peigi bhòidheach	278
Peigi Òg	76
Peigi Ramasa	293
Phillis nan seud	250
Phillis The Fair	250
Phillis, The Queen O' The Fair	250
Philly and Willie	276

Pògaidh mi thu a-rìs 14
Polly Stiùbhard 199
Powers celestial, whose protection 326
Prayer For Mary 326
Pretty Peg 278

Raging Fortune 28
Rantin' Rovin' Robin 50
Rattlin', Roarin' Willie 117
Raving Winds Around Her Blowing 137
Rìbhinnean Mhagh-linne 48
Right, Sir! Your text I'll prove it true 89
Right, Sir! Your text I'll prove it true [2] 90
Rinneadh an duine gu bhith ri bhròn 42
Rob Mossgiel 47
Robin Shure In Hairst 153
Rugadh giolla anns a' Chaol 50
Rusticity's ungainly form 88

'S am fàg thu mi mar seo, a Cheit? 266
'S am feum mo smuain air Menie 'bhith 81
'S e mo thochar an leug 201
'S e tuath'nach 'bha 'am athair 26
Sae flaxen were her ringlets 279
Sanas chuir air clach-cheann bàird 77
Saor-shaighdearan Dhùn Phrìs 295
Saw Ye Bonnie Lesley 231
Saw Ye My Dear, My Philly? 278
Scots, wha hae wi' Wallace bled 252
Scots, wha hae wi' Wallace bled [2] 253
Scots, wha hae wi' Wallace bled [3] 254
Scots, wha hae wi' Wallace bled [4] 255
Scots, wha hae wi' Wallace bled [5] 256
Seann Rob Morris 217
Seann-duine bruthaichean Kellyburn 226
Seo slàinte dhaibh-san 'tha air falbh 220

Seocan Òg	167
Seumas Òg mòrchuis an rèidh	285
Sgrìobte air cupan gloinne	298
She is a winsome wee thing	230
She Says She Lo'es Me Best Of A'	279
She's Fair And Fause	154
She's fair and fause that causes my smart	154
Should auld acquaintance be forgot	124
Should auld acquaintance be forgot [2]	125
Should auld acquaintance be forgot [3]	126
Sic A Wife As Willie Had	232
Sic A Wife As Willie Had [2]	233
Simmer's a pleasant time	316
Sìne bhòidheach	135
Sìos Nid nam fiar	250
Sir, o'er a gill I gat your card	108
Slàinte dhut, mo chaileag bhòidheach	15
Sleep'st thou, or wak'st thou, fairest creature?	283
Slow spreads the gloom my soul desires	319
Some hae meat and canna eat	314
Song Composed In August	31
Song Inscribed To Alexander Cunningham	305
Soraidh do Eliza	86
Soraidh le Nansaidh	194
Soraidh MhicPhearsain	326
Soraidh, ò shruthain	267
Stay, My Charmer	137
Strathallan's Lament	118
Streams that glide in orient plains	114
Suas sa mhadainn	143
Such A Parcel Of Rogues In A Nation	205
Sweet Afton	205
Sweet Afton [2]	206
Sweet closes the ev'ning on Craigieburn Wood	195
Sweet fa's the eve on Craigieburn	294
Sweet naivete of feature	220

Sweet Tibbie Dunbar	155
Sweetest May	314
Sweetest May let love inspire thee	314
Talk Of Him That's Far Awa	138
Tam Glen	155
Tam O Shanter	169
Tam O Shanter [2]	176
Tam O Shanter [3]	182
Tam O Shanter [4]	186
Teachd troimh 'n t-seagal	28
Th' am feasgar 'tuiteam	294
Tha 'm chridhe goirt	269
Tha 'n Diabhal air falbh	235
Tha 'n duine dèant son caoidh	44
Tha 'n geamhradh air falbh	142
Tha 'n oidhche ghruamach	85
Tha bean agam fhèin	129
Tha gaothan iar	31
Tha gruaidh mo rùin-sa mar an ròs	264
Tha i beag 's tha i gasta	230
Tha i bòidheach cealgach	154
Tha leannan math 'teachd	297
Tha m' Anna air falbh	273
Tha m' chridhe cho goirt	283
Tha mi ro òg	130
Tha mo chridhe sa Ghàidhealtachd	151
Tha mo chridhe sa Ghàidhealtachd [2]	151
Tha òigear sa bhaile seo	162
Thar Foirth' cho ruadh	204
The Banks O' Doon, third version	207
The Banks O' Doon, third version [2]	208
The Banks of Nith	156
The Banks Of The Devon	116
The Battle of Sherramuir	157
The Belles Of Mauchline	48

The Birks Of Aberfeldy	118
The Birks Of Aberfeldy [2]	119
The blude-red rose at Yule may blaw	143
The Blue-Eyed Lassie	148
The Bonnie Lad That's Far Awa	138
The Bonnie Lass Of Albany	120
The Bonnie Moor-Hen	121
The bonniest lad that e'er I saw	315
The Bookworms	122
The Braes O' Killiecrankie	158
The Braw Wooer	306
The Calf	89
The Calf [2]	90
The Cardin O't, The Spinnin O't	307
The Catrine woods were yellow seen	48
The Charming Month of May	280
The Charms Of Lovely Davies	209
The Chevalier's Lament	139
The Cotter's Saturday Night	51
The Country Lassie	234
The Day Returns	139
The day returns, my bosom burns	139
The Dean of Faculty – a new ballad	312
The deil cam fiddlin' thro' the town	235
The Deil's Awa' Wi' The Exciseman	235
The Fall Of The Leaf	140
The Farewell	270
The Farewell To The Brethren of St James' Lodge, Tarbolton	91
The Fête Champêtre	141
The Five Carlins – an election ballad	159
The Gallant Weaver	210
The gloomy night is gath'ring fast	85
The Gowden Locks O Anna	192
The Groves O' Sweet Myrtle	309
The heather was blooming, the meadows were mawn	121
The Highland Widow's Lament	281

The Holy Fair	56
The Jolly Beggars, or Love And Liberty – a cantata	63
The Joyful Widower	317
The Laddie's Dear Sel'	162
The Laddies by the banks o' Nith	148
The Lass O' Ecclefechan	308
The Lass Of Ballochmyle	92
The Lass Of Cessnock Banks	16
The Lazy Mist	140
The lazy mist hangs from the brow of the hill,	140
The Lovely Lass O' Inverness	282
The Lover's Morning Salute To His Mistress	283
The Mauchline Lady	48
The noble Maxwells and their powers	201
The Ploughman	318
The ploughman he's a bonnie lad	318
The Posie	210
The Rigs O' Barley	32
The Ronalds Of The Bennals	18
The Selkirk Grace	314
The Silver Tassie Italic	131
The Slave's Lament	236
The small birds rejoice in the green leaves returning	139
The smiling Spring comes in rejoicing	199
The Soldier's Return	257
The Solemn League And Covenant	309
The Song Of Death	211
The Song Of Death [2]	212
The Tarbolton Lasses	13
The Tear-Drop	283
The Thames flows proudly to the sea,	156
The Tither Morn	323
The Trogger	8
The Twa Dogs	93
The Twa Dogs [2]	99
The Weary Pund O' Tow	236

The weary pund, the weary pund	236
The wind blew hollow frae the hills	196
The Winter It Is Past	142
The winter it is past, and the summer comes at last	142
The Winter Of Life	284
The wintry west extends his blast	20
The Young Highland Rover	122
Thèid mi 'steach don bhaile ud	298
Their groves o' sweet myrtle let Foreign Lands reckon	309
Then, guidwife, count the lawin	168
Then hey, for a lass wi' a tocher	313
Theniel Menzies' Bonnie Mary	122
There liv'd a lass in yonder dale	320
There lived a carl in Kellyburn Braes	226
There was a lad was born in Kyle	50
There Was A Lass	238
There was a lass, and she was fair	238
There was a lass, they ca'd her Meg	127
There was five Carlins in the South	159
There was once a day, but old Time was then young	146
There was three kings into the east	22
There was three kings into the east [2]	24
There'll Never Be Peace Till Jamie Comes Hame	213
There's a youth in this city, it were a great pity	162
There's Auld Rob Morris that wons in yon glen	217
There's Death in the cup, so beware!	298
Thickest night, surround my dwelling	118
Thig-sa gu caidreamh m' uchd a ghaoil	241
Thine Am I	259
Thine am I, my faithful Fair	259
This Is No My Ain Lassie	310
Tho' Cruel Fate Should Bid Us Part	74
Tho' women's minds, like winter winds	49
Tho' Women's Minds	49
Thoir dhomh-sa cuach	131
Thou Fair Eliza	213

Thou Gloomy December	214
Thou Hast Left Me Ever, Jamie	259
Thou ling'ring star, with lessening ray	163
Thou ling'ring star, with lessening ray [2]	164
Through and through th' inspir'd leaves	122
Thud a-seo, thid a-sin	260
Tibbie Dunbar	155
Tighearna Ghreagoraidh	245
Tilleadh an t-saighdeir	257
Timcheall oirre bha ànradh gaoith'	137
To A Mountain Daisy	106
To A Mouse	75
To Daunton Me	143
To Mary	320
To Mary In Heaven	163
To Mary In Heaven [2]	164
To Mr McAdam Of Craigen-Gillan	108
Toilicht' le beagan	267
Tomaidh a' Shanter	182
Tomas a' ghlinn	155
Tomas an t-Seanndair	176
Tomas O Seanntar	169
Tòmas Seannsair	186
Tomhais cò tha sa bhaile ud	304
Truagh tha mi, 'ghaoil	296
True-hearted was he, the sad swain o' the Yarrow	246
Tuireadh airson an làir Peig Nicholson	167
Tuireadh an ridire	139
Tuireadh an tràill	236
Tuireadh Iain Bushby	287
Tuireadh màthar airson bàs a mic	123
Tuireadh na bantraich Gàidhealaich	281
Tuireadh Shrath Ailein	118
Turn again, thou fair Eliza!	213
'Twas even – the dewy fields were green	92

'Twas in that place o' Scotland's isle	93
Twas in that place o' Scotlland's isle [2]	99
'Twas in the seventeen hunder year	287
'Twas na her bonnie blue e'e was my ruin	311
'Twas Na Her Bonnie Blue E'e	311
Uilleam beag glas	311
Uilleam mear na glaodhraich	117
Uisge Aftoin	206
Up In The Morning Early	143
Up wi' the carls o' Dysart	115
Ùrnuigh son Mhàiri	326
Verses On Captain Grose	193
Wae Is My Heart	283
Wae is my heart, and the tear's in my e'e	283
Wandering Willie	260
We are na fou, we're nae that fou	165
We are na fou, we're nae that fou [2]	166
Wee Willie Gray	311
Wee Willie Gray, and his leather wallet	311
Wee, modest crimson-tippéd flow'r	106
Wee, sleekit, cow'rin, tim'rous beastie	75
Wha Is That At My Bower-Door	34
Wha will buy my troggin, fine election ware	8
Whare live ye, my bonie lass?	229
What can a young lassie	215
What can a young lassie [2]	216
What Can A Young Lassie Do Wi' An Auld Man	215
What Can A Young Lassie Do Wi' An Auld Man [2]	216
What will I do gin my Hoggie die	132
When chapman billies leave the street	169
When chapman billies leave the street [2]	176
When chapman billies leave the street [3]	182
When chapman billies leave the street [4]	186

When chill November's surly blast 37
When chill November's surly blast [2] 39
When chill November's surly blast [3] 42
When chill November's surly blast [4] 44
When first I came to Stewart Kyle 48
When First I Saw 324
When first I saw fair Jeanie's face 324
When Guilford good our pilot stood 35
When lyart leaves bestrow the yird 63
When o'er the hill the eastern star 226
When wild war's deadly blast was blawn 257
Where are the joys I have met in the morning 260
Where Are The Joys I Have Met? 260
Where Braving Angry Winter's Storms 113
Where Cart rins rowin' to the sea 210
Where hae ye been sae braw, lad? 158
While larks with little wing fann'd the pure air 250
Whistle O'er The Lave O't 165
Whom will you send to London town 289
Why, Why Tell The Lover 312
Will Ye Go To The Indies, My Mary? 109
Will Ye Go To The Indies, My Mary? [2] 110
Willie Brew'd A Peck O' Maut 165
Willie Brew'd A Peck O' Maut [2] 166
Willie Wastle dwalt on Tweed 232
Willie Wastle dwalt on Tweed [2] 233
Wilt Thou Be My Dearie? 284
Winter – a dirge 20

Ye banks and braes o' bonie Doon 207
Ye banks and braes o' bonie Doon [2] 208
Ye banks, and braes, and streams around 221
Ye banks, and braes, and streams around [2] 222
Ye banks, and braes, and streams around [3] 223
Ye banks, and braes, and streams around [4] 224
Ye gallants bright, I rede you right 145

Ye Jacobites By Name 216
Ye Jacobites by name, give an ear, give an ear 216
Ye sons of old Killie, assembled by Willie 86
Yestreen I had a pint o' wine 192
Yon Wild Mossy Mountains 110
Yon wild mossy mountains sae lofty and wide 110
You're welcome to Despots, Dumourier 244
Young Jamie, Pride Of A' The Plain 285
Young Jessie 246
Young Jockie Was The Blythest Lad 167
Young Peggy Blooms 76
Young Peggy blooms our boniest lass 76

www.ingramcontent.com/pod-product-compliance
Lightning Source LLC
Chambersburg PA
CBHW020108240426
43661CB00002B/77